二十一世纪普通高等教育人才培养"十四五"系列精品教材

智能财务应用实践
——基于金蝶EAS管理平台

主　编○瞿祥文

副主编○朱泓宇　陈钊慧　熊嘉雯

西南财经大学出版社
Southwestern University of Finance & Economics Press

中国·成都

图书在版编目(CIP)数据

智能财务应用实践:基于金蝶 EAS 管理平台 / 瞿祥文主编.--成都:西南财经大学出版社,2025.2.
ISBN 978-7-5504-6507-7

Ⅰ.F232

中国国家版本馆 CIP 数据核字第 2024KB3406 号

智能财务应用实践:基于金蝶 EAS 管理平台

ZHINENG CAIWU YINGYONG SHIJIAN:JIYU JINDIE EAS GUANLI PINGTAI

主　编　瞿祥文
副主编　朱泓宇　陈钊慧　熊嘉雯

策划编辑:李晓嵩
责任编辑:李晓嵩
助理编辑:王晓磊
责任校对:杜显钰
封面设计:何东琳设计工作室
责任印制:朱曼丽

出版发行	西南财经大学出版社(四川省成都市光华村街 55 号)
网　　址	http://cbs.swufe.edu.cn
电子邮件	bookcj@swufe.edu.cn
邮政编码	610074
电　　话	028-87353785
照　　排	四川胜翔数码印务设计有限公司
印　　刷	成都金龙印务有限责任公司
成品尺寸	185 mm×260 mm
印　　张	23.125
字　　数	535 千字
版　　次	2025 年 2 月第 1 版
印　　次	2025 年 2 月第 1 次印刷
印　　数	1— 2000 册
书　　号	ISBN 978-7-5504-6507-7
定　　价	49.80 元

前言

当今时代，数字化浪潮席卷全球，以人工智能、大数据、云计算等为代表的新一代信息技术正深刻改变着各行各业。党的二十大报告指出，"建设现代化产业体系""构建新一代信息技术、人工智能、生物技术、新能源、新材料、高端装备、绿色环保等一批新的增长引擎"。2024年12月，习近平总书记在中央经济工作会议上深刻指出："以科技创新引领新质生产力发展，建设现代化产业体系。加强基础研究和关键核心技术攻关，超前布局重大科技项目，开展新技术新产品新场景大规模应用示范行动。开展'人工智能+'行动，培育未来产业。"

财务管理作为企业管理的核心环节，也正经历着前所未有的变革。传统的财务管理模式已难以满足企业日益增长的精细化、智能化管理需求，财务数字化转型势在必行。

机器人流程自动化（RPA）是智能财务的重要组成部分，是实现财务流程自动化的重要技术手段。智能财务是一个更广泛的概念，它涵盖了RPA、人工智能、大数据、云计算等多种技术，旨在实现财务管理的全面智能化。随着人工智能技术的不断发展，RPA将变得更加智能化，能够处理更复杂的流程，并与人工智能技术深度融合，实现更高级的财务自动化。RPA是智能财务的重要技术手段，可以有效提升财务工作效率和质量。企业应根据自身需求，合理应用RPA技术，推动财务数字化转型。

金蝶EAS管理平台作为国内领先的企业管理软件，始终致力于为企业提供全面的数字化解决方案。近年来，金蝶EAS积极拥抱新技术，将人工智能深度融入财务管理领域，推出了智能财务机器人、智能报表分析、智能风险控制等一系列创新应用，帮助企业实现财务流程自动化、数据分析智能化、风险管控精准化，有效提升了财务管理效率和质量。

本书以金蝶EAS管理平台为依托，结合真实的企业实践案例，深入浅出地讲解了智能财务的应用场景、实施路径和未来发展趋势。本书共分为五章，第一章为智能财务概述，第二章为实验案例背景，第三章为财务信息化，第四章为财务业务处理，第五章为智能财务。本书旨在为财务从业者、企业管理者以及相关领域的研究人员提供参考和借鉴，帮助企业更好地理解和应用智能财务，提升财务管理水平，实现高质量发展。同时，本书可以作为教学用书供开设"RPA 财务机器人开发与应用"课程及相关课程的高校学生使用。

笔者在此感谢在编写本书过程中给予我们帮助的各位领导、老师和朋友。由于编者水平有限，书中难免存在不足之处，敬请广大读者批评指正。

编者

2025 年 2 月 13 日

目录

第一章　智能财务概述

第一节　智能财务的相关概念

一、智能财务的概念

（一）定义与内涵

智能财务（intelligent finance）是指在人工智能、大数据、云计算、区块链等新兴技术的驱动下，财务管理与会计核算工作实现智能化、自动化和数字化的过程。这一过程通过利用先进的技术手段，优化财务流程，提高财务管理效率，增强财务决策的科学性和准确性，最终实现财务管理的价值创造。

（二）核心层面

智能财务涵盖以下三个核心层面：

1. 基于业务与财务相融合的智能财务共享平台——智能财务的基础

智能财务共享平台通过连接和数字化改造，实现了财务与业务的实时连带发生，颠覆了传统交易方式，消灭了报销、报账流程，真正实现了业务与财务的深度一体化。

在智能财务共享平台上，企业可以搭建云端企业商城，大量不增值的审核、结账环节都经由系统自动化实时完成，财务人员可以从事务性工作中解脱出来，专注于管理分析、风险监控识别等工作。

2. 基于商业智能的智能管理会计平台——智能财务的核心

商业智能（BI）通过组建企业级数据仓库，得到企业数据的全局视图，再利用查询和分析工具、数据挖掘工具等对数据进行处理，形成有用的信息。

智能管理会计平台具备模型化、多视角、大数据和灵活性等特点，能够为企业提供贴合不同用户需求的多维度、立体化的数据信息，对管理者的决策过程提供智能化支撑。

3. 基于人工智能的智能财务平台——智能财务的发展

人工智能技术，如专家系统和神经网络已经逐步渗透到财务领域，应用在记账凭证的处理、现金管理、存货管理、风险评估、信用评估、预算管理、内部审计、破产预测等多个方面。

这些技术的应用正在彻底改变财务工作，使企业能够构建起连通、集约、自动、高效的智能化财务体系。

（三）主要特点

1. 数据整合与打通信息孤岛

智能财务通过建立统一的数据平台，将分散在各业务系统中的数据进行整合，形成完整的业务视图，为财务决策提供全面、准确的数据支持。

2. 流程自动化与提升工作效率

智能财务利用机器人流程自动化（RPA）等技术将财务流程自动化，减少人工操作，提高工作效率，降低错误率，使财务人员从繁琐的事务性工作中解放出来，专注于更高价值的分析和决策工作。

3. 实时分析与增强决策洞察力

智能财务通过大数据分析和机器学习技术，对财务数据进行实时分析，多维度挖掘数据价值，识别异常情况，预测未来趋势，为管理层提供及时、准确的决策依据。

4. 智能风控与降低财务风险

智能财务通过实时监测业务活动，利用人工智能算法进行风险识别和预警，及时发现潜在风险，提高风险防范能力，降低财务风险发生的可能性。

二、RPA 的概念

（一）定义与基本概念

RPA 是一种基于软件的技术，旨在通过模拟人类在计算机上的操作，自动执行重复性、规则性的业务流程任务。这些任务包括但不限于数据输入、数据处理、数据提取和转换、任务分配和通信等。RPA 机器人能够模仿人类操作计算机应用程序的行为，如打开应用程序、输入数据、点击按钮等，从而在不改变现有系统基础架构的情况下实现流程自动化。

（二）工作原理与特点

1. 工作原理

RPA 的工作原理基于规则和逻辑，机器人按照预定义的指令和流程自动执行任务。RPA 通过用户界面模拟来完成任务，无需对现有系统进行更改或编程。

2. 特点

（1）灵活性。RPA 更加灵活和易于部署，可以快速适应不同的业务流程和需求。

（2）低成本。由于不需要对现有系统进行大规模更改或定制开发，RPA 的实施成本相对较低。

（3）非侵入性。RPA 是非入侵式的系统集成，对原有系统的影响最小，降低了实施风险。

（4）高效性。RPA 可以自动化处理大量重复性任务，显著提高工作效率和准确性。

（三）应用场景

RPA 在多个行业领域有着广泛的应用前景，如金融、制造、零售、物流、医疗等。RPA 的一些主要应用场景和优势如下：

1. 金融行业

（1）RPA 可以完成自动化财务报告和风险管理等关键任务。

（2）RPA 可以提高数据处理效率和准确性，满足监管要求。

2. 制造行业

（1）RPA 可以完成自动化订单处理和追踪任务。

（2）RPA 可以优化供应链流程，提高交付效率。

3. 零售行业

（1）RPA 可以监控库存变化，调整进货计划。

（2）RPA 可以完成自动化处理客户信息，提升客户满意度。

三、课程思政

华为财务共享服务中心建设

华为作为中国高科技企业的代表，在财务共享服务中心建设方面取得了显著成就。通过财务共享服务中心，华为实现了财务流程的标准化、自动化和智能化，提高了财务管理效率。

1. 爱国情怀

2021 年 9 月 25 日，中国公民孟晚舟乘坐中国政府包机返回祖国。孟晚舟是华为的首席财务官，她的回国是中国政府和企业共同努力的结果，体现了国家对公民和企业权益的坚定维护。

思政要点：教师通过讲述孟晚舟回国的故事，激发学生的爱国情怀和对国家利益的关注。教师应让学生认识到，企业的成功与国家的强大密不可分，每个人都应该为国家的繁荣富强贡献自己的力量。

2. 技术创新

华为在财务共享服务中心的建设过程中，充分利用了大数据、云计算、人工智能等先进技术，实现了财务流程的智能化和自动化。这些技术的应用不仅提高了工作效率，还降低了成本，为企业的持续发展提供了有力保障。

思政要点：教师强调技术创新在智能财务中的重要性，鼓励学生关注新技术、新方法的发展，培养创新思维和实践能力。同时，教师引导学生认识到技术创新是推动国家发展的重要动力，每个人都应该积极参与到科技创新的浪潮中来。

3. 社会责任

华为在财务共享服务中心的建设过程中，始终关注社会责任的履行。华为通过提高财务信息透明度、保障员工权益等措施，为企业的可持续发展奠定了坚实基础。同时，华为还积极参与公益事业，为社会做出了积极贡献。

思政要点：教师强调企业在发展过程中应该积极履行社会责任，关注员工、客户、社会等各方面的利益。教师应引导学生树立正确的价值观和社会责任感，为构建和谐社会贡献自己的力量。

第二节 财务机器人的发展

一、财务机器人的发展趋势

随着人工智能技术的不断发展，财务行业迎来了一个全新的时代——财务机器人时代。财务机器人是一种能够自动化处理财务工作的智能工具。它基于人工智能技术，能够模拟人类财务人员的操作，自动完成凭证录入、账务处理、报表编制等繁琐的工作。财务机器人的出现，使得会计人员可以从重复性的工作中解脱出来，有更多的时间和精力去处理更加复杂的财务问题。财务机器人能够替代传统的人工处理数据、报表编制等工作，从而大大提高工作效率和准确性。

财务机器人的发展历程可以追溯到 20 世纪 90 年代。当时，随着计算机技术的普及，财务行业开始逐步实现计算机化。然而，早期的财务软件只能完成一些简单的数据录入和计算工作，复杂的财务报表编制和数据分析等工作仍然需要人工操作。直到 21 世纪初，随着人工智能技术的不断发展，财务机器人逐渐进入了人们的视野。一些大型科技公司开始研发针对财务领域的智能化工具。例如国际商业机器公司（IBM）的沃森财务智能和德勤的财务机器人等。这些工具的出现，标志着财务机器人进入了一个全新的时代。

当前，财务机器人的发展趋势正朝着多个关键方向迈进。首先，智能化水平的提高使得财务机器人成为数据分析的强大工具，其通过机器学习算法自动识别异常，从而提供更精准的财务预测和决策支持。其次，自动化程度不断上升，财务机器人能够处理日常事务，如账务核对、报表生成等，减少人工干预，提高工作效率。

集成化服务也将成为趋势。未来的财务机器人将更好地与企业资源规划（ERP）系统、客户关系管理（CRM）系统等相结合，实现跨部门的数据共享和协同工作。这种无缝连接将大大增强财务管理的整体效率。

此外，随着云计算技术的普及，财务机器人将能够实时处理数据，支持远程办公和多地点协作，提升灵活性。同时，数据安全和合规性将被进一步重视，财务机器人需要符合各国的法规要求，并采用先进的安全措施来保护敏感信息，确保企业在自动化过程中不失去对合规性的控制。

总之，财务机器人将通过智能化、自动化、集成化和安全性提升，逐步成为企业财务管理的核心工具。财务机器人不仅能够提高工作效率和准确性，还可以为企业提供更加精准的财务决策支持。随着技术的不断发展，财务机器人的应用范围将会越来越广泛。未来，财务机器人有望实现更加智能化、个性化的服务，从而为财务工作带来更多的便利和效益。同时，随着各种新技术的不断涌现，财务机器人也将面临更多的挑战和机遇。因此，我们需要持续关注技术的发展趋势，以便更好地应对未来的挑战和把握机遇。

二、财务机器人的发展观点

(一) 麦肯锡全球研究院的发展观点

多年来，离岸、外包与集中化一直是提升财务部门效能的不二法门。尽管如此，财务部门仍然给人留下了种种不好的印象。其一，管理被动。财务部门总是更多地在分析过去的业绩，无法很好地指导业务经营，不能及时反映业务的动态变化和潜在风险。其二，业务流程自动化程度低。多数业务依赖人工，导致经营效率低，成本控制不佳。其三，跨界信息交互困难。跨界数据积累和使用难以兼容，数据采集范畴缺乏系统性规划。

为解决上述问题，精通技术的首席财务官（CFO）们开始思考如何借助人工智能和自动化这些新兴技术大幅提升效率、提高业绩。据麦肯锡全球研究院的评估，多项财务工作在引入自动化和智能化之后能产生显著的经济效益。在当今时代，成本更低、效果更好、实施更快的技术必将重塑财务职能。纵观全球各个领域，自动化对公司和财务职能的影响越来越大，几成颠覆之势。

因此，CFO 必须认真思考新趋势下的新问题。例如，厘清哪些财务活动适用于自动化，相关流程与组织形式应做何种改变。

1. 简单财务活动的自动化程度可达 50%

根据麦肯锡全球研究院（McKinsey Global Institute）对自动化的研究，42%的财务活动通过采用成熟的技术可以实现全自动化，还有 19%的财务活动可以实现近全自动化。其实，包括 RPA 在内的多种基础任务自动化技术已出现许久。经过最近十年的不断迭代，今天的技术水平更高、成本更低。十年前，不少自动化平台和供应商刚刚成立，疲于应付信息技术安全审核。如今，这些企业的基础设施、安全措施以及治理实力已足以支持其部署自动化项目。

与第一代技术相比，今天的任务自动化工具更易于部署，更便于使用。过去，不堪重负的信息技术部门不得不腾出时间配置机器人助理。今天，财务人员只要经过培训就可以制定多数 RPA 工作流程。一些工作可以运用 RPA 和相关任务自动化技术。据麦肯锡全球研究院的评估，从成本收益角度来看，此类工作自动化程度达到 50%较为合理。

2. 高级自动化技术大幅提高效益

除了基础任务自动化外，企业还需要高级认知自动化技术，如机器学习算法和自然语言工具等。虽然这些技术问世不久，但企业不必坐等其完全成熟了再行动。ERP 系统推动结构化数据不断发展，加上获取计算能力的成本日益下降，每天都有新的机会涌现。

例如，某科技企业开发了一套算法，用于监测内外部数据以审计开支报告。这一算法对开支报告与差旅、个人数据进行交叉核查（各职位、层级的差旅需求不同），从而识别潜在的费用虚报行为。该科技企业为核查员工休假时间开发了一套算法，比对填报的休假天数与打卡和计算机使用数据，以核实员工是否准确填报了休假时间。类似的案例仅是探索认知自动化技术可能性的起点，远非终点。

3. 自动化技术应嵌入业务流程之中

要对业务发挥指导作用，技术必须嵌入业务流程之中，关键是业务流程的数据化和标签化。例如，快递员出勤时都要带着靶枪，从客户手上接过快件时扫一下，快件上车时扫一下，快件上飞机时又扫一下。这样快递公司就能对快件进行追踪，了解物流运输的位置，一旦出状况或延误，就可以及时干预。从财务的角度来讲，知道货物经了谁的手，上过哪一辆车、哪一架飞机，就能精准分摊成本。例如，知道哪些货件上了 A 车，A 车的成本就可以被分摊到哪些货件上。以上就是一个流程数据化和标签化的典型案例，原本不产生任何数据的流程，用靶枪打标签就能实现点点追踪，并在此过程中产生大量数据，可以指导成本分析和定价等财务工作。

为此，企业管理者必须重新制定一套全新的流程。以某全球性金融企业为例，其先是从头到尾厘清了整个总账流程，然后围绕整套技术重新设计了财务活动与组织架构。企业运用机器人流程自动化这类任务自动化技术来编制会计分录，还使用机器学习等认知自动化技术来确保不同会计记录之间账目相符。虽然该企业尚未采用自然语言工具来生成财务评价报告，但其不仅证明了这些技术是切实可行的，还设计了流程确保后期的持续运用。通过部署自动化，该企业有望大幅降低成本。

4. 财务自动化转型应遵循三大原则

与任何转型一样，自动化必将改变组织结构，导致职位变动与裁员，如此一来，财务转型的成功关键在于 CFO 的领导力与远见。基于麦肯锡全球研究院的经验，财务自动化转型应遵循以下三大原则：

第一，从较简单的交易岗入手。这些职位通常员工流动率较高，自动化这些岗位时，往往不需要大量裁员，而是通过自然减员的方式逐步实现。这样的职位自动化不需要重大的组织结构调整，可以较为容易地实现全自动化或半自动化，从而提高效率并降低成本。这种方法可以让其他员工专注于更复杂、更有成就感的任务，并为财务部门提供资金和能力，以支持后续的自动化投入。

第二，提升人力资源与员工安置能力。对更复杂的自动化任务，如财务管理与税务等，相关岗位可能需要裁员，因为这些岗位的流动率较低。企业需要制订周全的员工安置方案，这包括设计新的组织结构和岗位，并承诺尽最大努力安置员工。同时，确保财务和其他职能始终有职位开放，以减少员工受到的影响。例如，某北美银行在部署自动化技术前，就与员工沟通了安置方案，并规划将员工安置到更有价值的岗位。

第三，调整招聘与留用战略。为了获得所需的财务人才，企业需要调整招聘和留用战略。即使在短期内不实施自动化，CFO 也应该提前招募具有数字化和自动化技能的人才。例如，一家科技企业通过设立实习项目为财务部门招募机器学习人才，利用数据集开发算法和机器人助理，这些项目对吸引和保留优质人才至关重要。

放眼未来，自动化与人工智能势必重塑财务职能。CFO 只要谋定全局，适时而动，在合适的环节果断拥抱自动化，化冲击为冲劲，一定能提高企业财务生产力，带动业绩增长，让企业在人机耦合的新世界稳操胜券。

（二）Everest 集团发展观点

Everest 集团在其发布的《2023 年 RPA 供应商评估报告》中，对全球 RPA 市场进行了深入分析，并对 25 家技术供应商在多个关键维度上的表现进行了评估。报告中提到，企业为了保持运营的弹性和竞争力，正越来越多地转向数字化、自动化和智能化的业务流程。RPA 作为企业自动化的核心推动力，已经适应并满足了组织不断变化的需求。

在财务部门中，RPA 技术的应用被称为财务机器人，它们通过模拟人类操作和判断，能够实现数据的收集和整理、验证和分析、记录、协调和管理、计算和决策、沟通、报告等一系列功能。财务机器人适用于处理大量规则明确、重复性高、易于标准化的基础业务，如费用报销、采购到付款、总账到报表、税务管理等流程。

Everest 集团指出，财务机器人的优势包括全天候工作能力、高准确性、灵活的工作内容和时间调整以及及时响应业务需求变化。财务机器人能够提升工作效率、降低人力成本，并确保工作质量。同时，财务机器人释放了财务人员，使他们能够从事更高附加值的工作，从而推动企业财务转型。

然而，财务机器人也存在局限性，比如无法处理异常事件，对运营保障的要求较高，需要跟踪优化机制。因此，企业在部署财务机器人时，需要从全局角度考虑，确保财务机器人的有效运营。

报告中还提到，中国的 RPA 厂商在技术上已经获得了全球的认可，正在逐步弥补与顶级厂商之间的差距，并且已经具备了与其同台竞争的能力。这表明中国在 RPA 领域的发展势头良好，有望在未来发挥更大的作用。

总体来说，Everest 集团对财务机器人的发展持积极态度，并认为它们将在推动财务部门自动化和数字化转型方面发挥关键作用。随着技术的不断进步，财务机器人的功能和应用场景也将继续扩大，为企业提供更高效、更智能的财务管理解决方案。

三、课程思政

案例：海尔集团的数字化转型

海尔集团是中国著名的家电制造企业，近年来通过数字化转型，推动了业务的创新发展。在转型过程中，海尔集团不仅引入了智能制造和互联网技术，还注重员工的思想政治工作，以实现企业的可持续发展。

海尔集团的财务机器人主要应用于以下几个方面：第一，智能制造平台。海尔集团推出了"U+智慧生活平台"，实现了从产品设计到生产、物流、销售和售后的全链条数字化管理。这一平台能够根据用户需求快速调整生产计划，提升了市场响应速度。第二，员工赋能。海尔集团通过"人单合一"模式，将员工的工作与客户需求直接对接，鼓励员工自主决策，提升了员工的积极性和创造性。第三，数据驱动决策。海尔集团通过大数据分析，实时监控市场动态，优化产品设计和生产流程，提高了生产效率和资源利用率。

1. 增强服务意识，树立以客户为中心的价值观

海尔集团在数字化转型中强调用户需求，通过"U+智慧生活平台"实现了个性化定制，体现了企业对客户的重视与责任。这种以客户为中心的服务理念，符合社会主义市场经济的价值导向，强调了企业在社会中的服务角色。

2. 鼓励员工自主创新，培养集体主义精神

在"人单合一"模式下，员工被赋予了更多的自主权，能够根据市场需求自主决策。这种做法不仅提升了工作效率，还激发了员工的创新潜力，鼓励员工为企业的可持续发展贡献智慧和力量，体现了团队合作和集体主义的精神。

3. 加强企业社会责任意识，推动可持续发展

海尔集团在数字化转型过程中，注重环保和资源节约，通过智能制造降低能源消耗，推动绿色生产。这种做法不仅符合国家可持续发展的战略，也体现了企业作为社会主体应承担的责任，强调了经济效益与社会效益的统一。

4. 增强法治意识，促进合规经营

在数字化转型中，海尔集团通过数据管理系统合规性审核，确保各项业务符合相关法律法规。这种合规经营的意识，不仅保护了企业的合法权益，也增强了员工的法治观念，促进了企业的健康发展。

海尔集团的数字化转型案例，充分体现了技术进步与思想政治工作相结合的实践。在数字化转型过程中，海尔集团通过提高服务意识、鼓励员工自主创新、承担企业责任和强化法治意识，推动了企业的可持续发展。这样的实践不仅提升了企业的市场竞争力，也在思想政治工作层面为员工提供了更为积极的价值引导，实现了经济与社会效益的双赢。

第三节　财务机器人的应用案例

RPA 技术的广泛应用的核心驱动力在于两个不可或缺的先决条件：一是存在大量重复性高、劳动密集型的任务（这为 RPA 的实施提供了迫切需求与必要性），二是这些任务需要遵循明确且可编程的业务规则和流程（这确保了 RPA 实施的技术可行性与准确性）。财务工作尤其是以会计核算为核心的部分工作，恰好完美契合了这两大前提。会计核算工作不仅涉及大量数据录入、核对、分类等重复性操作，而且其处理流程严格遵循既定的会计准则和法规，为 RPA 的应用提供了广阔的舞台。

自 2017 年起，全球财务界迎来了一场由技术引领的深刻变革。以德勤、普华永道、安永、毕马威等国际知名的会计师事务所为先锋，它们相继推出了财务机器人及其配套解决方案，标志着财务领域正式迈入了"机器人流程自动化"的新纪元。这些创新举措不仅极大地提升了财务处理的效率与精确度，还重塑了传统财务行业的作业模式与价值链。随着财务机器人的广泛应用，原本耗费大量人力、易出错且耗时的日常财务操作被自动化流程所取代，财务人员能够更多地投身于数据分析、风险管理、战略决策等更具价值的工作之中。这种转变不仅优化了企业内部的资源配置，还促进

了财务与业务部门的深度融合，为企业带来了更加敏捷、智能的财务管理能力。

此外，RPA 在财务领域的成功应用也激发了其他行业对自动化技术的探索与热情，推动了整个社会的数字化转型进程。未来，随着技术的不断进步和应用场景的持续拓展，RPA 有望在更多领域发挥关键作用，引领新一轮的产业革命与升级。

一、德勤财务机器人

2017 年 3 月中旬，社交媒体上广泛流传着一个引人注目的内容——德勤财务机器人，这标志着财务机器人技术正式步入公众的视野。德勤研发的这款财务机器人，是一种创新的应用程序，它被部署在服务器或计算机环境中，旨在实现会计核算流程的全面自动化。这一创新成果不仅是人工智能技术在财务数字化领域的一次初级而重要的应用尝试，更是基于先进的机器人流程自动化技术实现的。

（一）德勤财务机器人的核心功能

1. 自动化替代手工操作

德勤财务机器人通过精确的算法与高效的执行能力，能够替代传统财务流程中繁琐、重复的手工操作，显著提升工作效率与准确性。

2. 流程管理与监控

德勤财务机器人具备强大的流程管理能力，能够自主监控自动化财务流程的执行情况，确保每一步操作都按照预设规则准确无误地进行，同时及时发现并应对潜在问题

3. 信息录入与数据处理

德勤财务机器人能够有效录入各类财务信息，快速合并分散的数据源，并进行精准的汇总与统计分析，为财务决策提供坚实的数据支持。

4. 业务逻辑判断

德勤财务机器人基于预设的业务规则与逻辑，能够自主判断并处理复杂的财务事务，减少人为判断带来的误差与风险。

5. 流程优化识别

在运行过程中，德勤财务机器人能够智能识别财务流程中的瓶颈与改进空间，为企业的财务管理流程优化提供宝贵的建议与方向。

同时，德勤财务机器人的出现，针对一些核心难题，以其独特的自动化与智能化优势，为企业提供了解决方案。

第一，财务流程中的手工操作瓶颈。传统财务流程充斥着大量高度重复的手工操作，这些任务不仅耗费了大量的人力资源和宝贵的时间，还限制了员工在更高价值工作上的投入。德勤财务机器人通过精准模拟人类操作，实现了财务流程的自动化处理，显著降低了人力成本，提升了工作效率，使员工能够聚焦于更具战略意义的工作领域。

第二，跨岗位协同的沟通壁垒。在复杂的财务环境中，跨岗位的实务操作往往需要频繁的沟通与协调，这不仅增加了沟通成本，还可能导致信息传递的延误与失真，进而影响整体工作效率。德勤财务机器人凭借其强大的集成能力，能够无缝对接不同

岗位之间的业务流程，实现信息的实时共享与自动处理，大大降低了沟通成本，提升了协同效率。

第三，手工处理的准确性与效率问题。手工处理财务事务往往伴随着较高的错误率，这不仅影响了数据的准确性，还可能给企业带来不必要的经济损失。此外，手工处理的速度有限，难以满足快速变化的业务需求。德勤财务机器人通过其内置的算法与逻辑判断能力，能够确保财务处理的准确性与高效性，为企业提供了更为可靠的数据支持。

第四，业务响应速度的局限。在快速变化的商业环境中，企业需要能够快速响应市场变化与业务拓展的需求。然而，传统的人工处理方式往往受限于时间和人力资源，难以满足这一要求。德勤财务机器人能够实时处理财务数据，快速生成报表与分析结果，为企业决策提供及时、准确的信息支持，帮助企业把握市场机遇，实现业务的持续拓展。

第五，审计工作的全面性与深度挑战。受制于时间和人力资源的限制，传统审计工作往往采用抽样方式进行，难以实现对财务数据的全面覆盖与深入分析。这不仅可能遗漏重要问题，还可能影响审计结果的可靠性。德勤财务机器人凭借其高效的自动化处理能力，能够实现对财务数据的全面扫描与深入分析，确保审计工作的全面性与深度，为企业风险管理提供更为坚实的保障。

（二）德勤财务机器人应用实例

1. 监管信息报送

每到季度末，当企业需要向监管机构报送"偿二代风险综合评级数据"时，德勤财务机器人——"小勤人"便发挥其自动化优势。首先，"小勤人"会自动向各分支机构和总公司业务部门发送数据收集模板，并在规定时间内自动回收这些风险信息数据。它具备强大的数据处理能力，能够迅速进行格式校验和逻辑校验，确保数据的准确性。随后，"小勤人"会将各分支机构的数据汇总整理成总公司的报送表格，大大减轻了人工汇总的工作量。在最终的报送环节，"小勤人"更是展现了其高效性。风险部门的同事只需将确认后的报表文件放置于指定文件夹下，"小勤人"便能自动导入数据文件，利用标准转换工具进行数据录入，并导出为监管机构要求的格式。紧接着，它会自动登录监管报送系统，完成上传、校验以及确认流程，整个过程几乎无需人工干预，并且耗时极短，显著缩短了报送周期。此外，"小勤人"还与德勤风险智能管理系统紧密合作，通过系统对接自动获取并校验数据，进一步提升了数据处理的自动化水平。这一应用不仅大幅提高了信息报送的效率，还显著提升了报送的质量，减少了因人为错误导致的重复校验和调整工作。

2. 自动生成大型金融机构合并报表

在中国某大型国有银行，其庞大的业务网络遍布全球，涵盖 30 多家子公司与 50 多家分行，为全球客户提供着全方位的金融服务。随着信息技术的飞速发展，该行总行近年来倾力打造了一款高度集成的核心业务系统。在追求更高效、更智能的运营管理道路上，该行财务会计部携手德勤财务机器人，开启了业务流程自动化的新篇章。德勤财务机器人团队深入了解了该部门的业务流程后，精准定位了四个关键步骤。这些步骤规则明确、操作频繁且人工处理耗时较长，是自动化改造的理想对象。经过细致的需求分析与紧锣密鼓的配置测试，德勤成功地将这四个步骤转化为自动化流程。德勤财务机器人如同一位不知疲倦的助手，自动从系统中导出所需数据，运用预设规则处理汇率转换和境内外数据合并，精准计算出期末余额并进行复核，确保每一步都准确无误。同时，它还实时监控邮件收件箱，智能识别并催收各子公司提交的月报文件，有效避免了延误。

在收到所有子公司的报表后，德勤财务机器人迅速汇总数据，依据复杂的抵消规则自动生成合并抵消分录，大大减轻了人工操作的负担。最终，基于全面汇总与精确处理的数据，德勤财务机器人自动编制出当月的集团合并财务报告。这份报告不仅格式规范、内容详实，而且极大缩短了编制周期，为银行管理层提供了及时、准确的决策支持信息。

二、普华永道财务机器人

自 2017 年开始，普华永道推出的财务机器人解决方案迅速在金融及企业界引起了广泛关注。与市场上其他财务机器人相比，普华永道财务机器人不仅深耕于财务领域，更将其强大的自动化能力拓展至人力资源、供应链以及信息技术等多个关键业务领域，展现了跨领域的广泛应用潜力。

（一）普华永道财务机器人的核心功能

普华永道财务机器人以其卓越的功能模块，为各行业带来了前所未有的效率提升。在财务领域，它覆盖了从订单处理到收款，从采购管理到付款，从记录编制到报告生成以及税务合规、固定资产管理、费用报销和分配等全方位流程。同时，在人力资源领域，普华永道财务机器人也发挥着重要作用，助力企业实现员工选拔、绩效管理、培训及薪酬管理等关键环节的自动化，形成了从"选"到"留"的完整闭环。此外，在供应链优化和信息技术支持方面，普华永道财务机器人同样展现出了非凡的能力，助力企业实现业务流程的全面智能化。

（二）普华永道财务机器人应用实例

1. 某大型国企的财税革新

某大型国企携手普华永道引入了财务机器人，以应对财务共享中心繁重的财税工作挑战。

在引入普华永道财务机器人之前，企业的财务团队需要投入大量时间处理银行对账、发票验证等重复性任务。随着财务机器人的加入，这些繁琐的工作变得自动化，效率显著提升。财务机器人每日自动完成多家银行的对账，发送月末入款提醒，并从多个数据源生成税务提醒表格，甚至能自动验证增值税发票真伪。这一变革不仅大幅降低了人力成本，还显著提高了工作准确性，使财务人员得以专注于更高价值的任务。普华永道财务机器人逐步成为该企业财务数字化转型的重要推手。

2. 某互联网企业的应付账款自动化实践

面对每月数万条结算明细的庞大工作量，某互联网企业曾需耗费大量人工进行发票匹配与核销。然而，随着普华永道财务机器人的引入，这一局面得到了根本性改变。这一智能化解决方案如同为企业的财务管理装上了"加速器"。财务机器人凭借其精准、高效、不知疲倦的特点，迅速接管了原本繁重的人工任务，实现了从发票接收、信息录入、自动匹配到核销确认的全流程自动化。尤为值得一提的是，财务机器人在非工作时间段内依然能够持续高效运作，极大地缩短了整体处理周期，将处理工时压缩至原先的 5% 以下，几乎实现了即时处理与反馈。

这一变革不仅显著降低了企业的人力成本，更重要的是，它极大地提升了应付账款核销的准确性和及时性，减少了因人为错误导致的财务纠纷，增强了企业的财务透明度。同时，财务团队得以从繁琐的日常操作中解放出来，将更多精力投入战略分析、风险管理等更具价值的工作中，为企业的长远发展提供了有力支持。此外，供应商们也感受到了明显的变化，账款结算速度的提升增强了他们的合作信心，进一步巩固了企业的供应链稳定性。

3. 某国际金融机构的应收账款自动化管理

针对每日需从多家银行收集对账单并进行复杂账务处理的挑战，某国际金融机构借助普华永道财务机器人实现了应收账款管理的全面自动化。通过深度定制与集成，财务机器人能够自动登录各银行系统，实时抓取交易数据，并运用先进的算法进行高效分类、识别与校验。一旦数据通过严格的质量检查，财务机器人便会立即执行应收账款的账务处理流程，确保每一笔交易都能准确无误地记录在案。这一全面自动化的管理模式，使得原本需要大量人力物力投入的手工操作变得轻松高效。据统计，处理工时大幅减少至原先的 4%，工作效率实现了质的飞跃。同时，数据准确性的显著提升也极大地降低了财务风险，为该国际金融机构的稳健运营提供了坚实保障。此外，自动化管理还带来了流程透明度的提升，使得管理层能够实时掌握应收账款的动态情况，为决策提供有力支持。

三、毕马威财务机器人

2017 年 6 月下旬，毕马威正式推出了其智能财务机器人服务，标志着该公司在机器人流程自动化领域的重大布局。与市场上已有的几款财务机器人解决方案相比，毕马威财务机器人更加聚焦于数字化劳动力的深度应用与优化。

（一）毕马威财务机器人的核心功能

毕马威财务机器人通过深度融合自动化技术，打造了一支高效的数字化劳动力队伍。这项创新不仅显著降低了企业运营成本，大幅减少财务处理费用，更重要的是，这一成本节约效果并不依赖于工作量的增减，展现出强大的可扩展性与灵活性。

毕马威财务机器人颠覆了传统的业务处理模式，使之变得更加高效、简便。借助先进的认知技术，毕马威财务机器人能够自主执行大量原本需要人工干预的重复性任务，极大地减轻了财务人员的负担，同时减少了人为错误的发生。这种变革超越了单纯的人力替代，让财务流程的优化不再受限于人员的素质与能力，而是基于技术的力量，实现了前所未有的效率的提升与成本的优化。毕马威财务机器人的引入，不仅优化了企业的财务作业流程，更在战略层面上推动了企业的数字化转型，为企业带来了长远的发展动力与竞争优势。

（二）毕马威财务机器人应用实例

1. 发票全周期追踪

毕马威财务机器人对传统发票处理流程进行了深刻的革新与优化。在以往，发票处理主要依赖于繁琐的手工作业，不仅工作量大、容易出错，而且效率低下，往往消耗大量的时间和人力资源。然而，随着毕马威财务机器人的应用，这一切都得到了根本性的改变。财务机器人通过高度自动化的方式，实现了发票、办公系统、财务系统之间的匹配流程。财务机器人首先自动读取和扫描发票信息，减少了人工介入的需要，从而提高了数据的准确性和处理效率。在这一过程中，财务机器人能够完成高达99%的自动化处理（部分发票扫描仍需人工辅助以确保精度），极大地减轻了财务人员的负担。同时，财务机器人通过凭证号和发票号等关键信息，在办公系统、财务系统以及发票管理平台之间建立了紧密的自动关联。这种关联不仅确保了数据的一致性和可追溯性，还实现了无缝衔接和勾稽关系，使得整个发票处理流程更加顺畅和高效。更为重要的是，财务机器人能够实时追踪发票从接收、处理到审核、归档的全生命周期状态。这种全过程的监控确保了每一步都留下清晰的记录，为后续的审计和查询提供了有力的支持。同时，财务机器人还具备智能预警功能，一旦发现数据不匹配或异常，将立即发出警报或邮件通知相关人员，以便及时处理问题，避免潜在的风险和损失。毕马威财务机器人实现了发票处理的高效、准确和可追溯。

2. 税务计算与申报流程100%自动化

毕马威财务机器人革新了税务计算与申报的传统流程，实现了100%的自动化。在自动化流程中，毕马威财务机器人首先通过远程控制技术，与财务系统、税务系统等无缝对接，实时获取所需数据。随后，财务机器人利用内置的智能算法和校验机制，对数据进行自动下载、验证和整理，确保数据的准确性和完整性。在此基础上，财务机器人能够自动生成符合税务要求的申报表，并自动提交至税务系统，无需人工干预。在申报过程中，财务机器人还具备实时数据比对功能，能够确保申报数据与原始数据的一致性。同时，财务机器人会详细记录每一步操作的过程和结果，为后续的审计和追溯提供有力支持。若遇到任何异常或问题，财务机器人将及时发送警报邮件，并尝试自动解决或等待人工干预，确保流程的顺畅进行。此外，毕马威财务机器人还提供了可视化的监控界面，使管理员能够实时查看财务机器人的执行状态和进度。这种透明度不仅增强了企业对税务处理流程的掌控力，还为企业提供了清晰的业务视图，有助于企业更好地进行决策和管理。

四、安永财务机器人

2017年6月初，安永紧跟时代步伐，隆重推出了智能财务机器人，标志着其在数字化转型领域的又一重大突破。安永将这一举措视为推动业务流程变革、深化外包服务的关键一步。回顾过去，技术进步对商业领域的重塑力量有目共睹。如今，业务流程自动化正成为新的浪潮，它预示着通过减少对人工的依赖，可以高效处理大量标准化、重复性任务。安永财务机器人不仅继承了传统 RPA 的精髓，更在此基础上开启了人工智能的新纪元，旨在助力企业规避"空客效应"，即过度依赖某一技术而忽略整体效能优化的现象，引领企业全面步入智能自动化流程的新时代。

（一）安永财务机器人的核心功能

1. 关账与开立账项

安永财务机器人能够自动执行月末或年末的关账流程，包括核对账目余额、调整分录、生成财务报表等，同时能高效处理新账项的开立，确保账目的及时更新与准确性，为企业财务管理提供坚实的数据基础。

2. 账项审核请求

安永财务机器人通过预设的审核规则与流程，能够自动发起账项审核请求，并跟踪审核进度，直至审核完成。这一功能极大地提高了审核效率，同时减少了人为错误，确保了财务数据的合规性与准确性。

3. 外汇支付处理

针对跨国企业的外汇支付需求，安永财务机器人能够自动完成汇率查询、支付金额计算、支付指令生成以及提交银行处理等一系列复杂流程，有效降低了外汇支付的风险与成本。

4. 理赔流程优化

在保险或金融服务领域，安永财务机器人能够自动化处理理赔申请，包括资料收集、初步审核、赔付计算以及通知客户等环节，提高了理赔处理速度，增强了客户体验。

5. 订单与采购管理

通过集成企业资源规划（ERP）系统，安永财务机器人能够自动处理订单接收、库存核对、采购申请、供应商沟通等采购管理流程，实现了采购活动的透明化、高效化与成本节约。

6. 能源消耗监控

针对能源密集型行业，安永财务机器人能够实时监控能源消耗数据，进行趋势分析，识别节能潜力，并提出节能建议，助力企业实现绿色可持续发展。

7. 付款保障措施

通过智能识别付款请求的有效性、合规性及风险性，安永财务机器人能够确保付款流程的准确无误，同时预防欺诈行为的发生，保障企业的资金安全。

8. 舞弊调查辅助

在发现可疑交易或违规行为时，安永财务机器人能够迅速收集相关数据，进行初步分析，为舞弊调查提供有力支持，提高了舞弊识别的效率与准确性。

9. 密码重置与系统维护

在保障安全性的前提下，安永财务机器人能够自动处理用户的密码重置请求，并提供系统日常维护服务，如定期备份、性能监控等，确保财务系统的稳定运行。

10. 数据清洗与深度分析

利用先进的数据处理与分析技术，安永财务机器人能够自动清洗财务数据中的异常值，提取有价值的信息，进行深度分析，为企业决策提供有力的数据支持。

安永财务机器人实现与人工智能的深度融合。其具体表现为技能精细化与智能化、成本与时间的考量、理论流程量的优化、机器人应用更加贴合企业特定需求以及实现高度专业化。除财务成本节约外，财务机器人更在提升员工满意度、增强组织灵活性等方面展现出巨大价值。

安永通过精心布局，构建了涵盖基于认知学习与自然语言处理的机器人（擅长管理非结构化数据）、智能聊天机器人（强化人机互动体验）、人工智能（专注于数据分析、洞察与决策支持）的财务机器人体系，确保了从基础任务自动化到高级智能决策支持的全面覆盖，为企业带来最优的自动化效益。

（二）安永财务机器人应用实例

1. 引入财务机器人技术的保险公司

在中国保险行业的广阔舞台上，某一财产保险公司以其卓越的服务质量和广泛的业务范围脱颖而出。该公司的业务领域涵盖了财产保险、健康及意外保险、专业的再保险服务。然而，随着业务规模的不断扩大，再保险业务的工作量也急剧增加，传统的数据处理方式已难以满足高效、准确的需求。

面对这一挑战，该公司展现出了前瞻性的视野和果敢的决策力，携手安永共同探索保险业数字化转型的新路径。在引入财务机器人之前，该公司再保险业务的数据处理主要依赖于人工操作。操作人员需要手动将 Excel 表格中的数据录入再保险系统，这一过程不仅耗时费力，而且容易出错。随着业务量的增长，数据录入的压力越来越大，再保险部门经常面临加班加点的困境。为了打破这一僵局，该公司决定引入安永财务机器人——"安哥"。通过"安哥"的助力，再保险业务流程实现了全面的自动化和标准化。财务机器人能够自动读取公共文件夹中已格式化的保单数据，并根据设定的规则进行校验和录入。在数据录入过程中，"安哥"能够智能识别并标记出不合格的数据，同时应对系统异常和错误，确保数据的准确性和完整性。

"安哥"的引入带来了显著的成效。首先，数据录入的错误率降至零，彻底解决了再保险部门长期以来的痛点问题。其次，数据处理的效率得到了大幅提升。原本需要 5 分钟才能完成的数据录入工作，现在只需 1 分钟即可完成，效率提升了近 80%。同时，人工参与的时间也被大幅压缩至 30 秒左右，减少了 90% 的人工投入。这不仅减轻了员工的工作负担，还使员工能够有更多的时间和精力投入更有价值的决策工作中去。此外，"安哥"的引入还带来了更高的可控性和透明度。整个数据处理过程都被详细记录并存档，便于后续审计和业务追踪。这种高度透明化的管理方式不仅增强了管理的灵活性，还提升了公司的整体运营效率。

2. 引入财务机器人技术的某全球在线交易平台

作为全球领先的一站式多元化出行服务平台，该企业在中国超过 400 座城市为近 3 亿用户提供便捷、全面的出行体验。自 2015 年起，该企业凭借十亿余次的订单交易量，稳居全球在线交易市场的次席，仅次于淘宝，展现了其非凡的市场影响力和增长潜力。然而，随着业务版图的持续扩张和交易量的激增，该企业的财务部门迎来了前所未有的挑战。每月海量的应收应付处理、总账管理、对账审核、费用报销以及月末盘点等任务，使得财务团队的人力投入不断增加，但财务流程的效率提升却未达预期，成为制约企业快速发展的问题。面对这一困境，该企业深刻认识到优化财务运营模式、提升流程效率的重要性，并决定携手安永。

安永财务机器人——"安哥"被引入该企业的财务处理流程中，带来了自动化与标准化的双重变革。通过统一会计凭证及相关附件的命名与存储规范，"安哥"能够自动从公共文件夹中抓取已填写的会计凭证与附件，并上传至系统，同时记录处理结果，生成清晰的列表。在智能化方面，"安哥"展现出了卓越的能力。它能够根据预设规则自动校验会计分录的准确性，识别并标记错误，生成详细日志反馈给相关人员。这一功能不仅提高了账务处理的准确性，还大大减轻了财务人员的审核负担。通过校验的数据将自动上传至系统，并附上相应文档，实现了无缝衔接。此外，"安哥"还具备高度的可控性。它能够实时生成账务处理的记录报表，清晰标识每一笔凭证的状态，包括检验、生成以及附件上传等环节，为业务人员提供了便捷的跟踪与追溯工具。

随着"安哥"的引入与应用，该企业的财务处理流程实现了质的飞跃，有效缓解了财务部门的工作压力。更重要的是，这确保了每月月底能够按时关账，为该企业的财务管理提供了坚实的保障。同时，被释放的人力资源得以投入更有价值的决策支持工作中，进一步推动了企业的战略发展。

五、课程思政

案例：国网天津市电力公司 RPA 财务机器人应用

国网天津市电力公司（以下简称"国网天津电力"）为适应能源绿色转型和数字经济发展新趋势，全面融合数字化时代新发展理念内涵、电网发展战略目标和财务专业管理特点，加快财务数字化转型步伐。为提升财务数据质量和业财处理工作质效，国网天津电力引入了 RPA 技术，以代替人工执行重复的、繁杂的工作流程。国网天津电力先是成立了专门的项目团队，负责 RPA 技术的调研、选型以及后续的实施工作。团队成员包括来自财务、信息技术以及业务部门的专家，他们共同分析了当前财务流程中的痛点，确定了 RPA 技术的应用场景和优先级。经过深入讨论和评估，国网天津电力决定首先针对税务结转、长期挂账在建工程数据整理等高频次、高复杂度的业务流程进行自动化改造。接下来，项目团队与 RPA 技术供应商展开了紧密的合作。他们共同制订了详细的项目计划，包括技术架构设计、系统部署方案、流程开发计划等。在技术选型方面，国网天津电力经过多方比较和评估，最终选择了市场上成熟且可靠的 RPA 产品，以确保项目的稳定性和可持续性。在流程开发阶段，项目团队首先进行了详细的流程梳理和需求分析。他们深入一线了解财务人员的实际操作步骤和痛点问题，并与 RPA 技术专家一起制订了详细的自动化方案。随后，开发人员利用 RPA 工具编写脚本、配置机器人，并进行了多次测试和调试，以确保自动化流程的准确性和稳定性。项目团队采用了多种测试方法，包括单元测试、集成测试、性能测试等。他们模拟了各种可能的业务场景和异常情况，对财务机器人进行了全面的验证和评估。通过不断优化和迭代，项目团队最终实现了财务流程的自动化处理，并达到了预期的效果。在财务机器人正式上线运行后，国网天津电力建立了完善的运维管理体系和监控机制。他们安排了专人负责财务机器人的日常管理和维护工作，确保财务机器人能够稳定运行并及时处理各类问题。同时，国网天津电力还定期对财务机器人应用效果进行评估和反馈，不断优化和改进自动化流程，以持续提升财务管理效率和质量。

1. 创新精神

国网天津电力积极引入 RPA 技术并成功应用于财务领域，展现了企业的创新精神和实践能力。这有助于培养学生的创新意识和实践能力，鼓励学生积极探索新技术、新方法在财务管理中的应用。

2. 社会责任

通过 RPA 技术的应用，国网天津电力提高了财务处理效率和准确性，为企业创造了更大的经济效益和社会效益。这有助于引导学生树立社会责任意识，关注企业社会价值的实现和可持续发展。

3. 法治观念

在 RPA 技术的应用过程中，国网天津电力严格遵守相关法律法规和内部规章制度，确保了数据和系统的安全性与保密性。这有助于培养学生的法治观念和合规意识，让他们认识到在技术应用中必须遵守法律法规和道德规范的重要性。

第四节　常用财务机器人介绍

一、金蝶财务机器人

(一) 金蝶财务机器人概述

金蝶财务机器人是由金蝶软件公司开发和推出的 RPA 解决方案，旨在通过自动化和智能化手段，帮助企业在财务会计、税务管理、资金管理、财务分析等方面实现流程自动化，从而提高工作效率和质量，节约人力成本，应对企业业务流程日益复杂和灵活的挑战，帮助企业更好地满足内部管理控制和外部法规要求。

金蝶软件公司于 2017 年发布基于云端的财务机器人，应用云计算、大数据、图像语音识别等人工智能技术，为企业提供多场景、全方位的智能财务服务。金蝶财务机器人可以让财务和会计人员更加聚焦于公司的战略财务和业务财务决策上，把数据处理和分析报表交给智能财务机器人。这会是未来财务优化的主要方向。依托于"金蝶云"，金蝶财务机器人将以"大数据+云端+人工智能"的软件运营服务（SaaS）模式，在智能"黑科技"上继续优化，在财务智能方面拥有更多可能。

（二）主要功能

（1）自动账务处理。金蝶财务机器人能够读取电子表格，自动处理账务，生成凭证，进行账簿管理和定期编制财务报表。

（2）税务自动化。金蝶财务机器人能够实现电子申报、税额计算和自动缴纳税款的处理。

（3）会计报表自动化。金蝶财务机器人能够实现自动处理财务分析报告中的数据统计和分析工作。

（4）自动化银行对账。金蝶财务机器人能够实现自动获取银行交易数据进行对账处理，提升对账效率和准确性。

（三）核心价值

（1）金蝶财务机器人通过系统的智能化处理，使财务核算的工作效率得到较大提升，同时降低人工成本，释放的劳动力可以转移到高附加值的财务工作中。

（2）财务智能化能通过系统收集的数据促进财务流程的优化和核算的标准化，提升财务核算质量。

（3）财务智能化核算，财务数据直接来源于业务，促进了业财融合，财务数据更能真实地反映业务，为后续的财务分析提供准确、可靠的数据及依据。

（4）财务智能化不需要进行较大的投入，在现有的系统基础上进行低成本的集成和改造即能实现。

二、UiPath

（一）UiPath 概述

UiPath 是一个易用且强大的 RPA 平台，提供端到端的 RPA 解决方案，帮助企业实现业务流程自动化，提高生产效率，降低成本。UiPath 在全球范围内拥有大量的用户和实施成功案例，受到用户的高度评价。

（二）主要功能和特点

（1）统一平台。UiPath 集成了自动化设计、开发、测试、部署和管理的全过程。

（2）丰富的组件库。UiPath 提供大量预制的活动，用户可以快速搭建自动化流程。

（3）机器学习和人工智能。UiPath 支持集成机器学习和人工智能，加速流程自动化、智能化。

（4）安全性和完整性。UiPath 提供严格的安全管理，确保自动化流程的稳定运行。

（三）在财务管理中的应用

在财务管理中，UiPath 可以用于执行各种任务，如自动化发票处理、文件归档、数据挖掘、远程桌面操作、电子邮件管理、报表制作等。通过 UiPath，财务人员可以自动化处理许多繁琐的日常任务，将更多时间投入更有价值的工作中。

三、UiBot

（一）UiBot 概述

UiBot 是一个提供自动化解决方案的软件，集成了强大的自动化学习和机器学习算法，便于集成到现有的环境和服务中。

（二）主要功能

（1）智能机器人流程设计。UiBot 提供可视化的流程设计器，无需编程即可构建复杂的自动化流程。

（2）高效的数据处理。UiBot 支持大数据处理和高级计算能力。

（3）开放性的集成。UiBot 可以与其他系统和平台轻松集成，实现跨系统的自动化。

（4）企业级安全。UiBot 符合企业级的安全标准，确保数据安全和隐私。

（三）在财务管理的应用

UiBot 在财务领域有着广泛的应用。例如，它可以实现计费和账务处理自动化、自动采购订单处理、财务报告和分析等。通过 UiBot，财务团队可以自动、高效地执行大量的会计和财务相关任务。

四、Blue Prism

（一）Blue Prism 的概述

Blue Prism 是一个企业级的 RPA 平台，主要为企业提供稳定、可信赖的自动化解决方案，通过智能自动化提升企业效率。

（二）主要功能和特点

（1）企业级的外包和自动化。Blue Prism 提供完整的 RPA 套件，包括流程设计、自动化执行、监控和控制。

（2）高级控制室。Blue Prism 提供一个中央控制室，可以监控和管理所有部署的 RPA 流程。

（3）灵活的业务流程自动化。Blue Prism 能够灵活适应企业内部流程，快速部署自动化。

（4）高安全性和可维护性。Blue Prism 提供高级的安全和成本管理机制。

（三）在财务管理中的应用

财务人员可以使用 Blue Prism 系统实现从文本分析到报告准备工作等的自动化。例如，Blue Prism 可以通过自动化 Excel 文件的处理，实现自动化数据提取、分析以及报告的编制。同时 Blue Prism 还能帮助企业在财务流程中实现合规性的自动化检查。

五、课程思政

沃尔玛（Walmart）的财务机器人应用

沃尔玛作为全球最大的零售商之一，拥有庞大的财务和会计团队。为了提升财务处理的效率和准确性，沃尔玛决定引入 RPA 技术。沃尔玛的财务机器人主要用于自动化处理供应商发票审核、费用报销、财务报表生成等任务。通过财务机器人，沃尔玛能够显著提高财务处理的速度，减少人工错误，并将财务人员从重复性工作中解放出来，使其可以更专注于战略性任务。

1. 技术对就业的影响与社会责任

沃尔玛引入 RPA 技术提高了财务处理的效率，但也引发了对传统财务岗位的影响和社会责任的讨论。尽管财务机器人减少了对某些岗位的需求，但沃尔玛也致力于通过员工培训和内部转岗来缓解这种影响。

思政要点：在沃尔玛的案例中，财务机器人替代了部分传统的人工操作岗位。沃尔玛认识到这一点，积极采取措施来应对技术对就业市场的影响。例如，沃尔玛通过开展员工再培训计划，帮助受到影响的财务人员提升技能，转向其他高价值的岗位。此外，沃尔玛还与政府和教育机构合作，推动职业培训项目，以应对技术变革带来的就业挑战。讨论这些措施可以让学生理解企业如何在推动技术进步的同时，负责任地对待员工的就业和职业发展。

2. 数据隐私与安全责任

沃尔玛在使用财务机器人处理大量敏感数据时，非常重视数据隐私和安全。沃尔玛实施了一系列安全措施，确保数据的保密性和完整性。

思政要点：沃尔玛的财务机器人处理了大量的财务数据，这些数据的安全至关重要。为了保护数据安全和隐私，沃尔玛采取了多种措施，比如数据加密、严格的访问控制、定期的安全审计和合规检查。教师在课堂上可以分析沃尔玛如何实施这些措施保障数据的安全和合规性。此外，教师可以与学生讨论相关法规（如《中华人民共和国个人信息保护法》）对企业数据处理的要求以及如何在实际操作中遵守这些法规。这样可以帮助学生理解在技术应用中，如何平衡效率与数据安全的关系。

3. 职业道德与技术应用伦理

在财务机器人的应用过程中，沃尔玛注重技术应用的伦理问题，包括确保机器人决策的透明性和公正性，防止潜在的偏见和错误。

思政要点：沃尔玛在设计和实施财务机器人时，特别关注技术应用中的伦理问题。例如，财务机器人在处理发票审核时，需要确保没有出现因算法偏见或错误数据导致的不公正对待。沃尔玛通过定期审查财务机器人的处理结果，确保其符合公司道德标准和法规要求。此外，沃尔玛还设立了专门的伦理委员会，监督财务机器人在应用中的伦理问题，确保其操作的公正性和透明性。教师可以与学生围绕如何在技术应用中确保伦理标准的遵守、如何处理技术应用中的潜在伦理问题以及如何在技术发展中保持职业道德展开讨论。

第二章　实验案例背景

　　本书模拟一家高新技术企业——深圳智能航空科技有限公司，从上线到实施智能财务技术的全过程。

　　深圳智能航空科技有限公司（简称"智航科技"），为 2017 年崛起的高新技术先锋企业，其注册资金高达 3 800 万元。该公司专注于无人机自主飞行控制系统的研发，同时向客户提供覆盖各行业的综合解决方案，现已掌握全链条自主研发的无人机自动驾驶技术及多款飞行平台。智航科技汇聚了电子产品开发领域的精英、资深无人机设计师以及具备深厚飞行背景的专家，构建了一支高学历科研梯队、实战经验丰富的飞行操作队伍以及锐意进取的市场营销精英团队，始终将研发创新与市场拓展视为企业双轮驱动。

　　智航科技的主要客户群体涵盖政府机构、国有企业、高等教育机构以及科研单位，其产品与服务在业界及社会各界均享有高度赞誉与好评。智航科技的核心竞争力在于能够精准把握每个项目的客户需求，实现产品的定制化生产，并提供针对性的专业解决方案。尤为值得一提的是，在售前咨询与售后技术支持环节，智航科技秉持"设身处地为客户着想"的服务理念，赢得了业界的良好口碑与客户的广泛信赖。

　　依托自驾仪技术这一坚实基石，智航科技积极与国内外知名学府、科研机构等携手合作，共同探索新产品研发之路，业务范围广泛涵盖产品研制、技术支持服务、专业操控员培训等多元化领域。智航科技的特色产品阵容强大，技术服务高端专业，明星产品线包括了航拍专用无人机、警务应用无人机、环境监察无人机等；技术服务涉及高精度航拍测绘、紧急救援响应、现场调试服务、远程技术援助以及故障精准诊断等全方位服务。

　　随着智航科技的发展壮大，其需要用到智能 ERP 软件来管理企业。经考察、评估后，于 2020 年购买了金蝶 EAS 系统，并于次年 1 月正式启用。智航科技组织架构如图 2-1 所示。

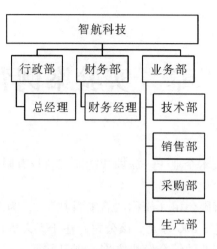

图 2-1 智航科技组织架构

第三章 财务信息化

为了处理深圳智航科技公司的业务，用户需要在系统中完成会计信息化系统搭建，包括组织的搭建以及基础资料的新增与分配。

第一节 创建管理单元

一、登录账号和密码

登录账号：administrator。

登录密码：kdadmin。

二、实验步骤

步骤 1：新建管理单元。

步骤 2：维护 administrator 的组织范围。

步骤 3：新建系统管理员。

三、实验数据

单元信息如表 3-1 所示。

表 3-1 单元信息

管理单元编码	管理单元编码
管理单元	管理单元

系统管理员信息如表 3-2 所示。

表 3-2 系统管理员信息

用户账号	用户类型	用户实名	所属管理单元	密码	维护组织范围	缺省组织
admin-姓名	系统用户	admin-姓名	管理单元	学号	管理单元、智航科技-姓名	智航科技-姓名

四、操作步骤

本案例任务以学号"8888"为例，进行操作演示，用户在实验时请使用学生学号。

（一）新建管理单元

用户双击安装后生成的桌面快捷图标"金蝶 EAS 客户端"，打开 EAS 登录界面。用户选择教师提供的数据中心，用户名为"administrator"，默认密码为"kdadmin"，单击【登录】，进入 EAS 系统（见图 3-1）。

图 3-1　金蝶 EAS 系统登录

用户进入 EAS 系统后，点击【应用中心】→【企业建模】→【组织架构】→【管理单元】→【管理单元】，进入管理单元查询界面（见图 3-2）。

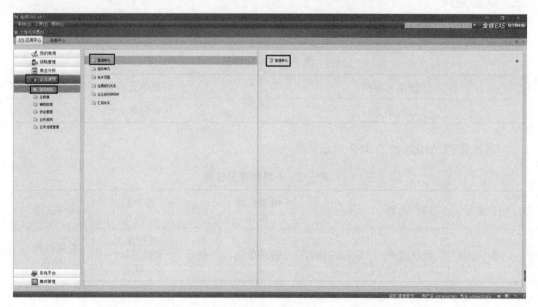

图 3-2　管理单元查询

　　用户选中管理单元，点击【新增】，打开管理单元新增页面。用户按照实验数据新建管理单元，输入编码为"学号"，名称为"智航科技–姓名"，点击【保存】（见图 3-3）。

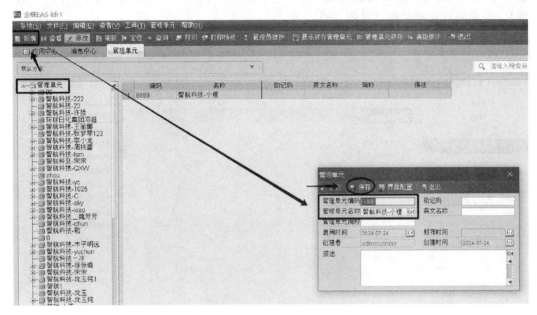

图 3-3　新建管理单元

　　用户在点击【保存】后，返回管理单元查询页面，可以看到新增完成的管理单元（见图 3-4）。

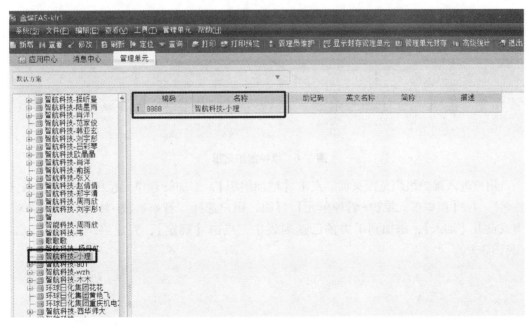

图 3-4　管理单元查询

（二）维护 administrator 的组织范围

超级管理员 administrator 必须维护新建的管理单元的组织范围，之后该管理单元的建立才能生效。用户点击【企业建模】→【安全管理】→【权限管理】→【用户管理】，进入用户管理页面（见图 3-5）。

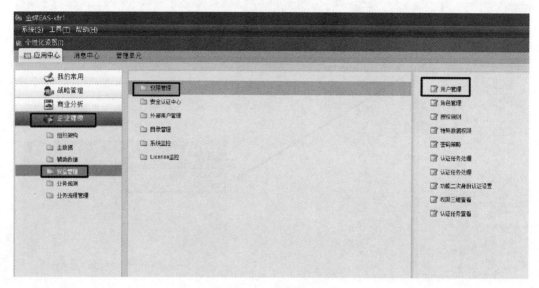

图 3-5　用户管理

用户选择 administrator，点击【维护组织范围】，进入维护组织范围页面（见图 3-6）。

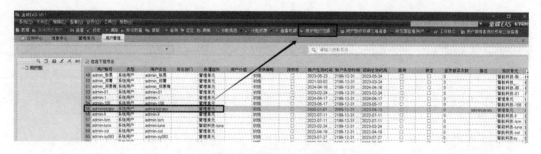

图 3-6　维护组织范围

用户进入维护组织范围页面，点击【增加组织】，添加管理单元范围"智航科技-姓名"。在【组织单元维护-管理单元】界面，用户选择"智航科技-姓名"组织，双击或点击【加入】，添加到下方的已选列表中，点击【确定】，完成组织范围的增加（见图 3-7）。

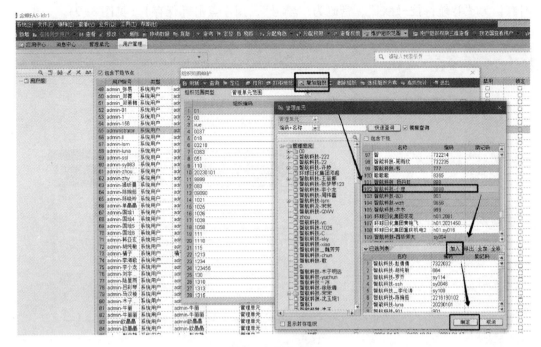

图 3-7　增加组织

（三）新建系统管理员

　　超级管理员可以为每个管理单元创建不同的系统管理员。管理员的职责为用户维护、权限管理、用户监控等管理工作。用户点击【企业建模】→【组织架构】→【管理单元】→【管理单元】，进入管理单元查询页面（见图3-8）。

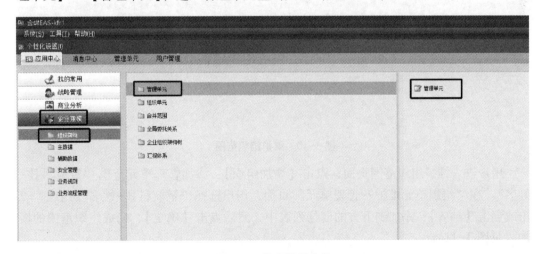

图 3-8　管理单元查询

　　用户选择新创建的管理单元"智航科技-姓名"，点击【管理员维护】。用户根据系统管理员信息表创建管理员，用户账号为"admin-姓名"，用户类型为"系统用户"，所属管理单元为"智航科技-姓名"，用户实名为"admin-姓名"，缺省组织新增时默认为"智航科技-姓名",密码为"学号",用户点击【保存】(见图 3-9)。

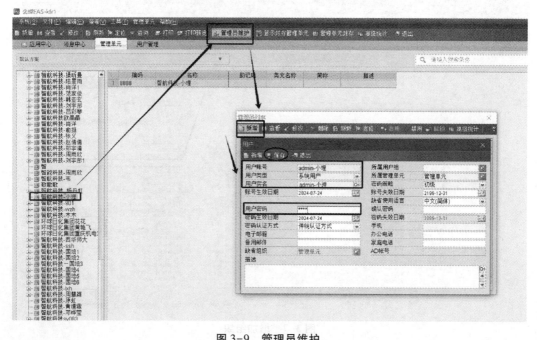

图 3-9　管理员维护

用户保存管理员信息后,点击【企业建模】→【安全管理】→【权限管理】→【用户管理】,进入用户管理页面,选中"admin-姓名"用户后,点击【维护组织范围】,进入维护组织范围页面(见图 3-10)。

图 3-10　维护组织范围

用户进入维护组织范围页面,点击【增加组织】,添加管理单元范围"智航科技-姓名"。在"组织单元维护—管理单元"页面,用户选择"智航科技-姓名"组织,双击或点击【加入】,添加到下方的已选列表中,然后点击【确定】,完成组织范围的增加(见图 3-11)。

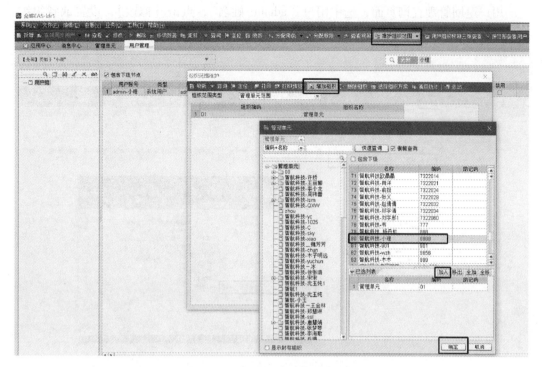

图 3-11　维护组织范围新增组织

用户返回组织范围维护页面，可以看到"智能科技-姓名"的组织（见图 3-12）。

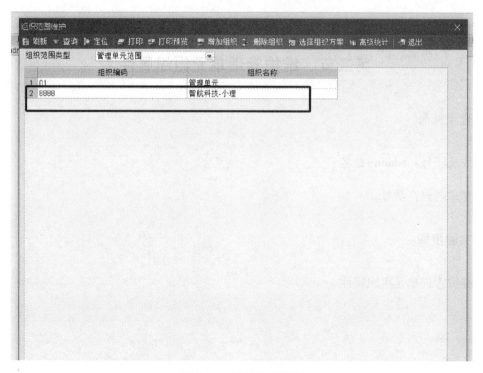

图 3-12　查询组织范围

用户返回管理查询页面，选中用户"admin-姓名"，点击【修改】，设置缺省组织为"智航科技-姓名"，点击【保存】（见图 3-13）。

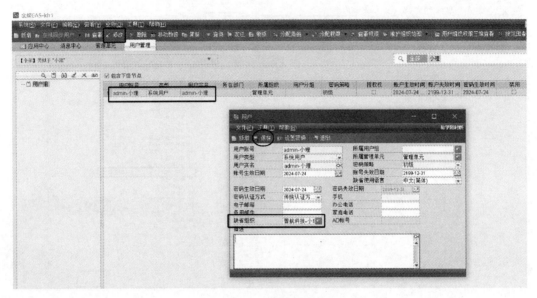

图 3-13　修改缺省组织

第二节　维护管理单元组织属性

一、登录账号

登录账号：admin-姓名。

登录密码：学号。

二、实验步骤

维护管理单元组织属性。

三、实验数据

管理单元组织属性如表 3-3 所示。

表 3-3　管理单元组织属性

管理单元名称	组织类型	属性内容
智航科技—姓名	行政组织	上级行政组织：管理单元
		组织层次类型：集团
		独立核算：勾选
	财务组织	上级财务组织：管理单元
		基本核算汇率表：基本核算汇率表
		会计期间类型：大陆期间类型
		本位币：人民币
	采购组织	上级采购组织：管理单元
	销售组织	上级销售组织：管理单元
	库存组织	上级库存组织：管理单元
	成本中心	上级成本中心：管理单元
	利润中心	上级利润中心：管理单元

四、操作步骤

用户点击【重新登录】，切换至用户"admin-姓名"进行组织属性维护，选择教师提供的数据中心，输入用户名为"admin-姓名"，密码为"学号"，单击【登录】，进入 EAS 系统（见图 3-14）。

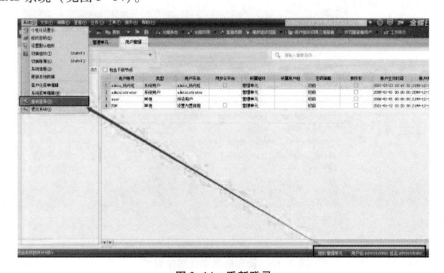

图 3-14　重新登录

用户登录 EAS 客户端后，点击【企业建模】→【组织架构】→【组织单元】→【组织单元】，进入组织单元查询界面。用户应注意核实右下角的组织是否为"智航科技-姓名"（见图 3-15）。

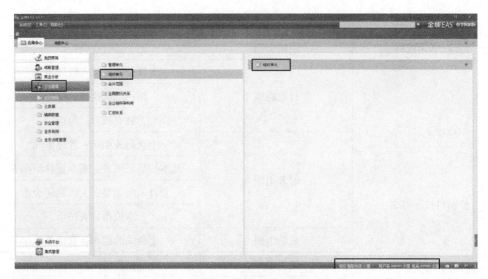

图 3-15 组织单元查询

用户进入组织单元查询页面，选择"智航科技-姓名"这个组织后，点击上方的【修改】，打开管理单元组织属性维护页面。用户依次勾选"行政组织""财务组织""采购组织""销售组织""库存组织""成本中心""利润中心"（见图 3-16）。

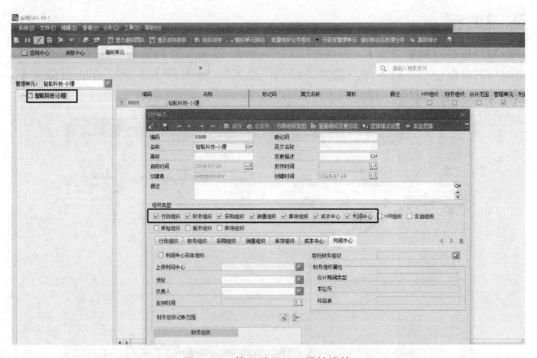

图 3-16 管理单元组织属性维护

用户勾选完组织类型后依次设置各个页签的信息。

在行政组织页签的【基本信息】，用户选择上级行政组织为"管理单元"，选择组织层次类型为"集团"，勾选"独立核算"（见图3-17）。

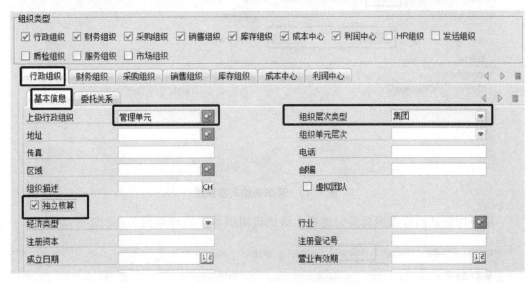

图 3-17　行政组织页签设置

用户切换到财务组织页签，选择上级财务组织为"管理单元"，选择会计期间类型为"大陆期间类型"，选择基本核算汇率表为"01基本核算汇率表"，选择本位币为"人民币"（见图3-18）。

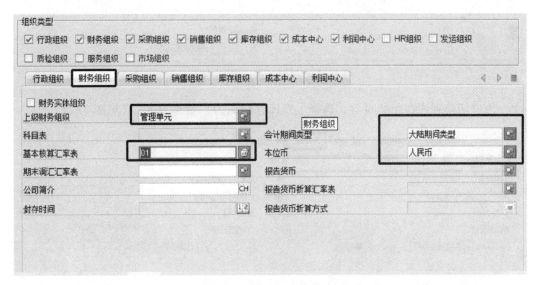

图 3-18　财务组织页签设置

用户切换到采购组织页签，选择上级采购组织为"管理单元"（见图3-19）。

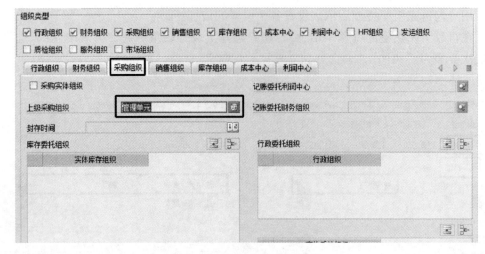

图 3-19　采购组织页签设置

用户切换到销售组织页签，选择上级销售组织为"管理单元"（见图 3-20）。

图 3-20　销售组织页签设置

用户切换到库存组织页签，选择上级库存组织为"管理单元"（见图 3-21）。

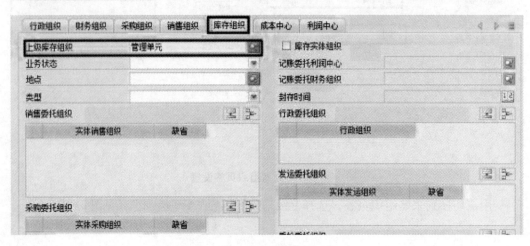

图 3-21　库存组织页签设置

用户切换到成本中心页签，选择上级成本中心为"管理单元"（见图3-22）。

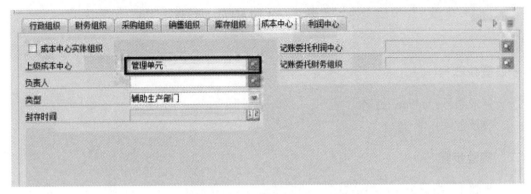

图 3-22　成本中心页签设置

用户切换到利润中心页签，选择上级利润中心为"管理单元"（见图3-23）。

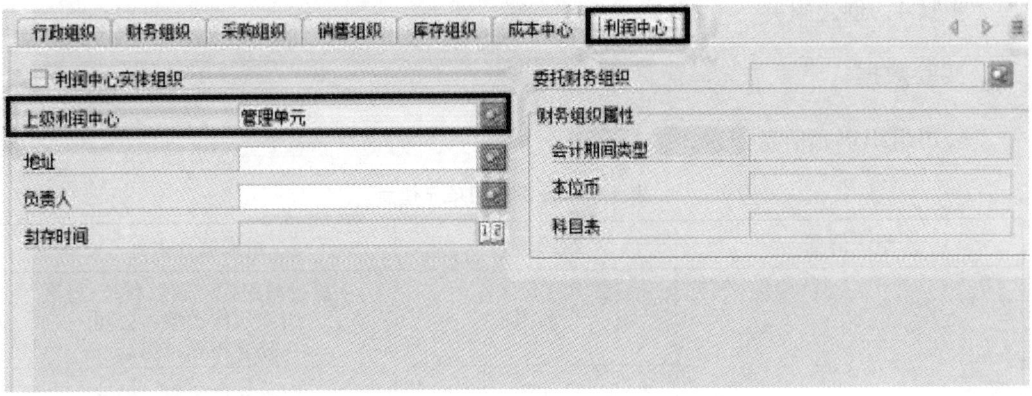

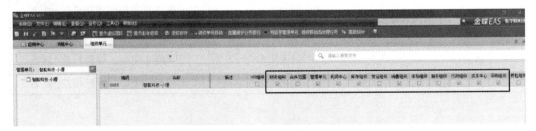

图 3-23　利润中心页签设置

所有组织类型页签设置完毕后，用户保存组织单元信息。

用户返回组织单元查询页面，可以看到组织单元的组织类型已被勾选（见图3-24）。

图 3-24　组织单元类型查询

第三节　搭建组织架构

一、登录账号

登录账号：admin-姓名。

登录密码：学号。

二、实验步骤

步骤 1：搭建公司组织信息。

步骤 2：搭建部门组织信息。

步骤 3：搭建职位体系。

步骤 4：创建职员

三、实验数据

公司组织单元信息如表 3-4 所示。

表 3-4　公司组织单元信息

组织信息	组织类型	组织属性内容
编码：学号. 01 名称：深圳智航科技公司	行政组织	上级行政组织：智航科技-姓名 组织层次类型：公司 独立核算：勾选
	财务组织	财务实体组织：勾选 上级财务组织：智航科技-姓名 基本核算汇率表：基本核算汇率表 会计期间类型：大陆期间类型 本位币：人民币
	采购组织	上级采购组织：智航科技-姓名
	销售组织	上级销售组织：智航科技-姓名
	库存组织	上级库存组织：智航科技-姓名
	成本中心	上级成本中心：智航科技-姓名
	利润中心	上级利润中心：智航科技-姓名

部门组织单元信息如表 3-5 所示。

表 3-5 部门组织单元信息

部门信息	组织类型	组织属性内容
选中深圳智航科技公司后新增 编码：学号. 01. 01 名称：财务部	行政组织	上级行政组织：深圳智航科技公司
		组织层次类型：部门
	成本中心	上级成本中心：深圳智航科技公司
		成本中心实体：勾选
选中深圳智航科技公司后新增 编码：学号. 01. 02 名称：业务部	行政组织	上级行政组织：深圳智航科技公司
		组织层次类型：部门
	成本中心	上级成本中心：深圳智航科技公司
		成本中心实体：勾选

职位信息如表 3-6 所示。

表 3-6 职位信息

编码	名称	行政组织	上级职位
学号. 01	董事长	深圳智航科技公司	最高领导（bigboss）
学号. 02	财务经理	财务部	董事长
学号. 03	总账会计	财务部	财务经理
学号. 04	往来会计	财务部	财务经理
学号. 05	成本会计	财务部	财务经理
学号. 06	出纳	财务部	财务经理
学号. 07	综合业务员	业务部	成本会计

员工信息如表 3-7 所示。

表 3-7 员工信息

员工编码	员工	职位
学号. 01	李宏亮	董事长
学号. 02	邓永彬	财务经理
学号. 03	聂小莉	总账会计
学号. 04	周雯鑫	往来会计
学号. 05	肖利华	成本会计
学号. 06	李兴	出纳
学号. 07	秦义	综合业务员

四、操作步骤

（一）搭建公司组织信息

用户登录 EAS 客户端后，点击【应用中心】→【企业建模】→【组织架构】→【组织单元】→【组织单元】，进入组织单元查询页面。用户选中"智航科技-姓名"后单击【新增】，打开组织单元新增页面（见图 3-25）。

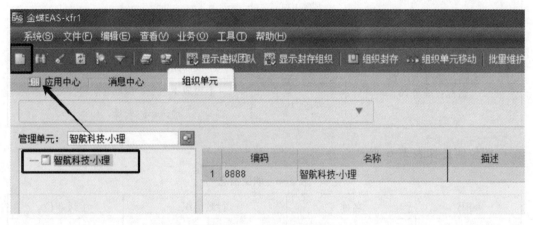

图 3-25　组织单元新增

用户进入组织单元新增页面，输入编码为"学号.01"，名称为"深圳智航科技公司"，组织类型依次勾选"行政组织""财务组织""采购组织""销售组织""库存组织""成本中心""利润中心"（见图 3-26）。

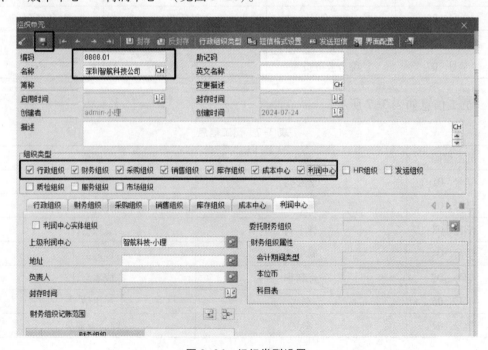

图 3-26　组织类型设置

用户勾选完组织类型后依次设置各个页签的信息。

在行政组织页签的【基本信息】，用户选择上级组织为"智航科技-姓名"，选择组织层次类型为"公司"，勾选"独立核算"（见图3-27）。

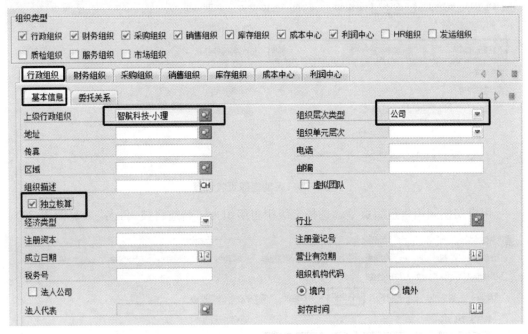

图3-27 行政组织页签设置

用户切换到财务组织页签，勾选"财务实体组织"，选择上级财务组织为"智航科技-姓名"，选择会计期间类型为"大陆期间类型"，选择基本核算汇率表为"01 基本核算汇率表"，选择本位币为"人民币"（见图3-28）。

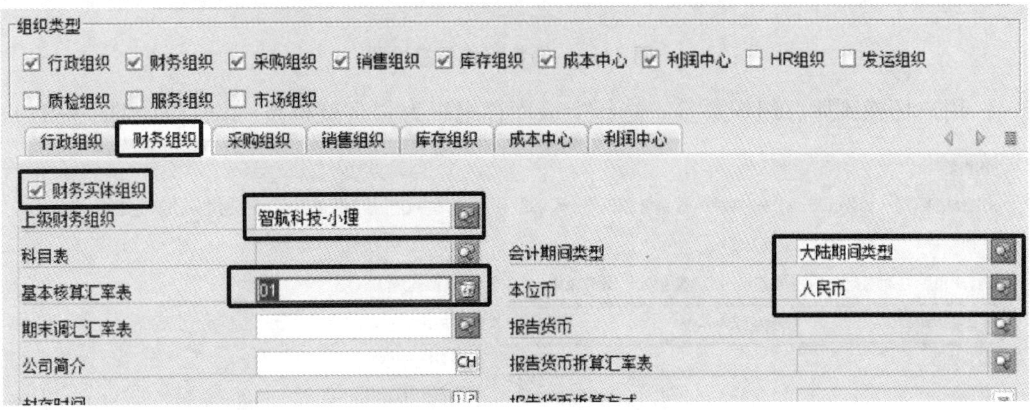

图3-28 财务组织页签设置

用户切换到采购组织页签，选择上级采购组织为"智航科技-姓名"（见图3-29）。

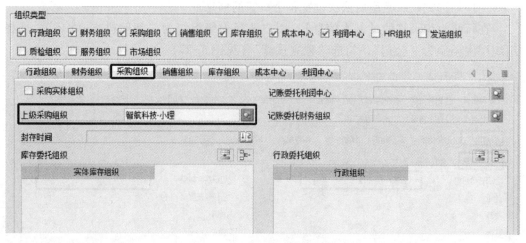

图 3-29　采购组织页签设置

用户切换到销售组织页签，选择上级销售组织为"智航科技-姓名"（见图 3-30）。

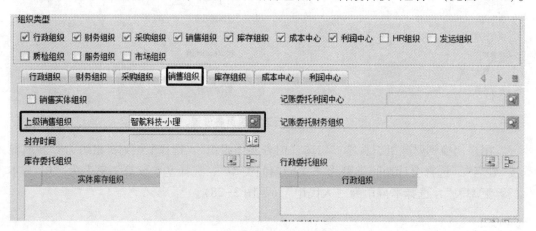

图 3-30　销售组织页签设置

用户切换到库存组织页签，选择上级库存组织为"智航科技-姓名"（见图 3-31）。

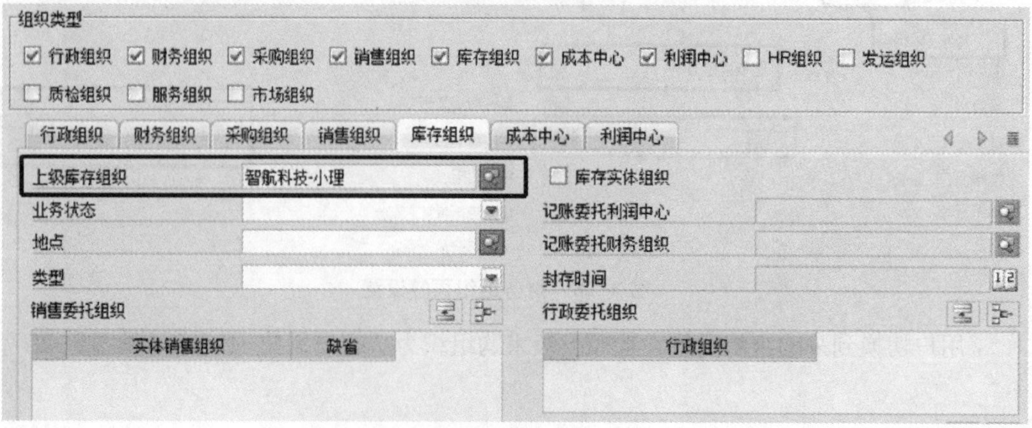

图 3-31　库存组织页签设置

用户切换到成本中心页签，选择上级成本中心为"智航科技-姓名"（见图 3-32）。

图 3-32　成本中心页签设置

用户切换到利润中心页签，选择上级利润中心为"智航科技-姓名"（见图 3-33）。

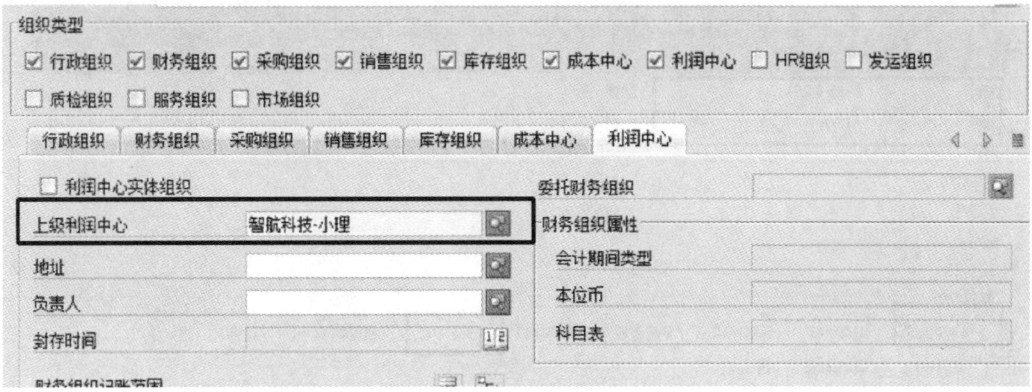

图 3-33　利润中心页签设置

所有组织类型页签设置完毕后，用户保存组织单元信息。

用户返回组织单元查询页面，可以看到深圳智航科技公司对应的组织类型已被勾选（见图 3-34）。

图 3-34　深圳智航科技公司组织类型

（二）搭建部门组织信息

用户登录 EAS 客户端后，点击【应用中心】→【企业建模】→【组织架构】→【组织单元】→【组织单元】，进入组织单元查询页面。用户选中"深圳智航科技公司"单击【新增】，打开组织单元新增页面（见图 3-35）。

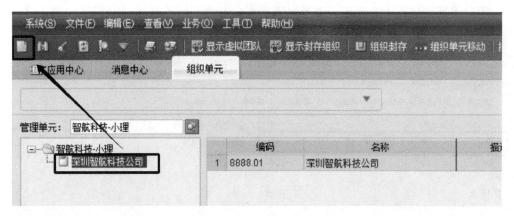

图 3-35　新增部门组织

　　用户进入组织单元新增页面，输入编码为"学号. 01.01"，名称为"财务部"，勾选组织类型为"行政组织"和"成本中心"（见图 3-36）。

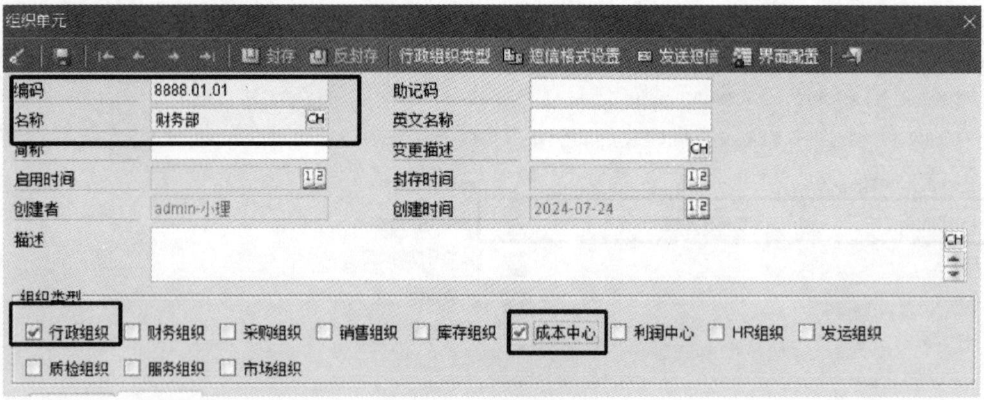

图 3-36　新增财务部

　　用户勾选完组织类型后依次设置各个页签的信息。

　　在行政组织页签的【基本信息】，用户选择上级组织为"深圳智航科技公司"，选择组织层次类型为"部门"（见图 3-37）。

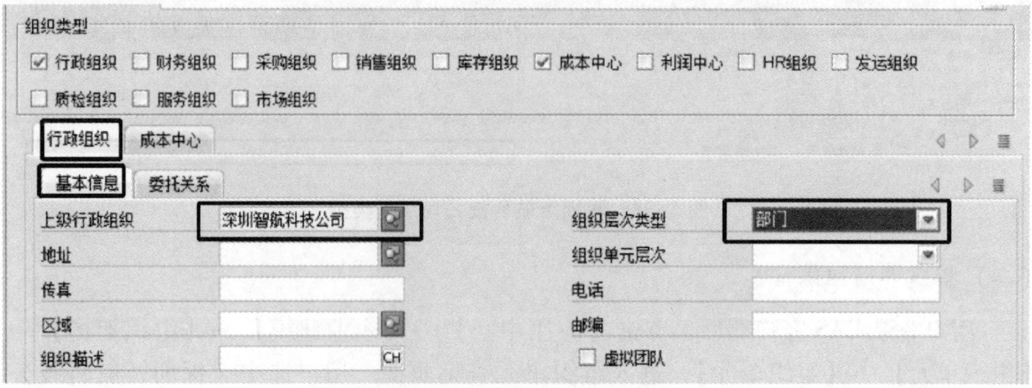

图 3-37　行政组织页签设置

用户切换到成本中心页签，勾选"成本中心实体组织"，选择上级成本中心为"深圳智航科技公司"，确认记账委托财务组织为"深圳智航科技公司"（见图3-38）。

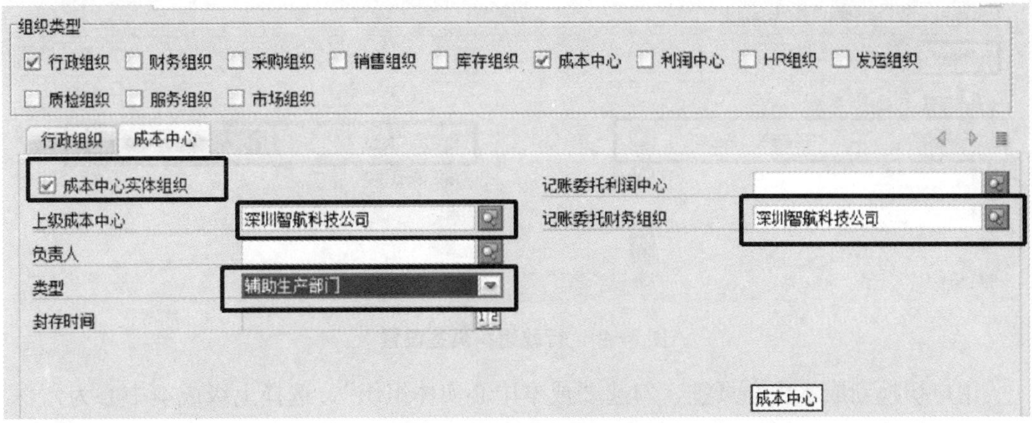

图3-38 成本中心页签设置

所有组织类型页签设置完毕后，用户保存组织单元信息。

用户返回组织单元查询页面，选中"深圳智航科技公司"，单击【新增】，输入编码为"学号.01.02"，名称为"业务部"，勾选组织类型为"行政组织"和"成本中心"（见图3-39）。

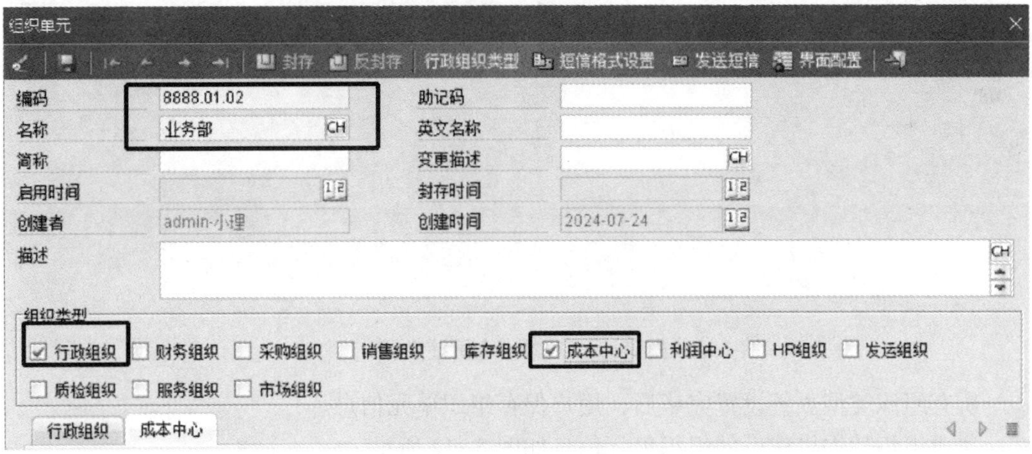

图3-39 业务部新增

用户勾选完组织类型后依次设置各个页签的信息。

在行政组织页签的【基本信息】，用户选择上级组织为"深圳智航科技公司"，选择组织层次类型为"部门"（见图3-40）。

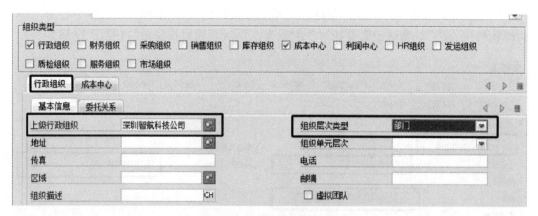

图 3-40　行政组织页签设置

用户切换到成本中心页签，勾选"成本中心实体组织"，选择上级成本中心为"深圳智航科技公司"，确认记账委托财务组织为"深圳智航科技公司"（见图 3-41）。

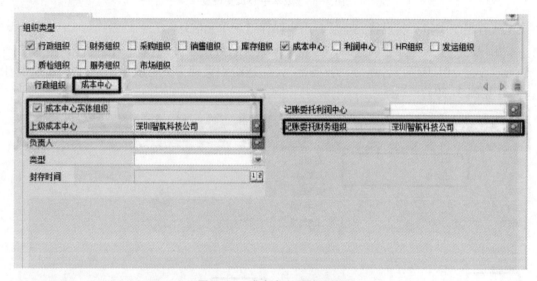

图 3-41　成本中心页签设置

所有组织类型页签设置完毕后，用户保存组织单元信息。

完成组织架构搭建后的组织单元信息如图 3-42 所示。

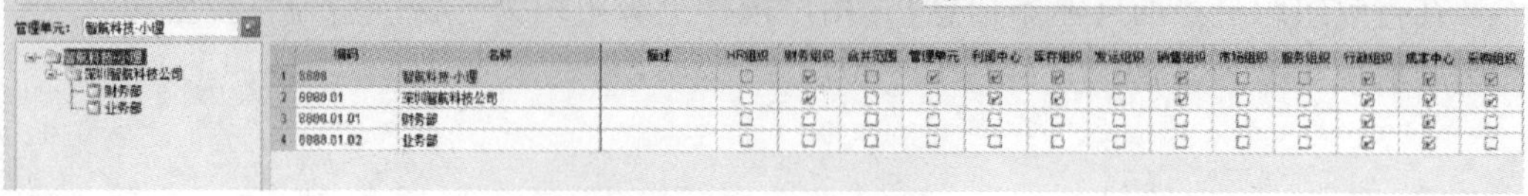

图 3-42　组织单元信息

（三）搭建职位体系

用户登录 EAS 客户端，点击【企业建模】→【组织架构】→【汇报体系】→【职位管理】，进入职位管理页面（见图 3-43）。

图 3-43　职位管理

用户进入职位管理页面，选中"深圳智航科技公司"，点击【新增】，输入编码为"学号.01"，名称为"董事长"，选择上级职位为"bigboss"，点击【保存】（见图 3-44）。

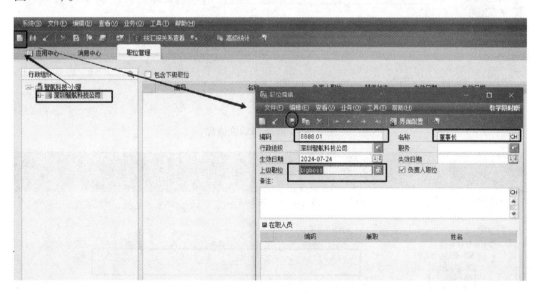

图 3-44　新增董事长

用户返回职位查询页面，可以看到行政组织"深圳智航科技公司"的职位（见图 3-45）。

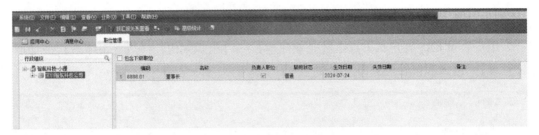

图 3-45　董事长查询页面

用户按照同样的方式新增其他职位，注意选中行政组织后再进行新增。职位信息如表 3-6 所示。

新增完成后的职位信息如图 3-46 至图 3-48 所示。

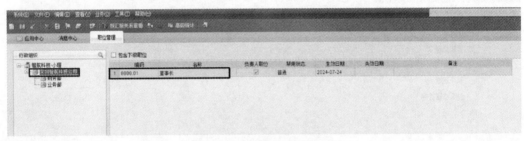

图 3-46　董事长职位信息

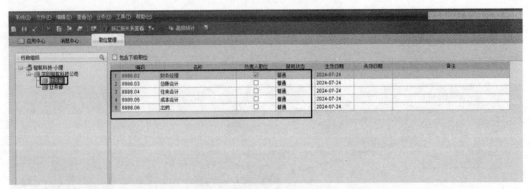

图 3-47　财务部职位信息

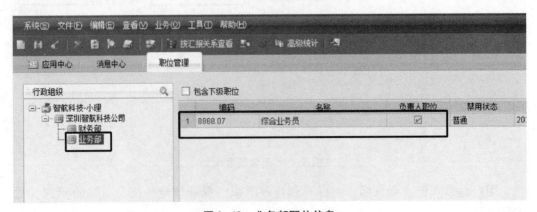

图 3-48　业务部职位信息

（四）创建职员

用户登录 EAS 客户端，点击【企业建模】→【辅助数据】→【员工信息】→【员工】，进入员工信息查询页面（见图 3-49）。

图 3-49　员工信息查询

用户进入员工信息查询页面，选中对应组织的职位进行新增，选中董事长职位后，点击【新增】，输入员工编码为"学号.01"，名称为"李宏亮"，点击【保存】（见图3-50）。

图 3-50　董事长职员设置

用户返回员工信息查询页面可以看到职位董事长下对应的职员（见图 3-51）。

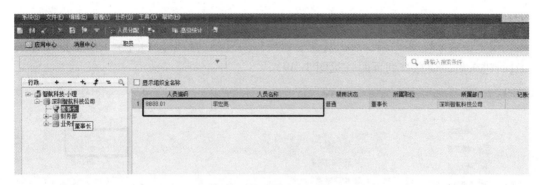

图 3-51 董事长职员查询

其他职位按照相同的方式增加即可，员工如表 3-7 所示。用户务必选择相应的职位再新增相应职员。

新增完成所有职位后，在职员查询页面，选中智航科技-姓名，勾选包含下级人员，可以查询到所有职位下的职员（见图 3-52）。

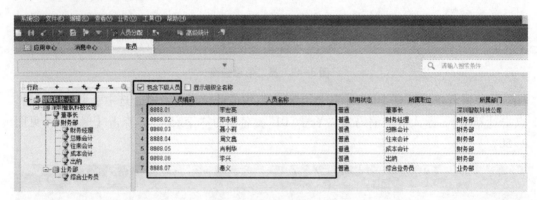

图 3-52 职员查询

第四节 用户管理

一、登录账号

登录账号：admin-姓名。

登录密码：学号。

二、实验步骤

步骤 1：创建 user 用户。

步骤 2：创建职员的用户信息。

步骤 3：批量分配用户角色。

步骤 4：调整用户的缺省组织。

三、实验数据

user 用户信息如表 3-8 所示。

表 3-8 user 用户信息

用户账号	用户类型	用户实名	所属管理单元	密码	维护组织范围	分配权限	缺省组织
user-姓名	其他	user-姓名	管理单元	学号	管理单元、智航科技-姓名、深圳智航科技公司	所有权限	深圳智航科技公司

职员用户信息如表 3-9 所示。

表 3-9 职员用户信息

用户账号	用户类型	用户实名	组织范围批量添加	批量分配角色	缺省组织
lhl 学号	职员	李宏亮		董事长	
dyb 学号	职员	邓永彬		财务经理	
nxl 学号	职员	聂小莉		总账会计	
zwx 学号	职员	周雯鑫	智航科技-姓名、深圳智航科技公司	往来会计	深圳智航科技公司
xlh 学号	职员	肖利华		成本会计	
lx 学号	职员	李兴		出纳	
qy 学号	职员	秦义		综合业务员	

四、操作步骤

（一）创建 user 用户

用户登录 EAS 客户端，点击【企业建模】→【安全管理】→【权限管理】→【用户管理】，进入用户管理查询页面（见图 3-53）。

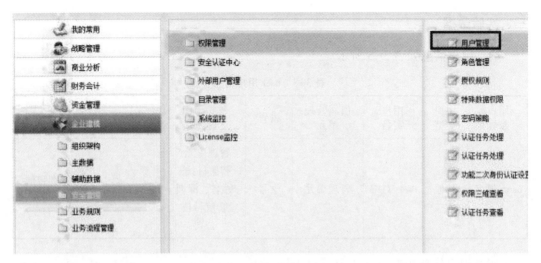

图 3-53　用户管理查询页面

用户点击【用户新增】，打开用户新增页面。用户输入用户账号为"user-姓名"，选择用户类型为"其他"，选择用户实名为"user-姓名"，选择所属管理单元为"管理单元"，输入用户密码为"学号"，确认密码为"学号"，点击【保存】（见图 3-54）。

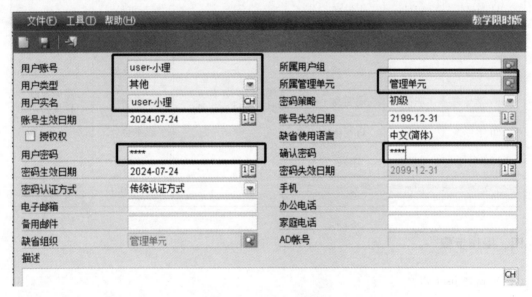

图 3-54　user 用户新增

在用户管理页面，用户点击工具栏【维护组织范围】，添加业务组织。在组织范围维护页面，用户选择组织范围类型为"业务组织"，点击【增加组织】。在组织单元选择页面，用户选中"智航科技-姓名"，将"智航科技-姓名""深圳智航科技公司"点击【全选】，将组织添加到已选列表。用户点击【确认】，完成 user 用户业务组织范围的维护。用户返回组织范围维护页面，可以看到维护好的组织（见图 3-55）。

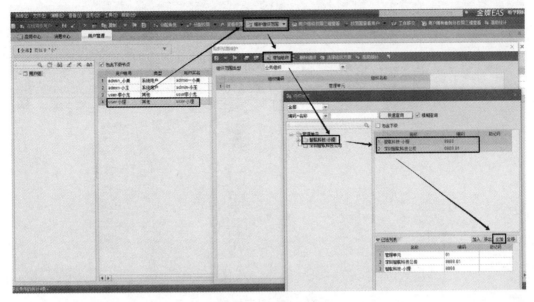

图 3-55 维护组织范围

用户维护成功后，可以看到组织范围维护成功如图 3-56 所示。用户须注意组织编码是否为自己所设组织。

	组织编码	组织名称
1	01	管理单元
2	8888	智航科技-小理
3	8888.01	深圳智航科技公司

组织范围类型　业务组织

图 3-56 组织范围维护成功

在用户管理界面，用户选中"user-姓名"，点击工具栏【分配权限】，打开分配权限页面，选择组织为"管理单元"，点击 将所有权限赋予管理单元，点击【保存】（见图 3-57）。

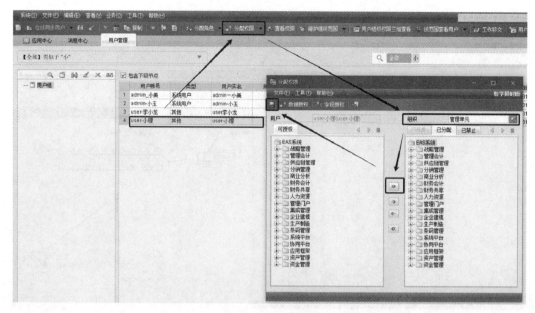

图 3-57　分配权限

用户选择组织为"智航科技-姓名"，点击将所有权限赋予"智航科技-姓名"，点击【保存】（见图 3-58）。

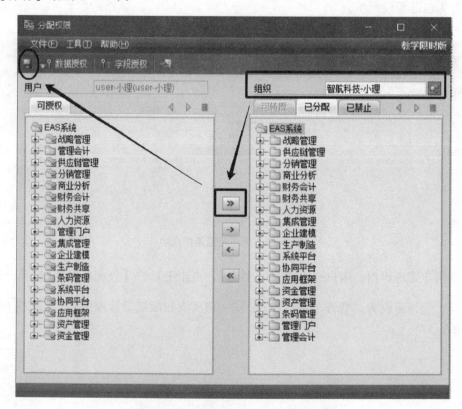

图 3-58　"智航科技-姓名"分配权限

用户选择组织为"深圳智航科技公司",将所有权限赋予深圳智航科技公司,点击【保存】(见图3-59)。

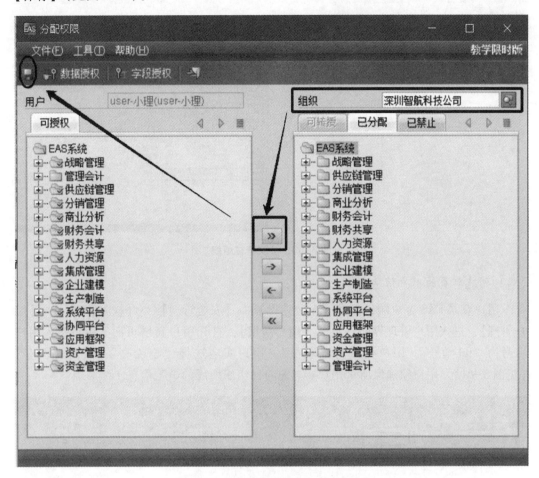

图 3-59 深圳智航科技公司权限分配

用户设置完成 3 个组织的权限后,返回用户查询页面,选中"user-姓名",点击【修改】,设置缺省组织为"深圳智航科技公司",点击【保存】(见图3-60)。

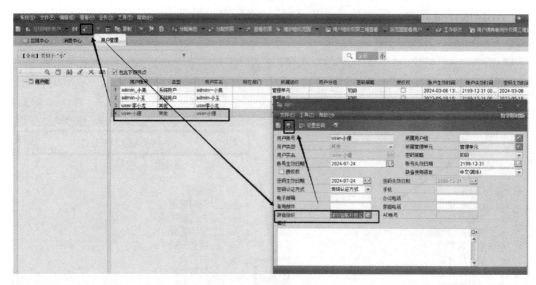

图 3-60　修改缺省组织

（二）创建职员的用户信息

用户登录 EAS 客户端，点击【企业建模】→【安全管理】→【权限管理】→【用户管理】，进入用户管理界面，点击【用户新增】，打开用户新增页面。用户输入用户账号为"lhl 学号"，用户类型为"职员"，用户实名选择"李宏亮"，点击【保存】（见图 3-61）。用户须确保所选用户实名是自己组织所属的员工信息。

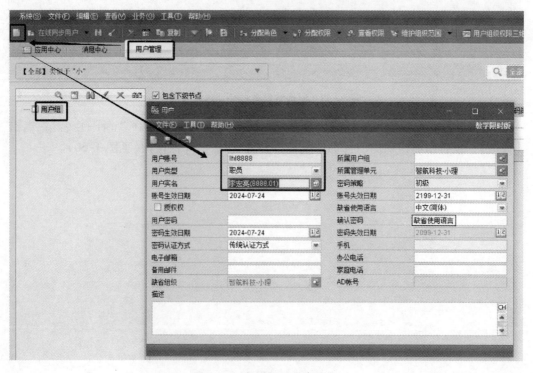

图 3-61　新增职员用户信息

其他用户按照相同的方式增加，职员用户信息如表 3-9 所示。用户增加完成所有职员用户信息后，在右上角搜索框搜索学号即可看到新增的用户（见图 3-62）。

图 3-62 新增职员查询

在用户管理界面，用户点击工具栏【维护组织范围】下的【组织范围批量增加】，可以为职员用户添加业务组织（见图 3-63）。

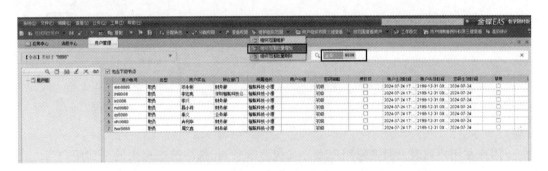

图 3-63 批量维护组织范围

用户进入组织范围批量增加的页面，选择组织为"智航科技-姓名"和"深圳智航科技公司"（见图 3-64）。

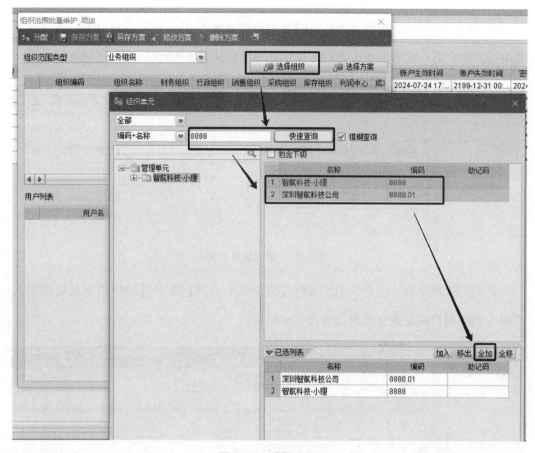

图 3-64　选择组织

用户在用户列表页面搜索用户账号（包含学号），选中筛选出来的全部用户后，点击【确定】，用户列表即可以显示前面新增的以学号为标志的 7 个用户（见图 3-65）。

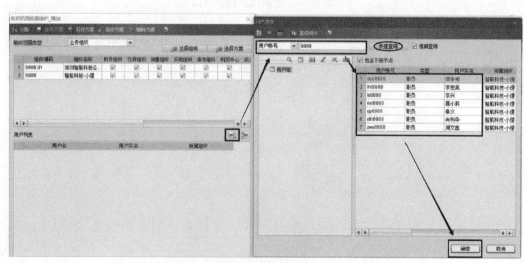

图 3-65　选择用户

用户确认组织和用户无误，即可点击【分配】（见图 3-66）。

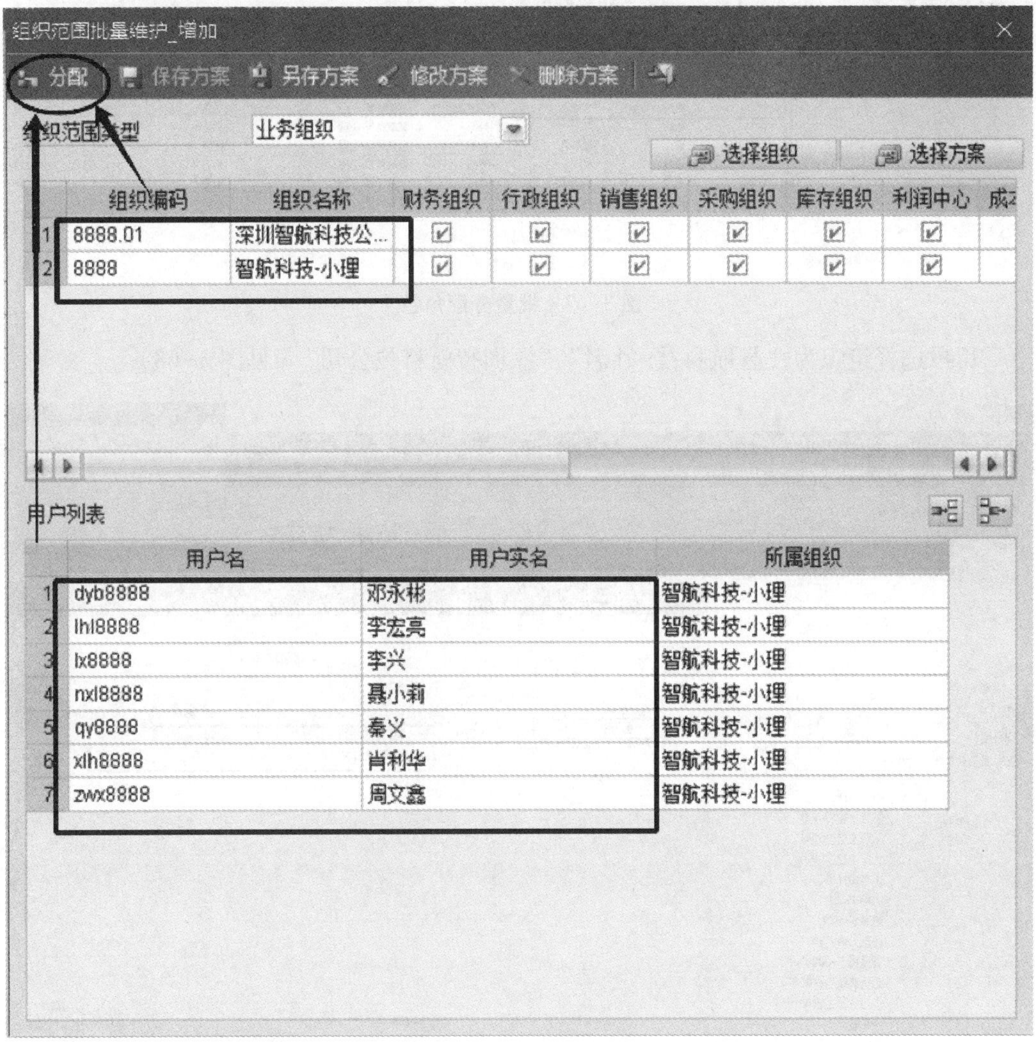

图 3-66　批量分配组织范围

（三）批量分配用户角色

用户返回用户查询页面，选中"lhl 学号"后，点击【分配角色】下的【批量分配角色】，进入批量分配"lhl 学号"的组织角色页面（见图 3-67）。

图 3-67 批量分配角色

用户选择组织为"智航科技-姓名""深圳智航科技公司"（见图 3-68）。

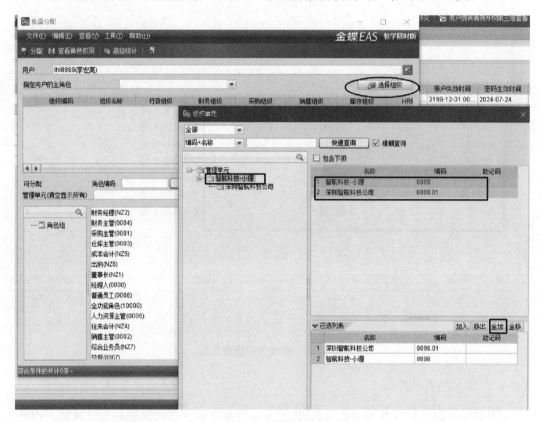

图 3-68 选择组织

用户将角色"董事长"从页面左边选择至右边后，点击【分配】（见图 3-69）。

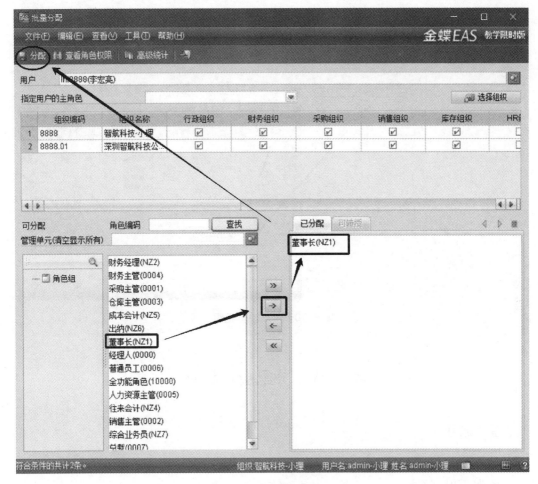

图 3-69 分配角色

其他剩下的 6 个用户按照相同的方式进行角色的批量分配。用户须确保所有用户的角色都分配至"智航科技-姓名""深圳智航科技公司"。职员用户信息如表 3-9 所示。

（四）调整用户的缺省组织

用户在用户管理页面，选择"用户"，点击工具栏上的 ，打开用户修改页面。用户修改缺省组织为"深圳智航科技公司"（全部的职员用户都需要调整缺省组织，见图 3-70）。

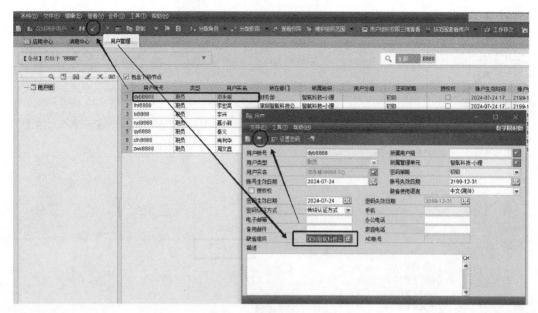

图 3-70　修改缺省组织

第五节　分配会计科目

一、登录账号

登录账号：user-姓名。

登录密码：学号。

二、实验步骤

用户切换管理单元，点击工具栏的【分配】，勾选"显示所有下级组织"，勾选财务组织为"智能科技-姓名（学号）"和"深圳智航科技公司（学号. 01）"，勾选"显示未分配科目"，最后全选所有科目后点击【保存】，即可把内置的科目分配给子管理单元和业务组织。

三、操作步骤

用户点击【重新登录】，切换至用户"user-姓名"进行会计科目分配。用户选择教师提供的数据中心，输入用户名为"user-姓名"，密码为"学号"，单击【登录】，进入 EAS 客户端（见图 3-71）。

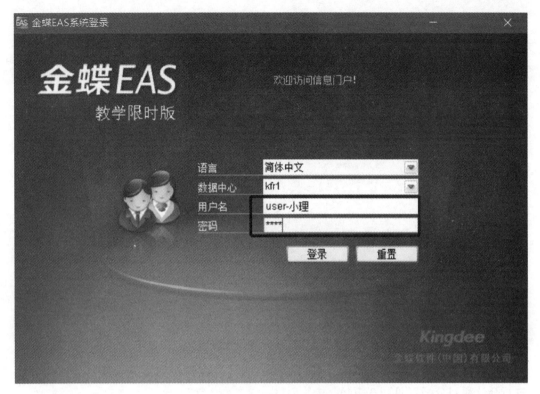

图 3-71　登录 user 账号

用户登录 EAS 客户端，切换组织为管理单元（见图 3-72）。

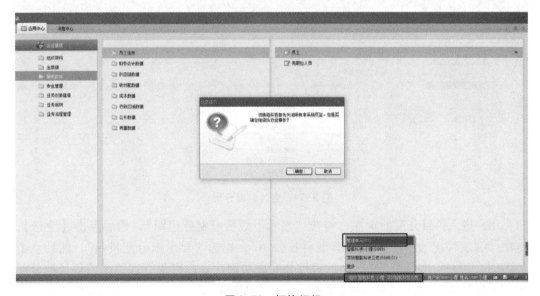

图 3-72　切换组织

用户点击【企业建模】→【辅助数据】→【财务会计数据】→【会计科目】，进入会计科目页面（见图 3-73）。

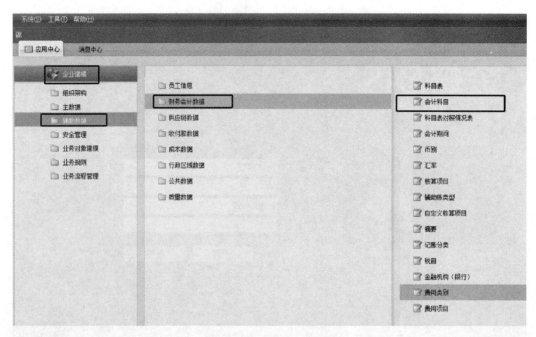

图 3-73 会计科目查询

用户进入会计科目查询页面，点击工具栏的【分配】按钮，进入科目分配的页面进行会计科目分配（见图 3-74）。

图 3-74 会计科目分配

用户进入科目分配的页面，勾选"显示下级所有财务组织"，然后点击【全选】；选中"智航科技-姓名""深圳智航科技公司"，勾选"显示未分配科目"，然后点击【全选】。用户点击【分配】，提示科目分配成功则代表内置于管理单元的科目被分配到"智航科技-姓名""深圳智航科技公司"（见图 3-75）。

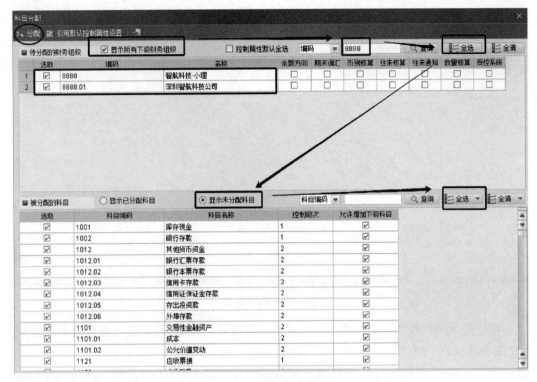

图 3-75 分配所有会计科目

用户可以切换到对应组织查看分配过去的会计科目。

第六节 分配基础资料

一、登录账号

登录账号：user-姓名。

登录密码：学号。

二、实验步骤

步骤 1：分配物料、客户、供应商至子管理单元。

步骤 2：分配物料、客户、供应商至业务组织。

三、操作步骤

（一）分配物料、客户、供应商至子管理单元

1. 分配物料

用户切换组织到管理单元，点击【企业建模】→【主数据】→【物料】→【物料】，进入物料查询页面（见图 3-76）。

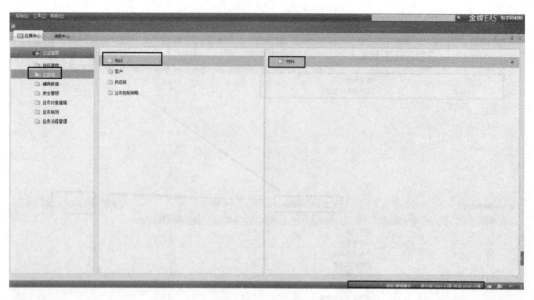

图 3-76　物料查询

用户进入物料查询页面，点击工具栏的【分配到管理单元】，进入分配物料的页面（见图 3-77）。

图 3-77　分配到管理单元

用户勾选管理单元"智航科技-姓名"，选择"未分配"点击【全选】。用户选择"同时分配辅助资料"，点击【保存】（见图 3-78）。

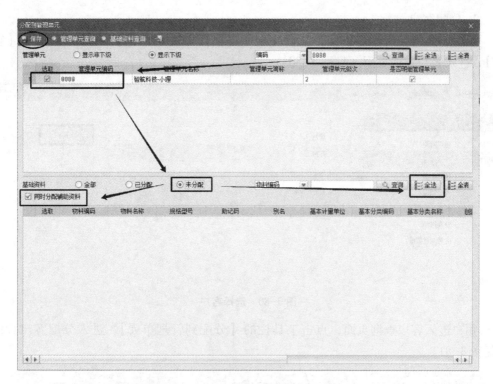

图 3-78　分配物料

系统提示保存成功，用户须确保物料均在"已分配"中（见图 3-79）。

图 3-79　查询已分配物料

2. 分配客户

用户切换组织到管理单元，点击【企业建模】→【主数据】→【客户】→【客户】，进入客户查询页面（见图 3-80）。

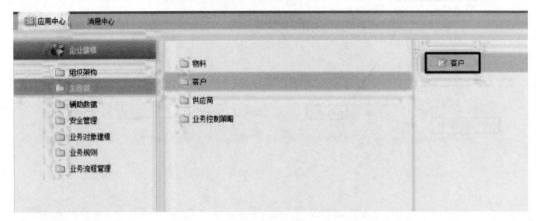

图 3-80　选择客户

用户进入客户查询页面，点击工具栏的【分配到管理单元】，进入分配客户页面（见图 3-81）。

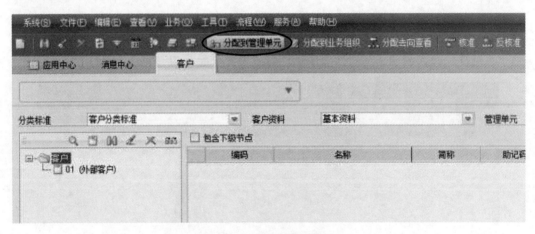

图 3-81　分配到管理单元

用户勾选管理单元"智航科技-姓名"，选择"未分配"，点击【全选】。用户勾选"同时分配辅助资料"，点击【保存】（见图 3-82）。

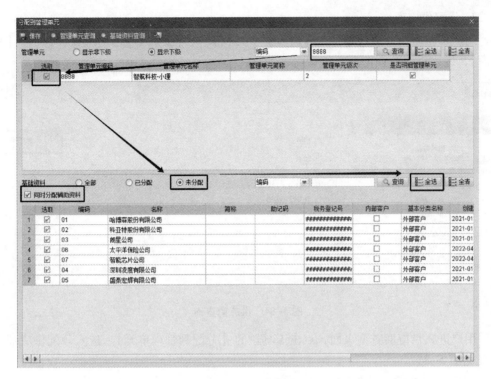

图 3-82　分配客户

系统提示保存成功，用户再次确保客户均在"已分配"中（见图3-83）。

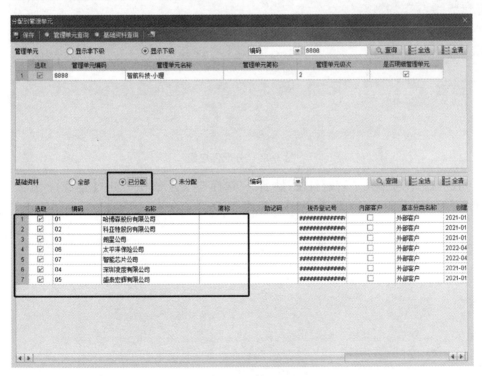

图 3-83　查询客户分配

3. 分配供应商

用户切换组织到管理单元，点击【企业建模】→【主数据】→【供应商】→【供应商】，进入供应商查询页面（见图 3-84）。

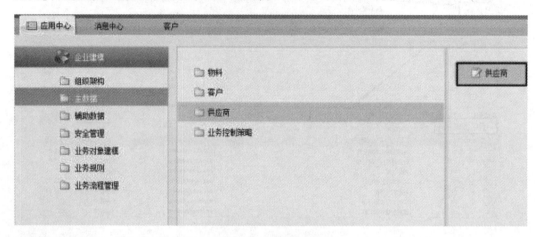

图 3-84　供应商查询

用户进入供应商查询页面，点击工具栏的【分配到管理单元】，进入分配供应商页面（见图 3-85）。

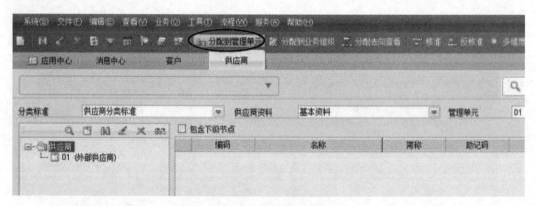

图 3-85　分配供应商

用户勾选管理单元"智航科技-姓名"，选择"未分配"，点击【全选】。用户勾选"同时分配辅助资料"，点击【保存】（见图 3-86）。

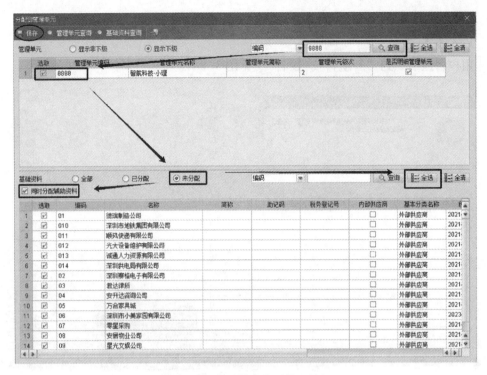

图 3-86　分配供应商到管理单元

系统提示保存成功，用户再次确保供应商均在"已分配"中（见图3-87）。

图 3-87　查询供应商分配

（二）分配物料、客户、供应商至业务组织

1. 分配物料

用户切换组织到"智航科技-姓名"（见图 3-88）。

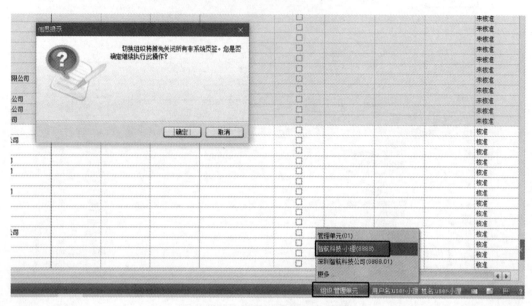

图 3-88　切换组织

用户点击【企业建模】→【主数据】→【物料】→【物料】，进入物料查询页面（见图 3-89）。

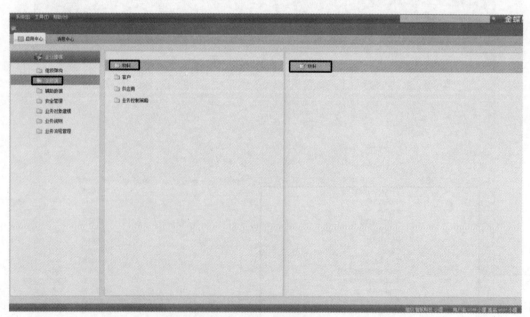

图 3-89　物料查询

用户进入物料查询页面，点击工具栏的【分配到业务组织】，进入分配物料的页面（见图3-90）。

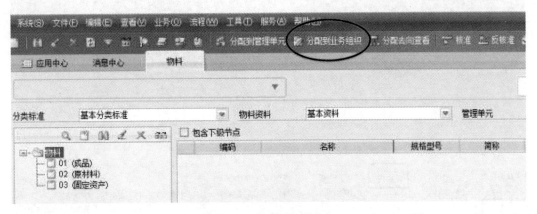

图 3-90　分配到业务组织

用户勾选组织单元"深圳智航科技公司"，选择"未分配"，点击【全选】→【保存】（见图3-91）。

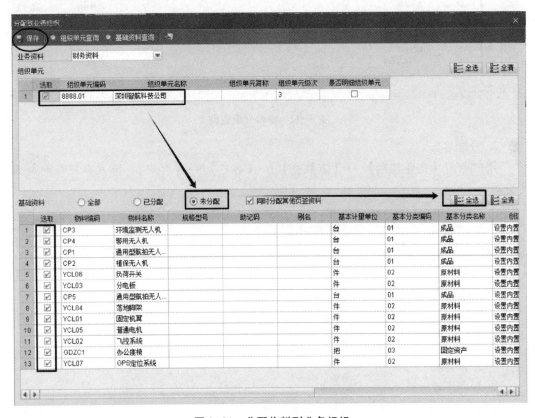

图 3-91　分配物料到业务组织

系统提示保存成功，用户再次确保物料均在"已分配"中（见图 3-92）。

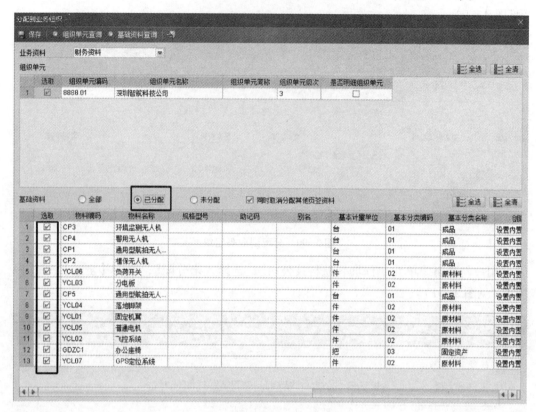

图 3-92　物料分配查询

2. 分配客户

用户点击【企业建模】→【主数据】→【客户】→【客户】，进入客户查询页面（见图 3-93）。

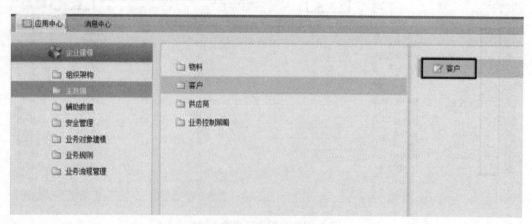

图 3-93　客户查询

用户进入客户查询页面，点击工具栏的【分配到业务组织】，进入分配客户页面（见图 3-94）。

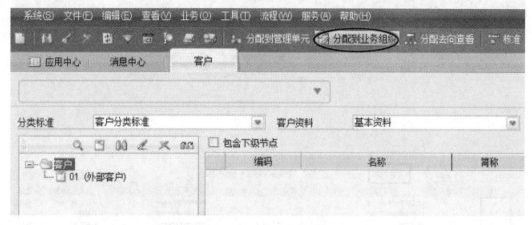

图 3-94　分配到业务组织

用户勾选组织单元"深圳智航科技公司"，选择"未分配"，点击【全选】→【保存】（见图 3-95）。

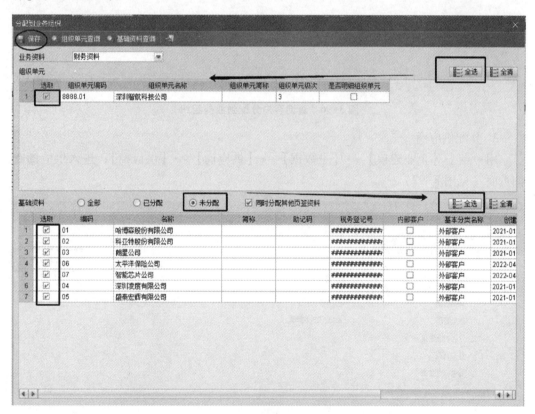

图 3-95　分配客户到业务组织

系统提示保存成功，用户再次确保客户均在"已分配"中（见图 3-96）。

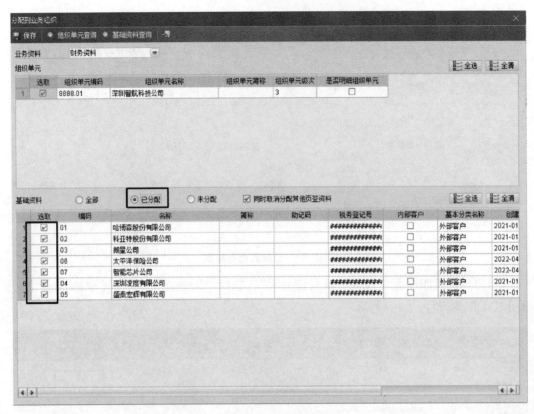

图 3-96　查询客户分配到业务组织

3. 分配供应商

用户点击【企业建模】→【主数据】→【供应商】→【供应商】，进入供应商查询页面（见图 3-97）。

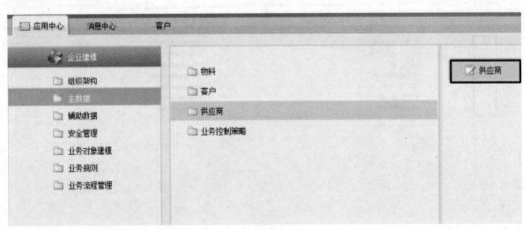

图 3-97　供应商查询

用户进入供应商查询页面，点击工具栏的【分配到管理单元】，进入分配供应商页面（见图3-98）。

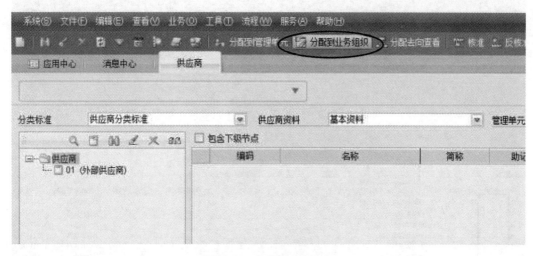

图3-98　分配到业务组织

用户勾选管理单元"深圳智航科技公司"，选择"未分配"，点击【全选】→【保存】（见图3-99）。

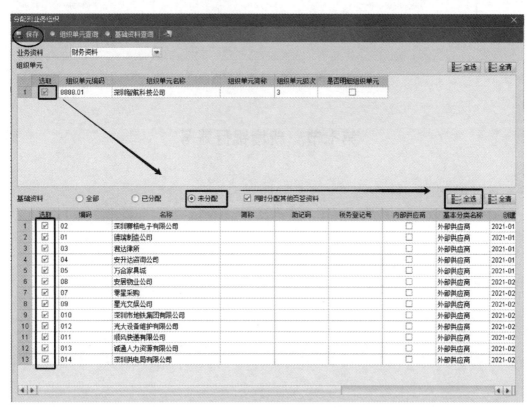

图3-99　分配供应商到业务组织

系统提示保存成功，用户再次确保供应商均在"已分配"中（见图 3-100）。

图 3-100 查询供应商

第七节 新增银行账号

一、登录账号

登录账号：user-姓名。

登录密码：学号。

二、实验步骤

用户切换到"深圳智航科技公司"，新建银行账户。

三、实验数据

银行账户信息如表3-10所示。

表3-10　银行账户信息

编码	银行账号	名称	开户单位	金融机构	币别	科目	用途	账户收支属性
学号.001	438746288800008＊＊＊	工商银行南山支行			人民币	银行存款	活期	收入户
学号.002	438746288800007＊＊＊	工商银行宝安支行	深圳智航科技公司	工商银行	人民币	银行存款	活期	支出户
学号.003	438746288800006＊＊＊	工商银行罗湖支行			人民币	银行存款	活期	收支户

注：＊＊＊为学号后三位。

四、操作步骤

用户切换组织到"深圳智航科技公司"（见图3-101）。

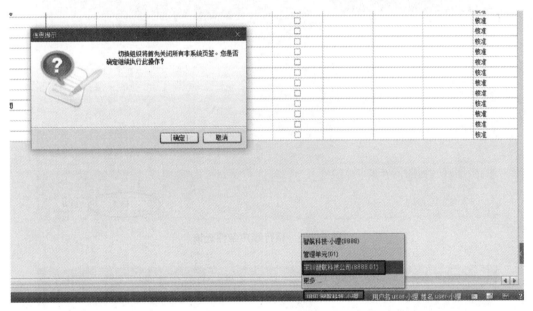

图3-101　切换组织

用户点击【资金管理】→【账户管理】→【业务处理】→【银行账户维护】，进入银行账户页面，点击【新增】（见图3-102至图3-104）。

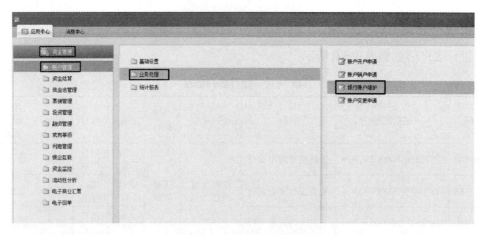

图 3-102 银行账户维护

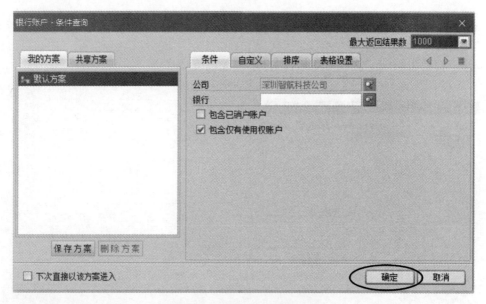

图 3-103 银行账户条件查询

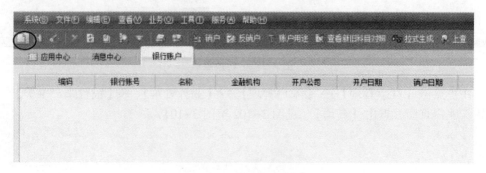

图 3-104 新增银行账户

用户进入"银行账户-新增"页面，按照银行账户信息表，输入编码为"学号.001"，银行账号为"438746288800008学号"，名称为"工商银行南山支行"，确认开户单位为"深圳智航科技公司"，金融机构为"工商银行"，币别为"人民币"，科目为"银行存款"，用途为"活期"，账户收支属性为"收入户"。用户确认所有信息无误后，保存第一个银行账户信息（见图3-105）。

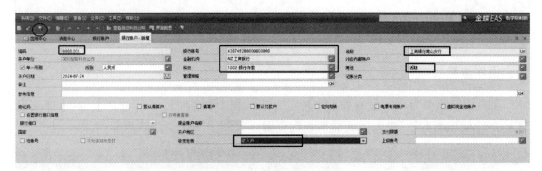

图3-105 新增银行账户信息

另外两个银行账户按照相同的方式进行新增，银行账户信息如表3-10所示。

3个银行账户新增完成后，用户返回银行账户查询页面，可以看到3个银行账户完成新增（见图3-106）。

	编码	银行账号	名称	金融机构	开户公司	开户日期	销户日期	备注	是否单一币别	币别	银行科目	账户用途	是
1	8888.001	############	工商银行南山支	工商银行	深圳智航科技公	2024-07-24			☑	人民币	银行存款	活期	
2	8888.002	############	工商银行宝安支	工商银行	深圳智航科技公	2024-07-24			☑	人民币	银行存款	活期	
3	8888.003	############	工商银行罗湖支	工商银行	深圳智航科技公	2024-07-24			☑	人民币	银行存款	活期	

图3-106 新增银行账户信息查询

第八节 新建凭证类型

一、登录账号

登录账号：user-姓名。
登录密码：学号。

二、实验步骤

用户切换组织到"智航科技-姓名"，新建凭证类型。

三、实验数据

凭证类型信息如表 3-11 所示。

表 3-11　凭证类型信息

编码	名称	默认	创建管理单元
学号	记-姓名	是	智航科技-姓名

四、操作步骤

用户切换组织为"智航科技-姓名",点击【财务会计】→【总账】→【基础设置】→【凭证类型】,进入凭证类型查询页面(见图 3-107)。

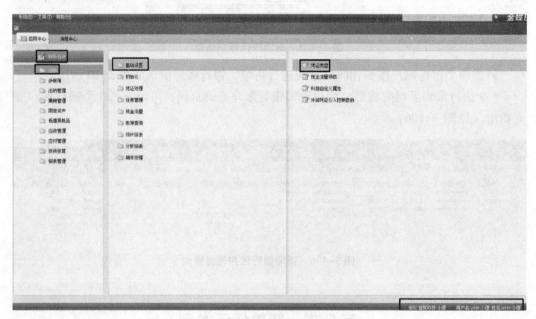

图 3-107　凭证类型查询

用户进入凭证类型查询页面,点击【新增】,输入编码为"学号",名称为"记-姓名",勾选"默认"选项框,点击【保存】(见图 3-108)。

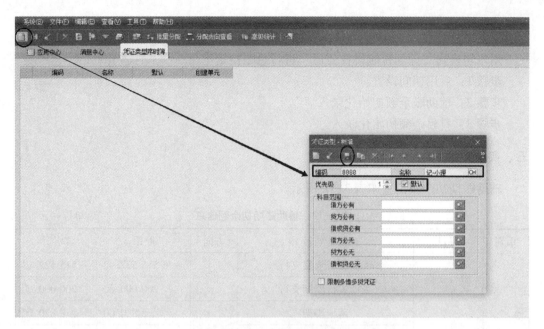

图 3-108　新增凭证类型

用户返回凭证类型查询页面，刷新可以看到新增完成的凭证类型，创建单元为"智航科技-姓名"（见图 3-109）。

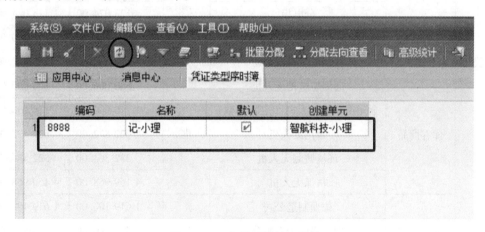

图 3-109　查询新增凭证类型

第九节　总账初始化

一、登录账号

登录账号：user-姓名。

登录密码：学号。

二、实验步骤

用户切换到"深圳智航科技公司"进行总账初始化。

步骤 1：启用期间设置。

步骤 2：辅助账余额初始化录入。

步骤 3：科目余额初始化录入。

三、实验数据

辅助账期初余额信息如表 3-12 所示。

表 3-12 辅助账期初余额信息　　　　　　　　　　　单位：元

币别	科目	核算项目	方向	原币	本位币
人民币	银行存款	工商银行宝安支行	借	6 515 522.82	6 515 522.82
		工商银行罗湖支行		200 000.00	200 000.00
	原材料	落地脚架	借	8 820.00	8 820.00
		普通电机		65 436.00	65 436.00
		固定机翼		694 800.00	694 800.00
		飞控系统		382 452.00	382 452.00
		分电板		123 024.00	123 024.00
	应收账款	朗星公司	借	15 899 950.00	15 899 950.00
		深圳凌度有限公司		917 800.00	917 800.00
	库存商品	通用型航拍无人机	借	560 000.00	560 000.00
		通用型航拍无人机（定制 A 款）		1 116 000.00	1 116 000.00
		警用无人机		622 872.00	622 872.00
		环境监测无人机		322 364.00	322 364.00
		植保无人机		4 159 968.00	4 159 968.00
	应付账款	德瑞制造公司	贷	1 619 100.00	1 619 100.00
		深圳赛格电子有限公司		376 480.00	376 480.00
		万合家具城		160 000.00	160 000.00

科目余额信息如表 3-13 所示。

表 3-13 科目余额信息 单位：元

科目			期初余额（人民币）
代码	名称	方向	本位币
1001	库存现金	借	20 000.00
1002	银行存款	借	6 715 522.82
1122	应收账款	借	16 817 750.00
1403	原材料	借	1 274 532.00
1405	库存商品	借	6 781 204.00
1601	固定资产	借	15 307 554.78
1801	长期待摊费用	借	240 000.00
2202	应付账款	贷	2 155 580.00
2211.01	工资	贷	1 618 000.00
2221.02	未交增值税	贷	483 849.00
2221.04	应交所得税	贷	825 180.00
2221.07	应交城市维护建设税	贷	33 869.43
2221.11	应交教育费附加	贷	14 515.47
2221.13	应交个人所得税	贷	24 892.31
2221.12	应交地方教育附加	贷	677.39
4001	实收资本	贷	30 000 000.00
4002.01	资本（或股本）溢价	贷	7 500 000.00
4101.01	法定盈余公积	贷	3 300 000.00
4101.02	任意盈余公积	贷	1 200 000.00

四、操作步骤

（一）启用期间设置

用户切换组织到"深圳智航科技公司"，点击【系统平台】→【系统工具】→【系统配置】→【系统状态控制】，进入系统状态控制界面（见图 3-110）。

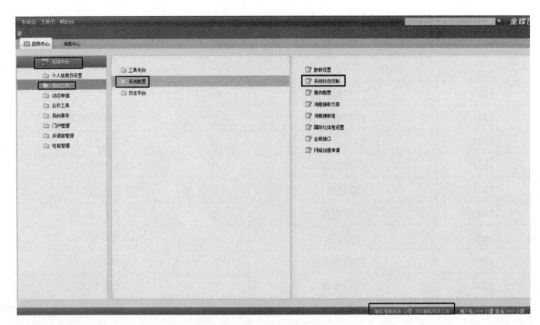

图 3-110　系统状态控制

用户选择组织名称为"深圳智航科技公司",设置总账系统的启用期间为"2021年 1 期",设置完成后点击【保存】(见图 3-111)。

	系统名称	启用	启用期间	当前期间	与总账联用	联用期间	关账
1	融资管理	☐			☐		
2	或有负债	☐			☐		
3	成本管理	☐			☐		☐
4	总账系统	☐	2021年1期	2021年1期			
5	出纳管理	☐			☐		
6	报表						
7	预算管理						
8	固定资产	☐			☐		
9	应收系统	☐			☐		☐
10	应付系统	☐			☐		☐
11	库存管理	☐			☐		☐
12	订单成本	☐			☐		☐
13	低值易耗品	☐			☐		
14	投资管理	☐			☐		
15	票据管理	☐			☐		

图 3-111　设置启用期间

(二) 辅助账余额初始化录入

用户登录 EAS 客户端,点击【财务会计】→【总账】→【初始化】→【辅助账科目初始余额录入】,打开辅助账初始化页面 (见图 3-112)。

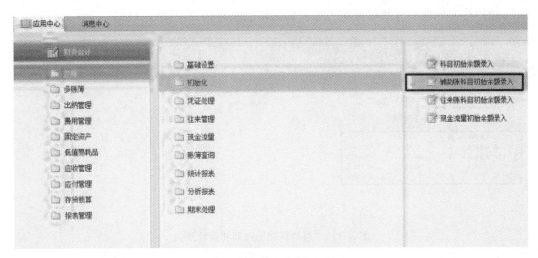

图 3-112　辅助账科目初始余额录入

　　用户在辅助账初始数据页面选择币别和科目后，按照辅助账期初余额信息输入辅助账期初余额。以银行存款为例，用户选择科目为"银行存款"。因为银行存款设置了银行账户为辅助账，用户需要选择银行账户为"工商银行宝安支行"。用户输入原币金额后，完成第一个辅助账初始化。用户可以点击工具栏的表格下的【新增行】，输入另一个银行账户的期初余额（见图 3-113）。

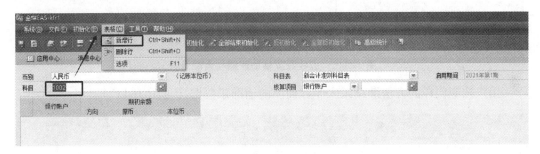

图 3-113　设置科目后新增行

　　用户确认当前科目的辅助账余额录入无误后，点击【保存】（见图 3-114）。

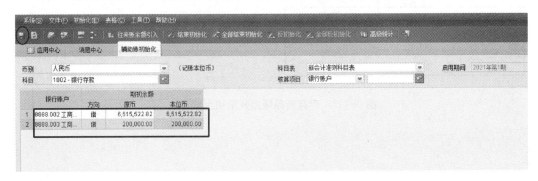

图 3-114　确认无误保存

用户按照同样的方法继续录入原材料的辅助账数据（见图 3-115）。

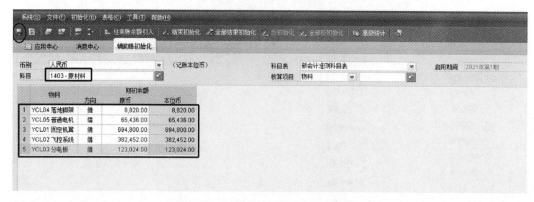

图 3-115　原材料辅助账期初余额录入

用户按照同样的方法继续录入应收账款的辅助账数据（见图 3-116）。

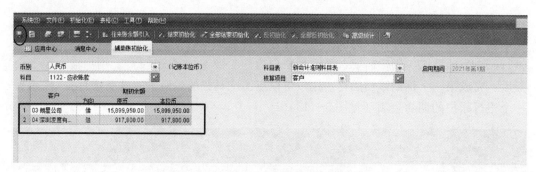

图 3-116　应收账款辅助账期初余额录入

用户按照同样的方法继续录入库存商品的辅助账数据（见图 3-117）。

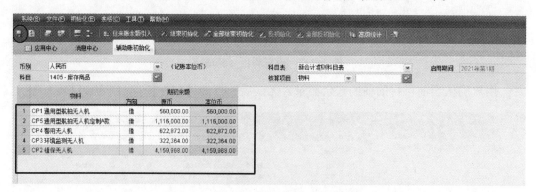

图 3-117　库存商品辅助账期初余额录入

用户按照同样的方法继续录入应付账款的辅助账数据（见图3-118）。

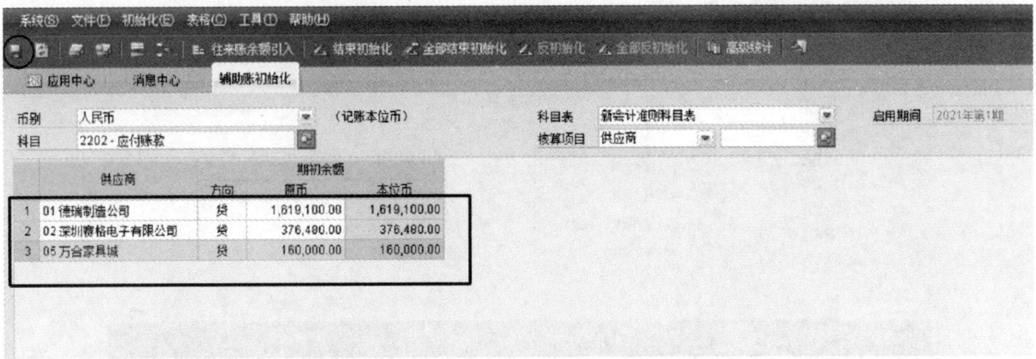

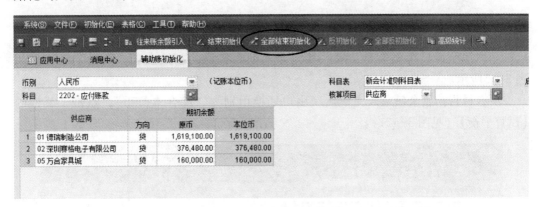

图3-118　应付账款辅助账期初余额录入

用户完成全部辅助账初始化余额录入后，点击【全部结束初始化】，完成辅助账初始化（见图3-119）。

图3-119　全部结束初始化

（三）科目余额初始化录入

用户点击【财务会计】→【总账】→【初始化】→【科目初始余额录入】，打开科目初始化界面，点击工具栏的业务下的【引入辅助账余额】，将辅助账余额引入科目余额初始化页面（见图3-120）。

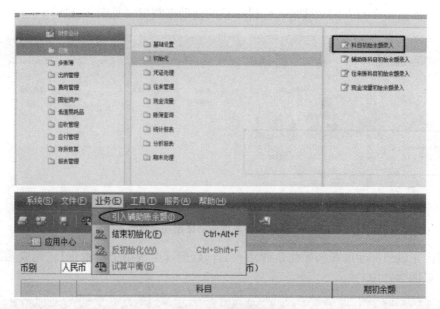

图 3-120　引入辅助账余额

用户按照科目余额信息，录入其他非辅助账科目的初始余额。科目余额信息如表 3-13 所示。

所有科目初始余额录入完毕后，用户切换币别为"综合本位币"，点击工具栏的【试算平衡】（见图 3-121）。

	代码	名称	方向	期初余额本位币
1	1001	库存现金	借	20,000.00
2	1002	银行存款	借	6,715,522.82
3	1012	其他货币资金	借	
4	1012.01	银行汇票存款	借	
5	1012.02	银行本票存款	借	
6	1012.03	信用卡存款	借	
7	1012.04	信用证保证金存款	借	
8	1012.05	存出投资款	借	
9	1012.06	外埠存款	借	
10	1101	交易性金融资产	借	
11	1101.01	成本	借	
12	1101.02	公允价值变动	借	
13	1121	应收票据	借	
14	1122	应收账款	借	16,817,750.00
15	1123	预付账款	借	
16	1131	应收股利	借	
17	1132	应收利息	借	
18	1221	其他应收款	借	
19	1221.01	个人	借	

图 3-121　录入其他辅助账科目余额

　　系统提示试算结果平衡用户即可关闭页面，点击【结束初始化】，完成总账初始化工作（见图3-122）。

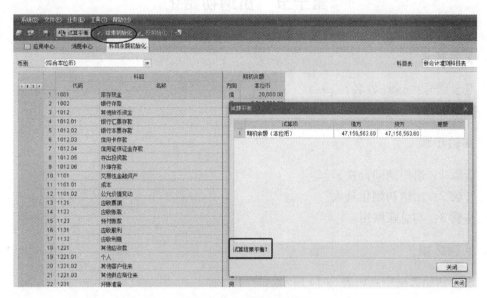

图 3-122　结束初始化

　　用户返回【系统平台】→【系统工具】→【系统配置】→【系统状态控制】，进入系统状态控制页面，刷新可以看到总账系统处于启用状态（见图3-123）。

图 3-123　总账系统启用

第十节　出纳初始化

一、登录账号

登录账号：user-姓名。

登录密码：学号。

二、实验步骤

步骤 1：启用期间设置。

步骤 2：出纳初始化录入。

步骤 3：与总账联用。

三、实验数据

出纳初始数据信息如表 3-14 所示。

表 3-14　出纳初始数据信息

现金初始余额（人民币）		
现金科目	初始余额	币别
库存现金	20 000.00	
银行存款与对账单初始余额（人民币）		
银行账户	初始余额	币别
工商银行宝安支行	6 515 522.82	
工商银行罗湖支行	200 000.00	

四、操作步骤

（一）启用期间设置

用户登录 EAS 客户端，点击【系统平台】→【系统工具】→【系统配置】→【系统状态控制】，进入系统状态控制界面，选择组织名称为"深圳智航科技公司"，设置出纳系统的启用期间为"2021 年 1 期"，设置完成后点击【保存】（见图 3-124）。

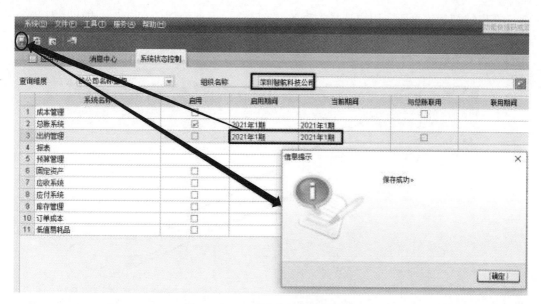

图 3-124 设置出纳系统启用期间

（二）出纳初始化录入

用户登录 EAS 客户端后，点击【财务会计】→【出纳管理】→【基础设置】→【出纳初始化】，进入出纳初始化页面（见图 3-125）。

图 3-125 出纳初始化查询

在出纳初始化页面，用户选择类型为"现金"，币别为"人民币"，点击工具栏的【导入】，选择导入期间为"2021 年 1 期"，将总账现金的初始余额导入出纳系统，点击【保存】（见图 3-126）。

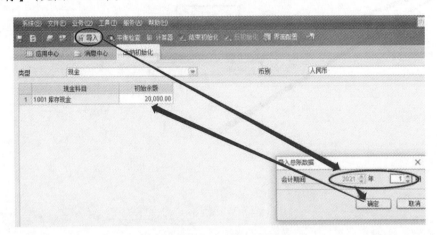

图 3-126　导入现金初始余额

在出纳初始化页面，用户选择类型为"银行存款"，币别为"人民币"，点击工具栏的【导入】，选择导入期间为"2021 年 1 期"，将总账银行存款的初始余额导入出纳系统，点击【保存】（见图 3-127）。

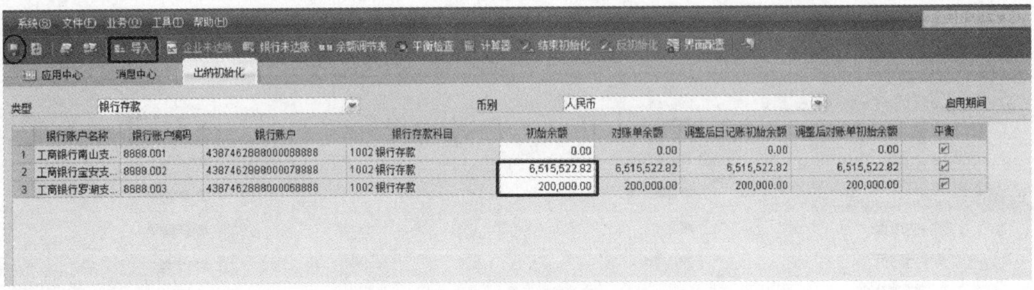

图 3-127　导入银行存款初始余额

在出纳初始化页面，用户选择类型为"对账单"，币别为"人民币"，按照表 3-14出纳初始数据信息输入工商银行宝安支行的对账单初始余额为"6 515 522.82"，工商银行罗湖支行的初始余额为"200 000"，点击【保存】（见图 3-128）。

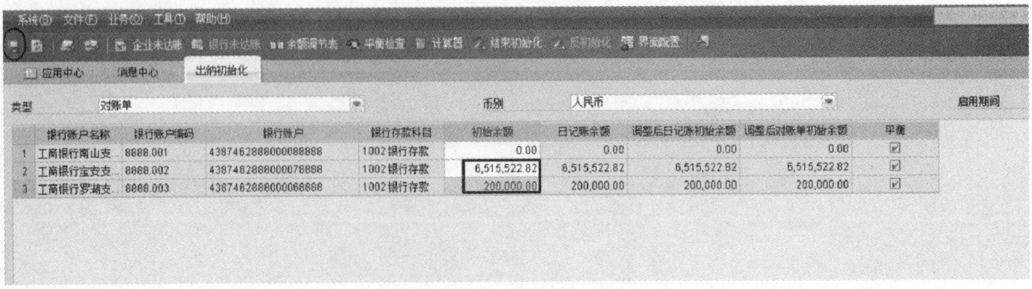

图 3-128　输入对账单初始余额

所有出纳初始数据录入完毕后，用户点击工具栏的【结束初始化】，完成出纳系统的初始化工作（见图 3-129）。

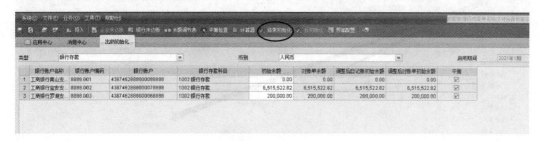

图 3-129　结束初始化

（三）与总账联用

用户登录 EAS 客户端，点击【系统平台】→【系统工具】→【系统配置】→【系统状态控制】，进入系统状态控制页面，刷新可以看到出纳系统属于启用状态（见图 3-130）。

图 3-130　出纳系统开启

用户选择组织名称为"深圳智航科技公司"，选择"出纳管理"，点击工具栏上的【与总账管理】，完成与总账的关联（见图 3-131）。

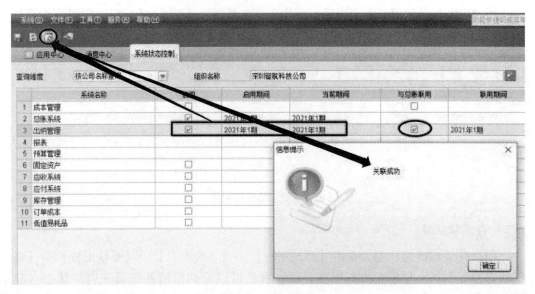

图 3-131　与总账关联

第十一节　应收初始化

一、登录账号

登录账号：user-姓名。

登录密码：学号。

二、实验步骤

步骤 1：启用期间设置。

步骤 2：对账科目设置。

步骤 3：期初应收单新增。

步骤 4：初始化应收系统。

步骤 5：与总账联用。

三、实验数据

（一）对账科目

对账科目包括"1122 应收账款""1221.02 其他应收款-其他客户往来""1221.03 其他应收款-其他供应商往来"。

（二）期初应收单信息

期初应收单信息如表 3-15 所示。

表 3-15　期初应收单信息

单据日期	往来户	币别	物料	数量/架	税率/%	含税单价/元	应收金额合计/元	应收科目	应收日期
2020-12-31	朗星公司	人民币	环境监测无人机	50	13	29 999	1 499 950.00	应收账款	2021/3/10
			植保无人机	300	13	48 000	14 400 000.00	应收账款	
2020-12-31	深圳凌度有限公司	人民币	通用型航拍无人机（定制 A 款）	10	13	13 800	138 000.00	应收账款	2021/5/20
			警用无人机	20	13	38 990	779 800.00	应收账款	

实验数据补充说明：表 3-15 中 2 张期初应收单的单据类型均为销售发票。

四、操作步骤

（一）启用期间设置

用户登录 EAS 客户端，点击【系统平台】→【系统工具】→【系统配置】→【系统状态控制】，进入系统状态控制界面，选择组织名称为"深圳智航科技公司"，设置应收系统的启用期间为"2021 年 1 期"，设置完成后点击【保存】（见图 3-132 和图 3-133）。

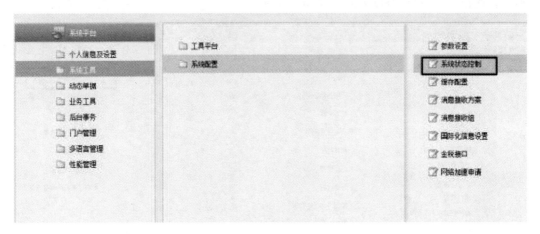

图 3-132　应收系统启用期间设置

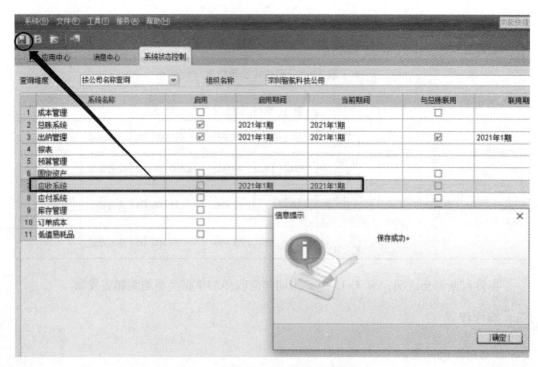

图 3-133　应收系统启用期间设置保存

（二）对账科目设置

用户登录 EAS 客户端，点击【财务会计】→【应收管理】→【初始化】→【对账科目设置】，打开对账科目页面（见图 3-134）。

图 3-134　对账科目设置查询

用户进入对账科目设置页面，点击【新增行】，增加对账科目。用户选择会计科目为"应收账款（1122）""其他应收款-其他客户往来（1221.02）""其他应收款-其他供应商往来（1221.03）"，设置完成后点击【保存】，完成对账科目设置（见图3-135）。

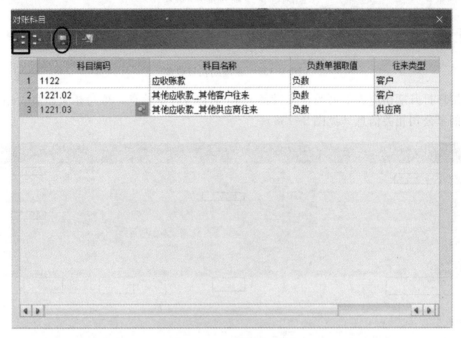

图 3-135　对账科目设置

（三）期初应收单新增

用户登录 EAS 客户端，点击【财务会计】→【应收管理】→【初始化】→【期初应收单】，打开对期初应收单序时簿（见图3-136）。

图 3-136　期初应收单查询

用户在期初应收单序时簿页面点击【新增】（见图 3-137）。

图 3-137　新增期初应收单

用户打开期初应收单页面，按照表 3-15 期初应收单信息，填写相关信息。用户先填写朗星公司相关信息（见图 3-138）。

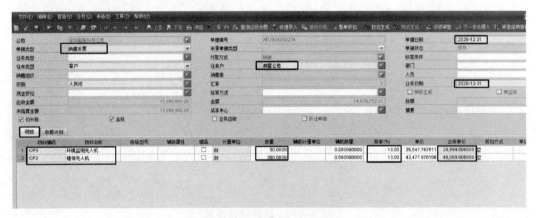

图 3-138　期初应收单明细

用户填写收款计划相关信息，点击【保存】→【提交】（见图 3-139）。

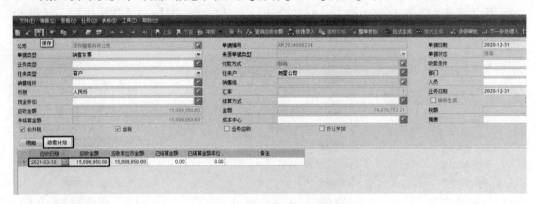

图 3-139　期初应收单收款计划

用户录入下一个期初应收单。用户打开期初应收单页面，按照表 3-15 期初应收单信息，选择单据类型为"销售发票"，往来户选择"深圳凌度有限公司"，单据日期和业务日期均为"2020-12-31"。在明细页签，用户选择物料为"警用无人机"和"通用型航拍无人机定制 A 款"，警用无人机数量为 20 架，税率为 13%，含税单价为 38 990 元；通用型航拍无人机定制 A 款数量为 10 架，税率为 13%，含税单价为 13 800 元（见图 3-140）。

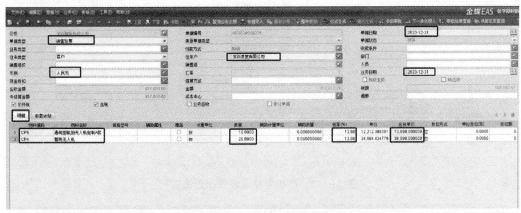

图 3-140　期初应收单明细

用户将页面下方的滚动条向右拉动，选择应收科目为"应收账款"（见图 3-141）。

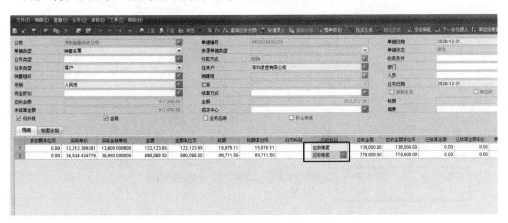

图 3-141　期初应收单明细应收科目设置

用户切换收款计划页签，填写应收日期为"2021-5-20"，确认应收金额为 917 800 元，确认所有信息无误后，点击【保存】→【提交】，完成单据的提交（见图 3-142 和图 3-143）。

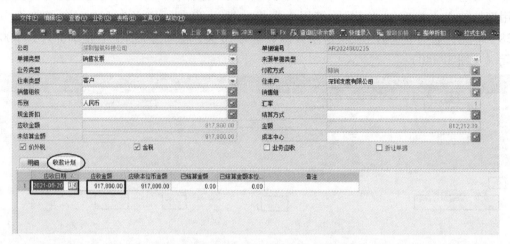

图 3-142　期初应收单收款计划设置

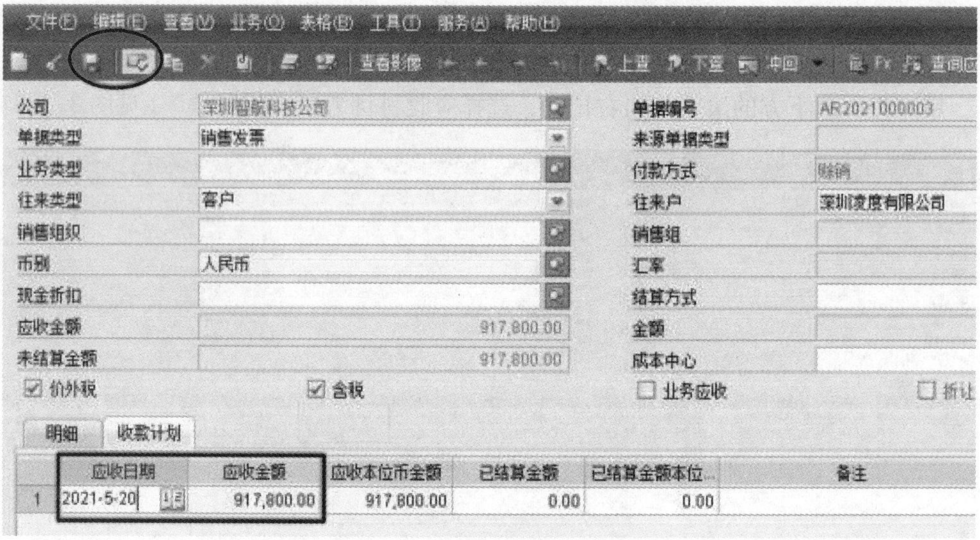

图 3-143　期初应收单保存提交

用户返回期初应收单序时簿，选择默认方案，可以看到两张期初应收单的单据状态为"提交"（见图 3-144）。

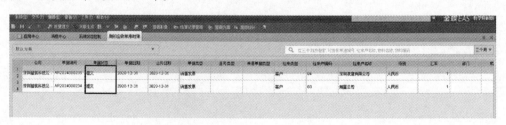

图 3-144　期初应收单单据状态

（四）初始化应收系统

用户完成全部期初应收单录入后，点击【财务会计】→【应收管理】→【初始化】→【应收初始数据】，打开应收初始数据录入页面（见图3-145）。

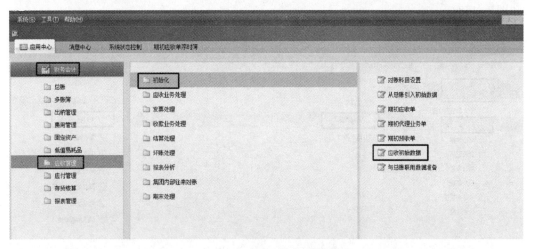

图3-145 应收初始数据查询

用户进入应收初始数据页面，可以查看总账期初数据，检查期初余额确保和总账期初应收账款数据一致。用户完成检查后点击【结束初始化】，完成应收系统初始化（见图3-146）。

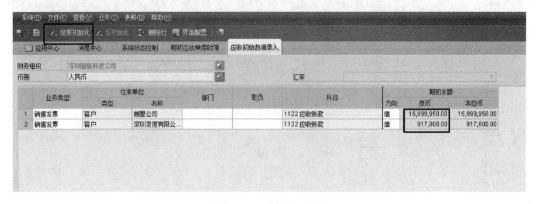

图3-146 结束初始化

（五）与总账联用

用户登录 EAS 客户端，点击【系统平台】→【系统工具】→【系统配置】→【系统状态控制】，进入系统状态控制页面，可以看到应收系统属于启用状态（见图 3-147 和图 3-148）。

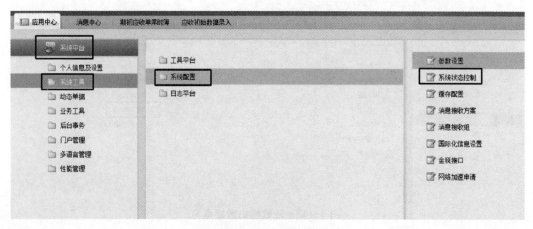

图 3-147　系统状态控制查询

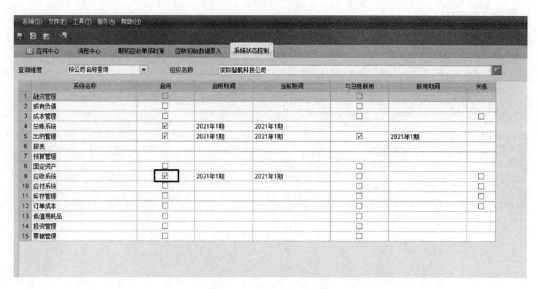

图 3-148　应收系统启用

用户选择组织名称为"深圳智航科技公司",选择"应收系统"后点击工具栏上的【与总账管理】,完成与总账的关联(见图3-149)。

图3-149　应收系统与总账关联

第十二节　应付初始化

一、登录账号

登录账号:user-姓名。

登录密码:学号。

二、实验步骤

步骤1:启用期间设置。

步骤2:对账科目设置。

步骤3:期初应付单新增。

步骤4:初始化应付系统。

步骤5:与总账联用。

三、实验数据

(一)对账科目

对账科目包括"2202应付账款""2241.02其他应付款-往来"。

（二）期初应收单信息

期初应收单信息如表 3-16 所示。

表 3-16 期初应付单信息

单据日期	往来户	币别	物料/费用项目名称	数量	税率/%	含税单价	应付金额	应付科目	应付日期
2020-12-31	德瑞制造公司	人民币	分电板	200	13	3 046.0	609 200.00	应付账款	2021/3/11
			飞控系统	100	13	10 099.0	1 009 900.00	应付账款	
2020-12-31	深圳赛格电子有限公司	人民币	普通电机	100	13	1 289.0	128 900.00	应付账款	2021/3/26
			固定机翼	200	13	842.9	168 580.00	应付账款	
			负荷开关	1 000	13	79.0	79 000.00	应付账款	
2020-12-31	万合家具城	人民币	办公座椅	200	13	800.0	160 000.00	应付账款	2021/3/10

实验数据补充说明：表 3-16 中期初应付单的单据类型均为采购发票。

四、操作步骤

（一）启用期间设置

用户登录 EAS 客户端，点击【系统平台】→【系统工具】→【系统配置】→【系统状态控制】，进入系统状态控制页面，选择组织名称为"深圳智航科技公司"，设置应付系统的启用期间为"2021 年 1 期"，设置完成后点击【保存】（见图 3-150）。

图 3-150 应付系统启用期间设置

（二）对账科目设置

用户登录 EAS 客户端，点击【财务会计】→【应付管理】→【初始化】→【对账科目设置】，打开对账科目页面，点击【新增】，选择对账科目为"应付账款（2202）""其他应付款-往来（2241.02）"，设置完成后点击【保存】，完成对账科目设置（见图3-151）。

图3-151 对账科目设置

（三）期初应付单新增

用户登录 EAS 客户端，点击【财务会计】→【应付管理】→【初始化】→【期初应付单】，打开对期初应付单序时簿，点击【新增】，打开期初应付单页面。根据表3-16，用户在明细页签和付款计划页签填写相关信息，点击【保存】→【提交】（见图3-152 和图3-153）。注意：明细页签需要右滑下拉条，选择应付科目为"应付账款"。

图3-152 期初应付单填写

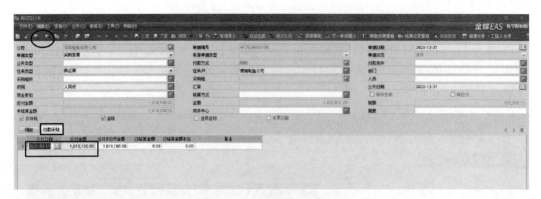

图 3-153　期初应付单填写

其他期初应付单按照相同的方式录入即可，具体信息见表 3-16。

用户录入完成所有期初应付单后，返回期初应付单序时簿，可以看到 3 张期初应付单单据状态为"提交"（见图 3-154）。

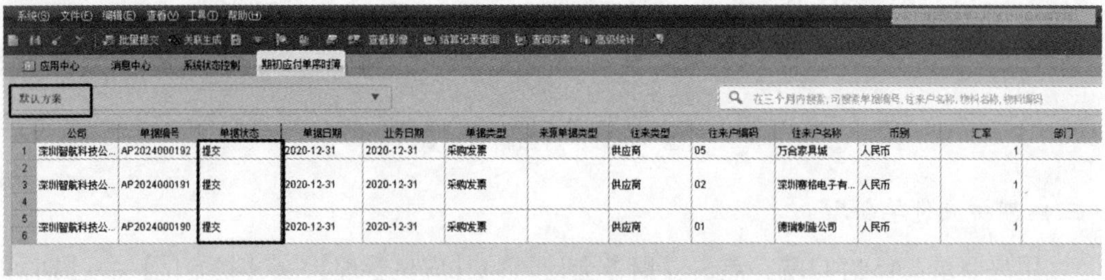

图 3-154　期初应付单查询

（四）初始化应付系统

用户完成全部期初应付单录入后，点击【财务会计】→【应付管理】→【初始化】→【应付初始数据】，打开应收初始数据录入页面。用户检查期初余额，确保和总账期初应付账款数据一致。完成检查后，用户点击【结束初始化】，完成应付系统初始化（见图 3-155）。

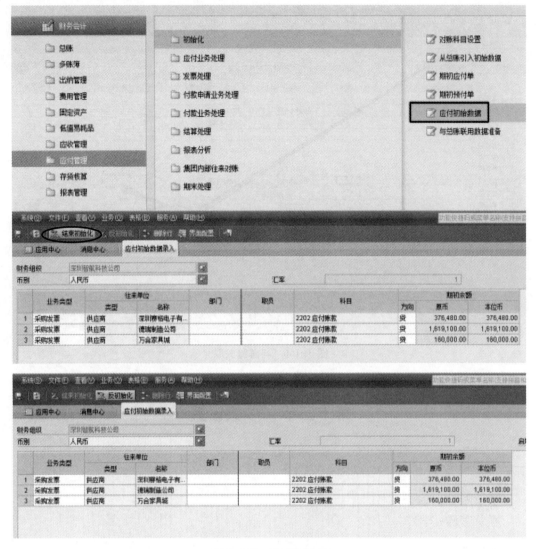

图 3-155 结束初始化

（五）与总账联用

用户登录 EAS 客户端，点击【系统平台】→【系统工具】→【系统配置】→【系统状态控制】，进入系统状态控制页面。用户选择组织名称为"深圳智航科技公司"，选择"应付系统"后点击工具栏上的【与总账管理】，完成与总账的关联（见图 3-156）。

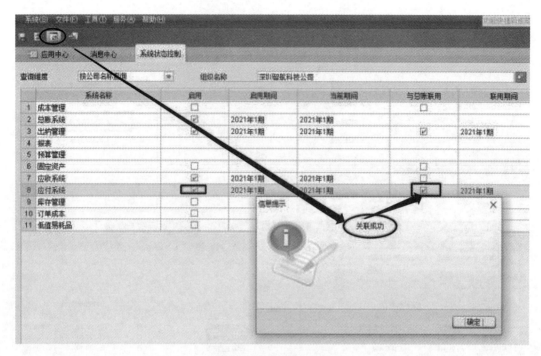

图 3-156　与总账关联

第十三节　参数设置

一、登录账号

登录账号：user-姓名。
登录密码：学号。

二、实验数据

根据公司管理要求，用户设置以下参数。

总账系统参数：录入凭证时现金流量科目必须录入主表项目为"否"。

总账系统参数：允许删除和作废业务系统和总账的机制凭证/允许修改业务系统和生成的机制凭证，勾选"应收系统""应付系统""出纳管理""费用管理"。

出纳管理系统参数：修改出纳管理 CS001 这个参数的登账方式为"单据登账"。

费用管理系统参数：辅助账类型为"职员"。

应收系统参数：赊销收款凭证来源单据类型为"收款单"。

应付系统参数：赊购付款凭证来源单据类型为"付款单"。

三、操作步骤

用户点击【系统平台】→【系统工具】→【系统配置】→【参数设置】，进入参数设置页面（见图3-157）。

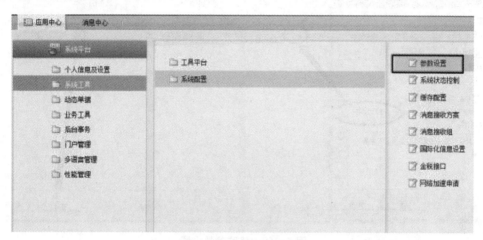

图 3-157 参数设置查询

用户在参数页面左边选择对应的系统进行参数设置，选择【财务会计】下的【总账】，在参数列表页签，选中"GL_014"后点击【修改】（见图3-158）。

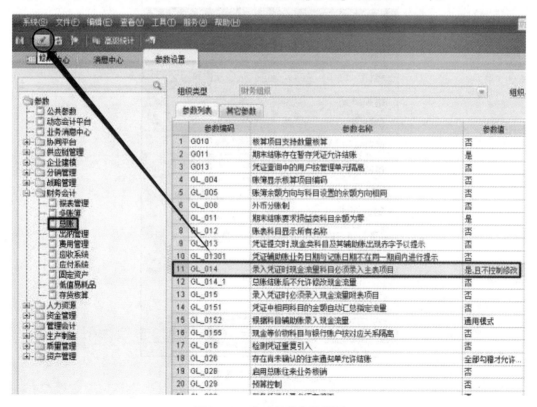

图 3-158 修改总账参数设置

用户点击"控制范围",勾选"控制框",参数值选择为"否",点击【保存】(见图 3-159)。

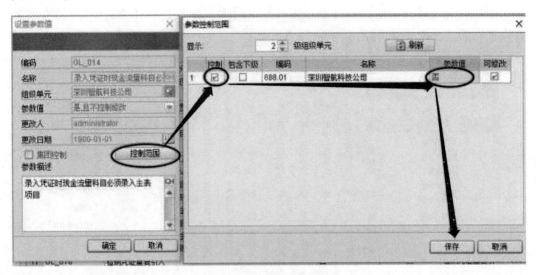

图 3-159 修改参数设置

用户在设置参数值页面点击【确定】(见图 3-160)。

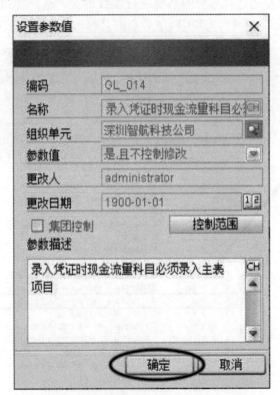

图 3-160 修改参数值

用户返回财务会计下的总账，可以看到"GL_014"参数值为"否"，表明成功设置该参数（见图3-161）。

图3-161　查看设置成功

用户切换到其他参数页签，在"删除和作废机制凭证"处，选中"业务系统和总账"，在"允许修改业务系统生成的机制凭证"处勾选"应收系统""应付系统""出纳管理""费用管理"，点击【保存】，即可保存总账部分的参数设置（见图3-162）。

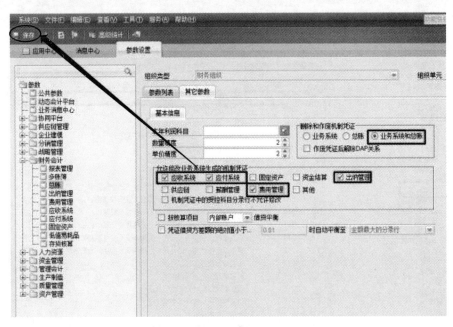

图3-162　参数设置

在参数设置页面，选中财务会计下的"出纳管理"，在参数列表页签，选中"CS001"后点击【修改】。用户点击【控制范围】，勾选"控制"，参数值选择为"单据登账"，点击【保存】，在设置参数值页面点击【确定】（见图 3-163）。

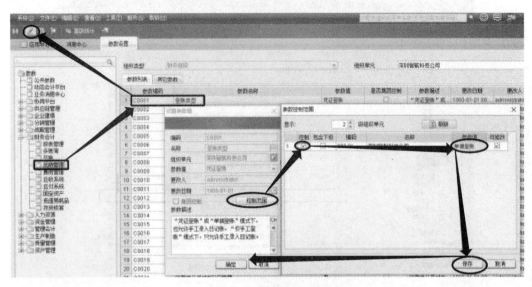

图 3-163　设置参数值

用户返回财务会计下的"出纳管理"，可以看到"CS001"参数值为"单据登账"，表明成功设置该参数（见图 3-164）。

图 3-164　参数设置成功查询

用户在参数设置页面，选中财务会计下的"费用管理"，在其它参数页签，选择"备用金辅助账类型"为"职员"，点击【保存】（见图3-165）。

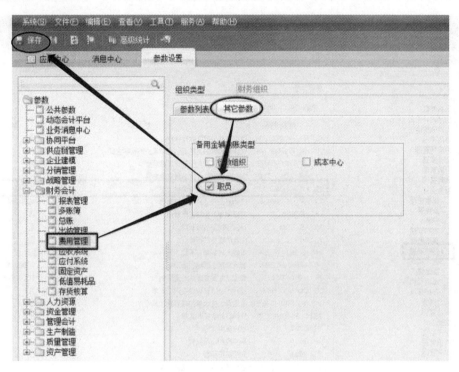

图3-165 参数设置

用户在参数设置页面，选中财务会计下的"应收系统"，在参数列表页签，选中参数名称为"赊销收款凭证来源单据类型"，点击【修改】。用户点击【控制范围】，勾选"控制"，参数值选择为"收款单"，点击【保存】，在设置参数值页面点击【确定】（见图3-166）。

图3-166 应收系统参数设置

用户返回财务会计下的"应收系统"，可以看到参数名称为"赊销收款凭证来源单据类型"的参数值为"收款单"，表明成功设置该参数（见图 3-167）。

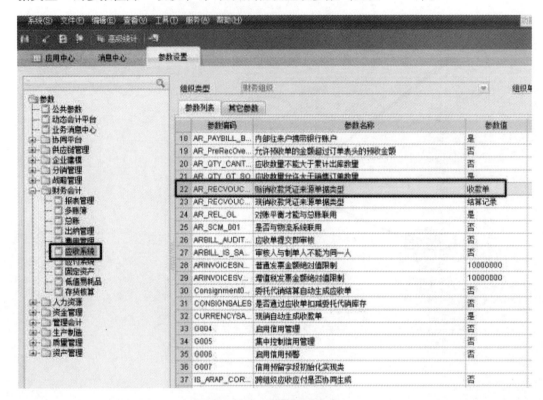

图 3-167　查看设置成功

用户在参数设置页面，选中财务会计下的应付系统，在参数列表页签，选中参数名称为"赊购付款凭证来源单据类型"，点击【修改】。用户点击【控制范围】，勾选"控制"，参数值选择为"付款单"，点击【保存】，在设置参数值页面点击【确定】（见图 3-168）。

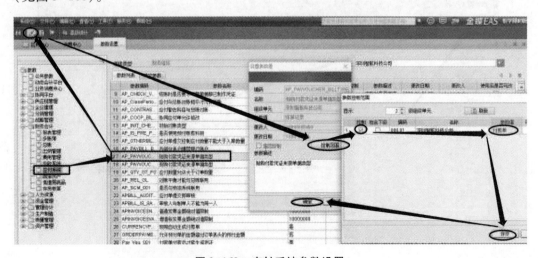

图 3-168　应付系统参数设置

用户返回财务会计下的"应付系统",可以看到参数名称为"赊购付款凭证来源单据类型"的参数值为"付款单",表明成功设置该参数(见图3-169)。

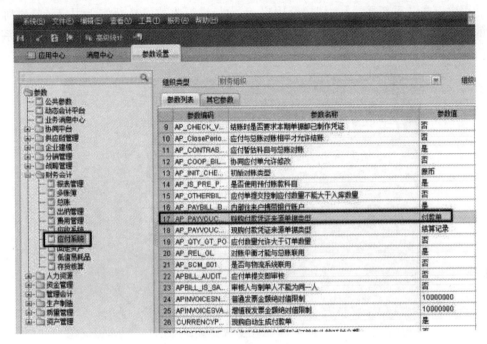

图 3-169 查看参数设置成功

第十四节 新增收款信息

一、登录账号

登录账号:qy 学号。

登录密码:空。

二、实验步骤

用户确定当前组织为"深圳智航科技公司",进行收款信息新增。

三、实验数据

用户新增秦义的收款信息并设置为默认账号。收款信息如表 3-17 所示。

表 3-17 收款信息

收款人	收款银行	收款账号	默认账号
秦义	中国银行深圳罗湖支行	666555888009＊＊＊	勾选

说明:＊＊＊为学号后三位。

四、操作步骤

用户点击【重新登录】，切换至用户 qy 学号进行收款信息新增。用户选择教师规定的数据中心，输入用户名为"qy 学号"，无密码，点击【登录】，进入 EAS 系统（见图 3-170）。

图 3-170 登录

用户点击【财务会计】→【费用管理】→【基础设置】→【收款信息】，进入收款信息查询页面（见图 3-171）。

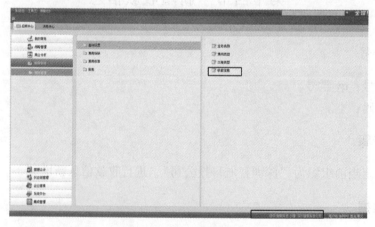

图 3-171 收款信息查询

　　用户进入收款信息查询页面，点击工具栏的【新增】，输入收款人为"秦义"，收款银行为"中国银行深圳罗湖支行"，收款账号为"666555888009 学号"，勾选"默认账号"，点击【保存】（见图 3-172）。

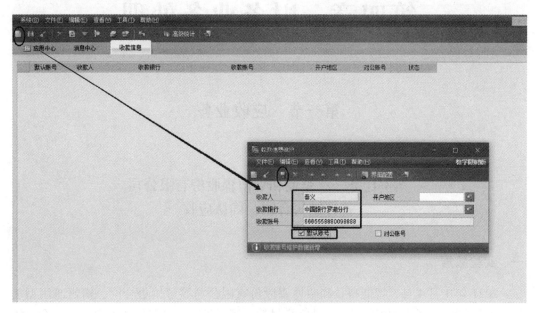

图 3-172　收款信息

第四章　财务业务处理

第一节　应收业务

案例任务一：企业和哈博森股份有限公司
签订销售合同，确认应收

一、实验数据

2021 年 1 月 4 日，智能科技和哈博森股份有限公司签订销售合同，销售通用型航拍无人机 10 架，合同约定 1 月 26 日客户付款，当天发货并开具销售发票，往来会计周雯鑫填写应收单，财务经理邓永彬审核。

二、操作步骤

1. 登录智能财务实践教学平台

用户打开智能财务实践教学平台，输入用户和密码后，进入【学生应用】→【财务业务】（见图 4-1）。

图 4-1　教学平台系统登录

2. 下载题干资源

用户点击【题目序号 1】→【题干资源-查看详情】→【下载】。用户下载合同和发票并重命名（学生在文件名最后加上自己学号后三位，见图 4-2）。

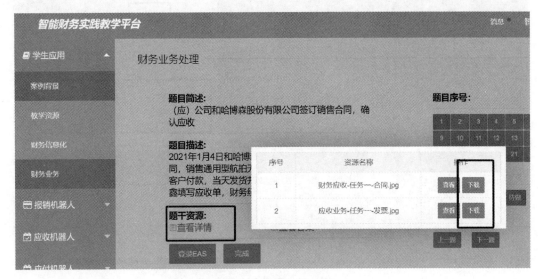

图 4-2　题干资源下载

3. 登录 EAS

用户点击【登录 EAS】，进入 EAS 登录页面（见图 4-3）。

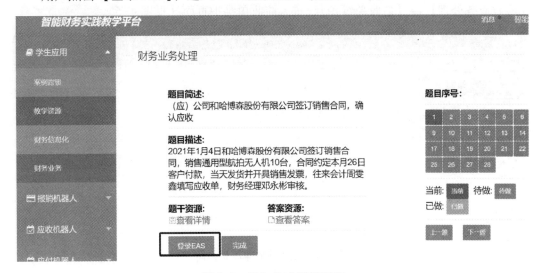

图 4-3　进入 EAS 登录页面

在 EAS 登录页面，用户选择教师规定的数据中心，输入登录账号"zwx 学号"，无密码，点击【登录】，进入 EAS 操作页面（见图 4-4）。

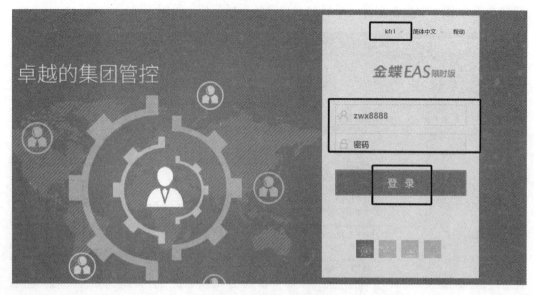

图 4-4　金蝶 EAS 登录

4. 应收单维护

用户点击页面右上角工具栏的【应用】后，点击【财务会计】→【应收管理】→【应收业务处理】→【应收单维护】，进入应收单维护页面（见图 4-5）。

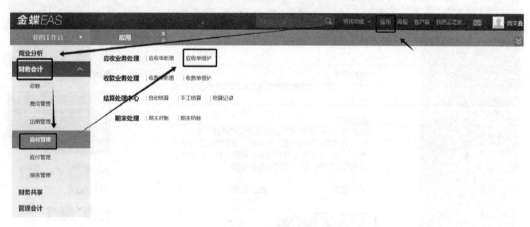

图 4-5　进入应收单维护页面

在应收单维护页面，用户点击工具栏的【新增】，进入应收单新增页面（见图 4-6）。

图 4-6　新增应收单

用户按照实验数据录入应收单，在"基本信息"页签确认单据类型为"销售发票"，单据日期修改为"2021-01-04"，往来户为"哈博森股份有限公司"；在"明细"页签选择物料为"通用型航拍无人机"，输入数量为"10"，含税单价为"4 520"，税率为"13%"，应收科目为"应收账款"，对方科目为"主营业务收入"；在"收款信息"页签，修改应收日期为"2021-01-26"，确认应收金额为"45 200"；在"附件"页签上传从题干资源下载的合同和发票附件。用户确认所有信息无误后，保存后进行提交，提交至工作流，由财务经理邓永彬审核（见图 4-7 和图 4-8）。

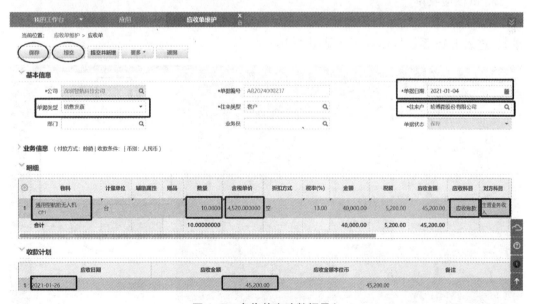

图 4-7　应收单实验数据录入

图 4-8　应收单实验数据保存提交

提交成功应收单后，用户点击网页版 EAS 的【安全退出】（见图 4-9）。

图 4-9　账号安全退出

5. 审核应收单

用户选择教师规定的数据中心，输入登录账号"dyb 学号"，无密码，点击【登录】，进入 EAS 系统操作页面（见图 4-10）。

图 4-10　金蝶 EAS 登录

用户点击页面右上角的工具栏的【流程】，勾选刚才提交的应收单，点击【处理】，进入单据审批页面（见图4-11）。

图4-11 进入单据审批流程

用户根据企业应收管理规范，确认审批通过或不通过，则点击【同意】或【不同意】，再点击【提交】，应收单完成审批流程，审批完成后则业务完结（见图4-12和图4-13）。

图4-12 单据审批

图4-13 单据审批完成

案例任务二：企业和科亚特股份有限公司
签订销售合同，确认应收

一、实验数据

2021 年 1 月 7 日，智航科技和科亚特股份有限公司签订销售合同，销售植保无人机 2 架，合同约定 3 月 5 日客户付款，当天发货，往来会计周雯鑫填写应收单，财务经理邓永彬审核。

二、操作步骤

1. 下载题干资源

用户点击【题目序号 2】→【题干资源-查看详情】→【下载】。用户下载合同并重命名（学生在文件名最后加上自己学号后三位，见图 4-14）。

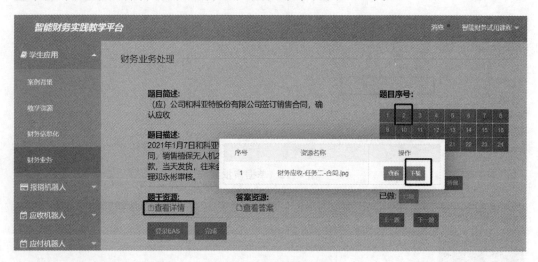

图 4-14　题干资源下载

2. 登录 EAS

用户点击【登录 EAS】，进入 EAS 登录页面（见图 4-15）。

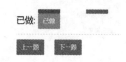

图 4-15　进入 EAS 登录页面

在 EAS 登录页面，用户选择教师规定的数据中心，输入登录账号"zwx 学号"，无密码，点击【登录】，进入 EAS 操作页面（见图4-16）。

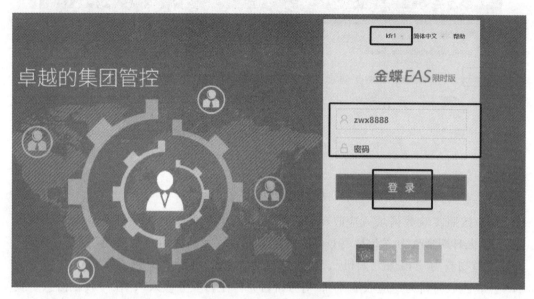

图 4-16　金蝶 EAS 登录

3. 应收单维护

用户点击页面右上角工具栏的【应用】后，点击【财务会计】→【应收管理】→【应收业务处理】→【应收单维护】，进入应收单维护页面（见图4-17）。

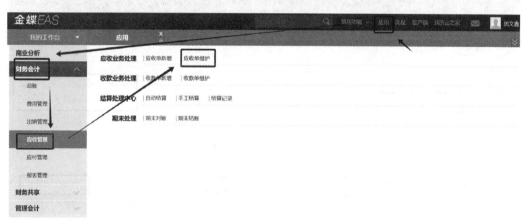

图 4-17　进入应收单维护页面

在应收单维护页面，用户点击工具栏的【新增】，进入应收单新增页面（见图 4-18）。

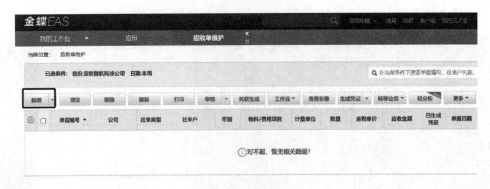

图 4-18　新增应收单

用户按照实验数据录入应收单，在"基本信息"页签确认单据类型为"销售发票"，单据日期修改为"2021-01-07"，往来户为"亚特股份有限公司"；在"明细"页签选择物料为"植保无人机"，输入数量为"2"，含税单价为"47 000"，税率为"13%"，应收科目为"应收账款"，对方科目为"主营业务收入"；在"收款信息"页签，修改应收日期为"2021-03-05"，确认应收金额为"94 000"；在"附件"页签上传从题干资源下载的合同附件。用户确认所有信息无误后，保存后进行提交，提交至工作流，由财务经理邓永彬审核（见图 4-19 和图 4-20）。

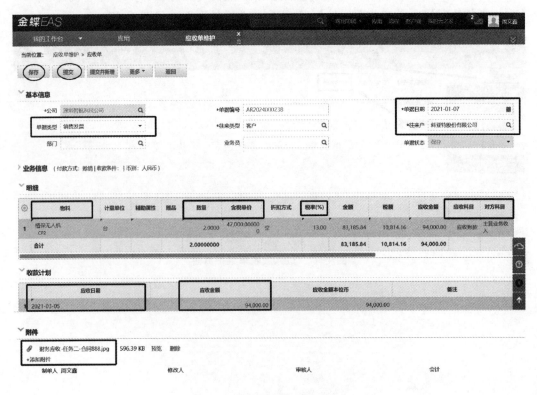

图 4-19　应收单实验数据录入

图 4-20　应收单实验数据保存提交

提交成功应收单后，用户点击网页版 EAS 的【安全退出】（见图 4-21）。

图 4-21　账号安全退出

4. 审核应收单

用户选择教师规定的数据中心，输入登录账号"dyb 学号"，无密码，点击【登录】，进入 EAS 系统操作页面（见图 4-22）。

图 4-22　金蝶 EAS 登录

用户点击页面右上角的工具栏的【流程】，勾选刚才提交的应收单，点击【处理】，进入单据审批页面（见图4-23）。

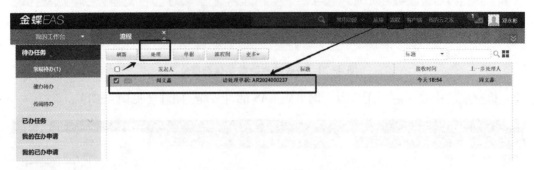

图 4-23　进入单据审批流程

用户根据企业应收管理规范，确认审批通过或不通过，则点击【同意】或【不同意】，再点击【提交】，应收单完成审批流程，审批完成后则业务完结（见图4-24和图4-25）。

图 4-24　单据审批

图 4-25　单据审批完成

用户返回应收单维护页面，在常用条件中筛选日期范围为"2021-01-01 至 2021-01-31"，可以看到状态为审核的应收单（见图 4-26）。

图 4-26　审核状态查询

第二节　应付业务

案例任务一：公司和德瑞制造公司签订采购合同，确认应付

一、实验数据

2021 年 1 月 10 日，智航科技和德瑞制造公司签订采购合同，采购 100 个固定机翼，并约定 1 月货到后付款，当月收到货物并取得发票，往来会计周雯鑫填写应付单，财务经理邓永彬审核。

二、操作步骤

1. 下载题干资源

用户点击【题目序号 3】→【题干资源-查看详情】→【下载】。用户下载合同和发票并重命名（学生在文件名最后加上自己学号后三位，见图 4-27）。

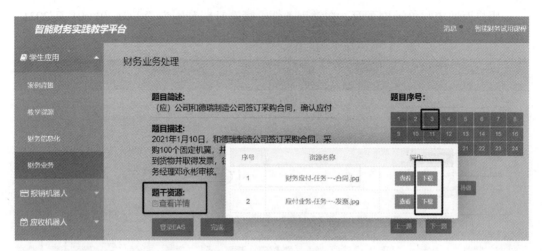

图 4-27　题干资源下载

2. 登录 EAS

用户点击【登录 EAS】，进入 EAS 登录页面（见图 4-28）。

图 4-28　进入 EAS 登录页面

在 EAS 登录页面，用户选择教师规定的数据中心，输入登录账号"zwx 学号"，无密码，点击【登录】，进入 EAS 操作页面（见图 4-29）。

图 4-29　金蝶 EAS 登录

3. 应付单维护

用户点击页面右上角工具栏的【应用】后，点击【财务会计】→【应付管理】→【应付业务处理】→【应付单维护】，进入应付单维护页面（见图4-30）。

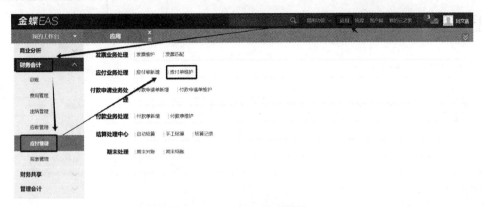

图4-30 进入应付单维护页面

在应付单维护页面，用户点击工具栏的【新增】，进入应付单新增页面（见图4-31）。

图4-31 新增应付单

用户按照实验数据录入应付单，在"基本信息"页签确认单据类型为"采购发票"，单据日期修改为"2021-01-10"，往来户为"德瑞制造公司"；在"明细"页签选择物料为"固定机翼"，输入数量为"100"，含税单价为"847.5"，税率为"13%"，应付科目为"应付账款"，对方科目为"原材料"；在"收款信息"页签，修改应付日期为"2021-01-26"，确认应付金额为"84 750"；在"附件"页签上传从题干资源下载的合同和发票附件。用户确认所有信息无误后，保存后进行提交，提交至工作流，由财务经理邓永彬审核（见图4-32和图4-33）。

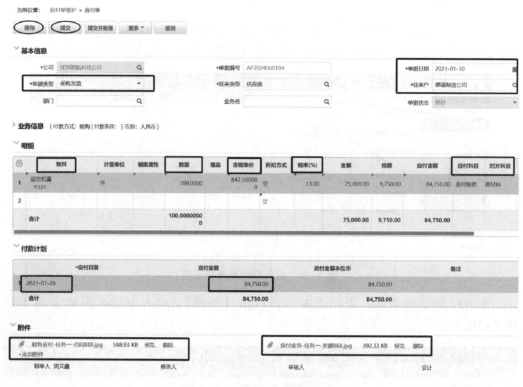

图 4-32　应付单实验数据录入

图 4-33　应付单实验数据保存提交

提交成功应付单后，用户点击网页版 EAS 的【安全退出】（见图 4-34）。

图 4-34　账号安全退出

4. 审核应付单

用户选择教师规定的数据中心，输入登录账号"dyb 学号"，无密码，点击【登录】，进入 EAS 系统操作页面（见图 4-35）。

图 4-35 金蝶 EAS 登录

用户点击页面右上角的工具栏的【流程】，勾选刚才提交的应付单，点击【处理】，进入单据审批页面（见图 4-36）。

图 4-36 进入单据审批流程

用户根据企业应付管理规范，确认审批通过或不通过，则点击【同意】或【不同意】，再点击【提交】，应付单完成审批流程，审批完成后则业务完结（见图 4-37 和图 4-38）。

图 4-37 单据审批

图 4-38　单据审批完成

案例任务二：公司和深圳赛格电子有限公司
签订采购合同，确认应付

一、实验数据

2021 年 1 月 27 日，智航科技和深圳赛格电子有限公司签订采购合同，采购 100 个飞控系统，并约定 3 月付款，当天收到货物，往来会计周雯鑫填写应付单，财务经理邓永彬审核。

二、操作步骤

1. 下载题干资源

用户点击【题目序号 4】→【题干资源-查看详情】→【下载】。用户下载合同并重命名（学生在文件名最后加上自己学号后三位，见图 4-39）。

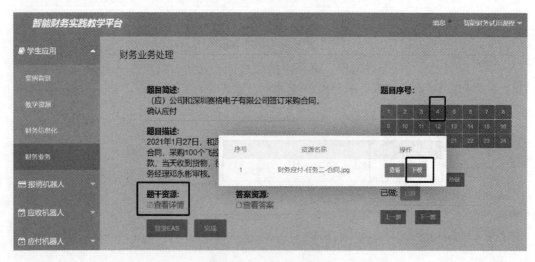

图 4-39　题干资源下载

2. 登录 EAS

用户点击【登录 EAS】，进入 EAS 登录页面（见图 4-40）。

图 4-40 进入 EAS 登录页面

在 EAS 登录页面，用户选择教师规定的数据中心，输入登录账号"zwx 学号"，无密码，点击【登录】，进入 EAS 操作页面（见图 4-41）。

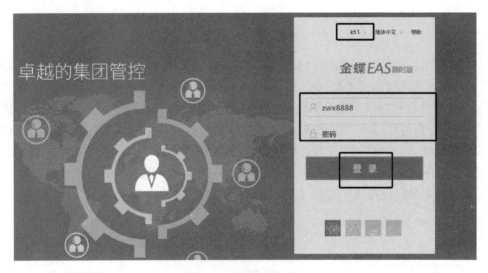

图 4-41 金蝶 EAS 登录

3. 应付单维护

用户点击页面右上角工具栏的【应用】后，点击【财务会计】→【应付管理】→【应付业务处理】→【应付单维护】，进入应付单维护页面（见图 4-42）。

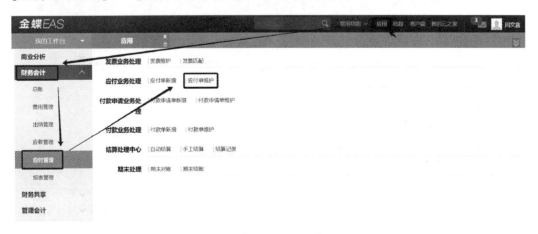

图 4-42 进入应付单维护页面

在应付单维护页面，用户点击工具栏的【新增】，进入应付单新增页面（见图 4-43）。

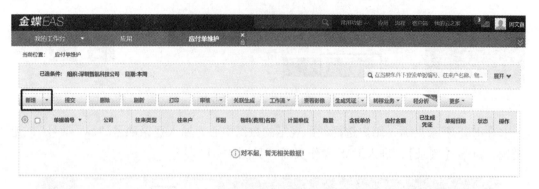

图 4-43　新增应付单

用户按照实验数据录入应付单，在"基本信息"页签确认单据类型为"采购发票"，单据日期修改为"2021-01-27"，往来户为"深圳赛格电子有限公司"；在"明细"页签选择物料为"飞控系统"，输入数量为"100"，含税单价为"11 000"，税率为"13%"，应付科目为"应付账款"，对方科目为"原材料"；在"收款信息"页签，修改应付日期为"2021-03-27"，确认应付金额为"110 000"；在"附件"页签上传从题干资源下载的合同附件。用户确认所有信息无误后，保存后进行提交，提交至工作流程，由财务经理邓永彬审核（见图 4-44 和图 4-45）。

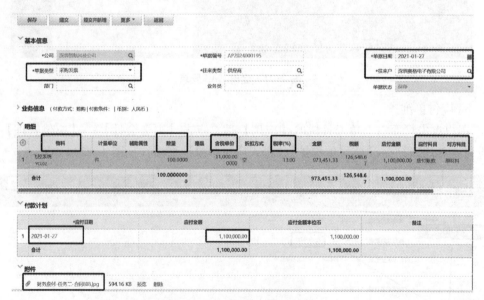

图 4-44　应付单实验数据录入

图 4-45　应付单实验数据保存提交

提交成功应付单后，用户点击网页版 EAS 的【安全退出】（见图 4-46）。

图 4-46　账号安全退出

4. 审核应付单

用户选择教师规定的数据中心，输入登录账号"dyb 学号"，无密码，点击【登录】，进入 EAS 系统操作页面（见图 4-47）。

图 4-47　金蝶 EAS 登录

用户点击页面右上角的工具栏的【流程】，勾选刚才提交的应付单，点击【处理】，进入单据审批页面（见图 4-48）。

图 4-48　进入单据审批流程

用户根据企业应付管理规范，确认审批通过或不通过，则点击【同意】或【不同意】，再点击【提交】，应付单完成审批流程，审批完成后则业务完结（见图 4-49 和图 4-50）。

图 4-49　单据审批

图 4-50　单据审批完成

用户返回应付单维护页面，在常用条件中筛选日期范围为"2021-01-01 至 2021-01-31"，可以看到状态为审核的应付单（见图4-51）。

图4-51 审核状态查询

第三节 费用报销业务

案例任务：秦义招待客户，申请报销

一、实验数据

2021年1月15日，秦义为了做业务推广，招待来公司考察的客户吃饭，提费用报销单，当天成本会计肖利华审核该报销单。

二、操作步骤

1. 下载题干资源

用户点击【题目序号5】→【题干资源-查看详情】→【下载】。用户下载发票并重命名（学生在文件名最后加上自己学号后三位，见图4-52）。

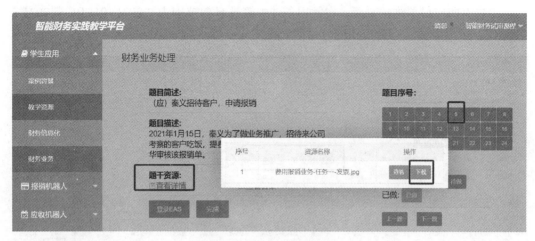

图 4-52　题干资源下载

2. 登录 EAS

用户点击【登录 EAS】，进入 EAS 登录页面（见图 4-53）。

图 4-53　进入 EAS 登录页面

在 EAS 登录页面，选择教师规定的数据中心，输入登录账号"qy 学号"，无密码，点击【登录】，进入 EAS 操作页面（见图 4-54）。

图 4-54　金蝶 EAS 登录

3. 填写费用报销单

用户点击页面右上角工具栏的【应用】后，点击【财务会计】→【费用管理】→【费用报销】→【报销工作台】，进入报销工作台查询页面（见图4-55）。

图4-55 进入报销工作台页面

在自助报销服务处，用户点击工具栏的【费用报销】，进入费用报销新增页面（见图4-56）。

图4-56 进入费用报销页面

用户按照实验数据录入费用报销单，在"基本信息"页签选择申请日期为"2021-01-15"；在"事由"页签输入"为了做业务推广"；在"费用明细"页签选择费用类型为"业务招待费"，发生时间为"2021-01-15"，输入报销金额为"800"；在"收款信息"页签确认收款信息为"秦义"，付现金额为"800"；在"附件"页签上传从题干资源下载的发票附件。用户确认所有信息无误后，保存后进行提交（见图4-57）。

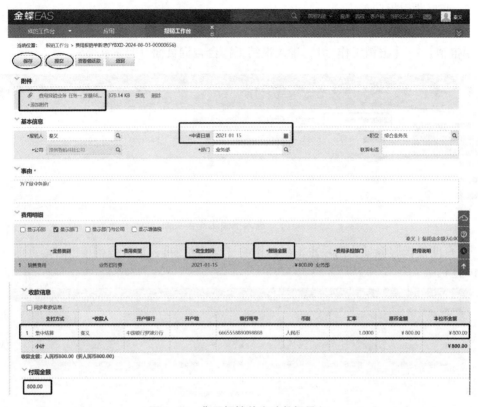

图 4-57　费用报销单实验数据录入

用户提交后返回报销工作台，可以看到单据状态为已提交的费用报销单（见图 4-58）。

图 4-58　提交状态查询

用户提交成功费用报销单后，点击网页版 EAS 的【安全退出】（见图 4-59）。

图 4-59　账号安全退出

4. 审核费用报销单

用户选择教师规定的数据中心，输入登录账号"xlh 学号"，无密码，点击【登录】，进入 EAS 系统操作页面（见图 4-60）。

图 4-60 金蝶 EAS 登录

用户点击页面右上角的工具栏的【流程】，勾选刚才提交的费用报销单，点击【处理】，进入单据审批页面（见图 4-61）。

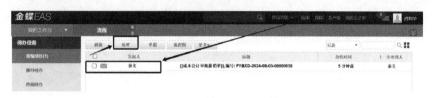

图 4-61 进入单据审批流程

用户根据企业费用管理规范，确认审批通过或不通过，则点击【同意】或【不同意】，再点击【提交】，费用报销单完成审批流程，审批完成后则费用报销业务完结（见图 4-62 和图 4-63）。

图 4-62 单据审批

图 4-63　单据审批完成

用户返回报销工作台页面，筛选报销中的单据，可以看到状态为审核的费用报销单（见图 4-64）。

图 4-64　审核状态查询

第四节　差旅费报销业务（一）

案例任务：秦义出差，申请差旅报销

一、实验数据

2021 年 1 月 14 日，秦义为了拓展市场，到成都出差 4 天做市场调研，回来后报销差旅费，成本会计肖利华审核报销单。

二、操作步骤

1. 下载题干资源

用户点击【题目序号 6】→【题干资源-查看详情】→【下载】。用户下载发票、打车票、机票并重命名（学生在文件名最后加上自己学号后三位，见图 4-65）。

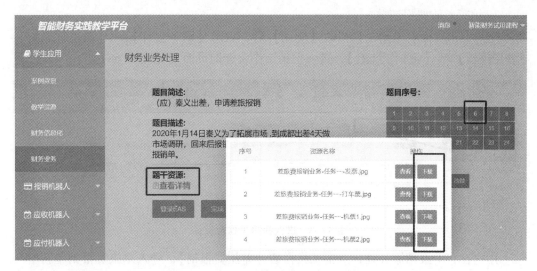

图 4-65 题干资源下载

2. 登录 EAS

用户点击【登录 EAS】，进入 EAS 登录页面（见图 4-66）。

图 4-66 进入 EAS 登录页面

在 EAS 登录页面，用户选择教师规定的数据中心，输入登录账号"qy 学号"，无密码，点击【登录】，进入 EAS 操作页面（见图 4-67）。

图 4-67 金蝶 EAS 登录

3. 填写差旅费报销单

用户点击页面右上角工具栏的【应用】后,点击【财务会计】→【费用管理】→【费用报销】→【报销工作台】,进入报销工作台查询页面(见图4-68)。

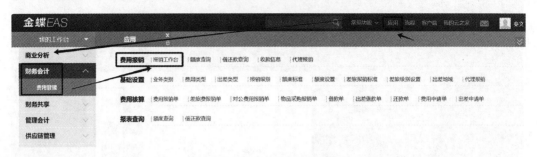

图 4-68　进入报销工作台页面

用户在自助报销服务处,点击工具栏的【差旅费报销】,进入差旅费报销单新增页面(见图4-69)。

图 4-69　进入差旅费报销页面

用户按照实验数据录入差旅费报销单,在"基本信息"页签选择申请日期为"2021-01-14";在"事由"页签填写出差事由;在"费用明细"页签新增差旅费用明细,选择开始日期为"2021-01-14",结束日期为"2021-01-17",选择费用类型为"差旅费",出发地点为"深圳",目的地点为"成都",交通工具为"飞机",长途交通费为"2 300",市内交通费为"120",住宿费为"1 050",确认报销金额为"3 470"后点击【保存】。用户返回费用明细页签,合计金额为"3 470",确认"收款信息"页签的收款人为"秦义",在"附件"页签上传从题干资源下载的发票、打车票、机票附件,保存后进行提交(见图4-70)。

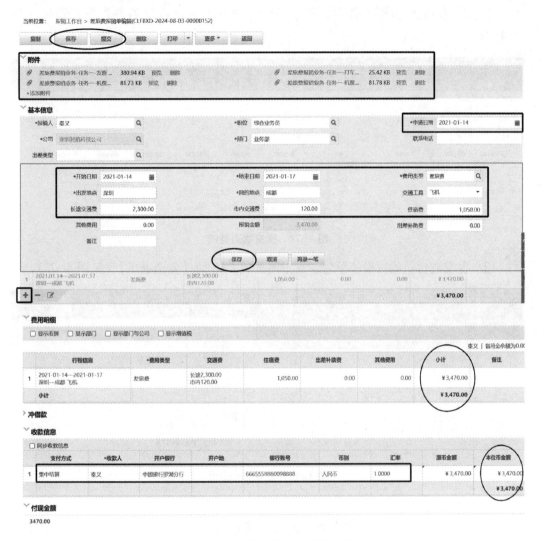

图 4-70 差旅费报销单实验数据录入

用户提交后返回报销工作台，可以看到单据状态为已提交的差旅费报销单（见图 4-71）。

图 4-71　提交状态查询

用户提交成功差旅费报销单后，点击网页版 EAS 的【安全退出】（见图 4-72）。

图 4-72　账号安全退出

4. 审核差旅费报销单

用户选择教师规定的数据中心，输入登录账号"xlh 学号"，无密码，点击【登录】，进入 EAS 系统操作页面（见图 4-73）。

图 4-73　金蝶 EAS 登录

用户点击右上角的工具栏的【流程】，勾选刚才提交的差旅费报销单，点击【处理】，进入单据审批页面（见图4-74）。

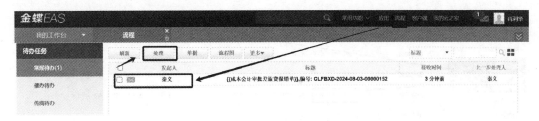

图4-74 进入单据审批流程

用户根据企业费用管理规范，确认审批通过或不通过，则点击【同意】或【不同意】，再点击【提交】，差旅费报销单完成审批流程，审批完成后则差旅费报销业务完结（见图4-75和图4-76）。

图4-75 单据审批

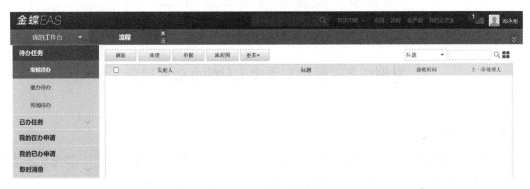

图4-76 单据审批完成

用户点击【财务会计】→【费用管理】→【费用核算】→【差旅费报销单】，进入差旅费报销单查询页面（见图 4-77）。

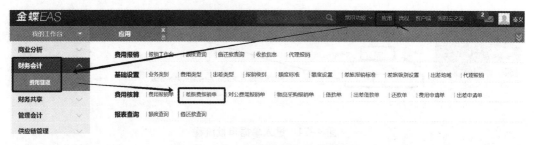

图 4-77　进入差旅费报销单查询页面

用户进入差旅费报销单查询页面，展开过滤条件，选择日期为"自定义"，日期范围为"2021-01-01 至 2021-01-31"，点击【确定】后，可以查询到单据状态为审核通过的差旅费报销单（见图 4-78）。

图 4-78　审核状态查询

第五节　差旅费报销业务（二）

案例任务：报销本季度支付的办公室租金

一、实验数据

2021 年 1 月 9 日，秦义根据租赁合同要求，提对公费用报销单，用于向深圳市小美家园有限公司支付本季度办公室租金，成本会计肖利华审核该报销单。

二、操作步骤

1. 下载题干资源

用户点击【题目序号 7】→【题干资源-查看详情】→【下载】。用户下载租赁合同和发票并重命名（学生在文件名最后加上自己学号后三位，见图 4-79）。

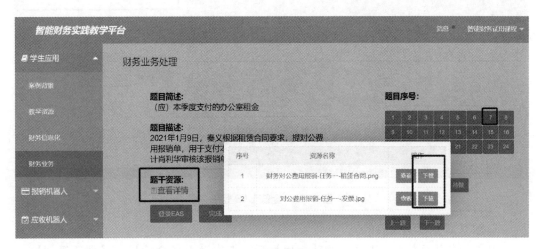

图 4-79　题干资源下载

2. 登录 EAS

用户点击【登录 EAS】，进入 EAS 登录页面（见图 4-80）。

图 4-80　进入 EAS 登录页面

在 EAS 登录页面，用户选择教师规定的数据中心，输入登录账号"qy 学号"，无密码，点击【登录】，进入 EAS 操作页面（见图 4-81）。

图 4-81　金蝶 EAS 登录

3. 填写对公费用报销单

用户点击页面右上角工具栏的【应用】后，点击【财务会计】→【费用管理】→
【费用报销】→【报销工作台】，进入报销工作台查询页面（见图 4-82）。

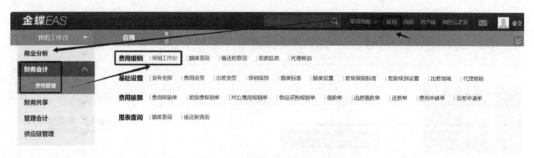

图 4-82　进入报销工作台页面

在自助报销服务处，用户点击工具栏的【对公费用报销单】，进入对公费用报销单
新增页面（见图 4-83）。

图 4-83　进入对公费用报销页面

用户按照实验数据录入对公费用报销单，在"基本信息"页签选择申请日期为"2021-01-09"；在"收款信息"页签选择收款人类型为"其他"，收款人为"秦义"，确认对应的收款银行和收款人账号；在"事由"页签输入事由为"用于支付本季度办公室租金"；在"费用明细"页签选择费用类型为"租金"，发生时间为"2021-01-09"，输入报销金额为"60 000"；在"附件"页签上传从题干资源下载的租赁合同和发票附件。用户确认所有信息无误后，保存后进行提交（见图4-84）。

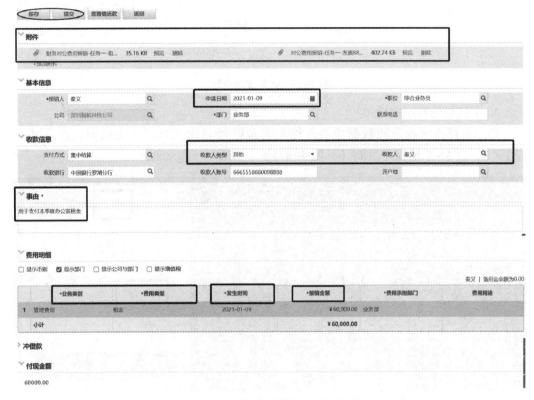

图 4-84 对公费用报销单实验数据录入

用户提交后返回报销工作台，可以看到单据状态为已提交的对公费用报销单（见图4-85）。

	申请日期	单据类型	单据编号	事由	报销金额	核定金额	付现金额	当前节点	单据状态	公司
1	2021-01-15	费用报销单	FYBXD-2024-06-03-00...	为了做业务推广	¥800.00	¥0.00	¥800.00		审核通过	深圳智航科技公司
2	2021-01-14	差旅费报销	CLFBXD-2024-08-03-0...	深圳单往成都出差	¥3,470.00	¥0.00	¥3,470.00		审核通过	深圳智航科技公司
3	2021-01-09	对外报销单	DGFYBXD-2024-08-03-...	用于支付本季度办公...	¥60,000.00	¥0.00	¥60,000.00		已提交	深圳智航科技公司
	合计				¥64,270.00	¥0.00	¥64,270.00			

图 4-85 提交状态查询

用户提交成功对公费用报销单后，点击网页版 EAS 的【安全退出】（见图 4-86）。

图 4-86　账号安全退出

4. 审核对公费用报销单

用户选择教师规定的数据中心，输入登录账号"xlh 学号"，无密码，点击【登录】，进入 EAS 系统操作页面（见图 4-87）。

图 4-87　金蝶 EAS 登录

用户点击页面右上角的工具栏的【流程】，勾选刚才提交的对公费用报销单，点击【处理】，进入单据审批页面（见图 4-88）。

图 4-88　进入单据审批流程

　　用户根据企业费用管理规范，确认审批通过或不通过，则点击【同意】或【不同意】，再点击【提交】，对公费用报销单完成审批流程，审批完成后则对公费用报销业务完结（见图4-89和图4-90）。

图4-89　单据审批

图4-90　单据审批完成

　　用户点击【财务会计】→【费用管理】→【费用核算】→【对公费用报销单】，进入对公费用报销单查询页面（见图4-91）。

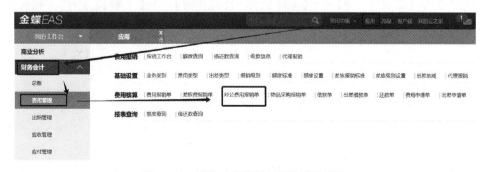

图4-91　进入对公费用报销单查询页面

　　用户进入对公费用报销单查询页面，展开过滤条件，选择日期为"自定义"，日期范围为"2021-01-01 至 2021-01-31"，点击【确定】后，可以查询到单据状态为审核通过的对公费用报销单（见图 4-92）。

图 4-92　审核状态查询

第六节　物品采购费报销业务

案例任务：秦义购买员工文化衫

一、实验数据

　　2021 年 1 月 3 日，秦义在天猫（作为零星采购）上购买 50 件文化衫，填写物品采购报销单，成本会计肖利华审核该报销单。

二、操作步骤

　　1. 下载题干资源

　　用户点击【题目序号 8】→【题干资源-查看详情】→【下载】。用户下载发票并重命名（学生在文件名最后加上自己学号后三位，见图 4-93）。

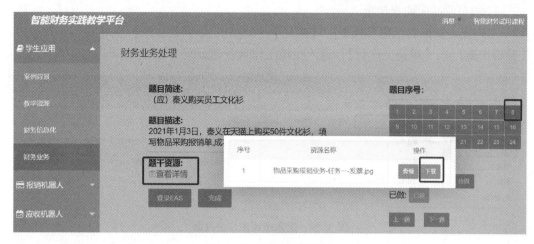

图 4-93 题干资源下载

2. 登录 EAS

用户点击【登录 EAS】，进入 EAS 登录页面（见图 4-94）。

图 4-94 进入 EAS 登录页面

在 EAS 登录页面，用户选择教师规定的数据中心，输入登录账号"qy 学号"，无密码，点击【登录】，进入 EAS 操作页面（见图 4-95）。

图 4-95 金蝶 EAS 登录

3. 填写物品采购报销单

用户点击页面右上角工具栏的【应用】后,点击【财务会计】→【费用管理】→【费用报销】→【报销工作台】,进入报销工作台查询页面(见图 4-96)。

图 4-96　进入报销工作台页面

在自助报销服务处,用户点击工具栏的【物品采购报销单】,进入物品采购报销单新增页面(见图 4-97)。

图 4-97　进入物品采购报销单新增页面

用户按照实验数据录入物品采购报销单,在"基本信息"页签选择申请日期为"2021-01-03",在"收款信息"页签选择收款人类型为"其他",收款人为"秦义",确认对应的收款银行和收款人账号;在"事由"页签输入事由为"购买 50 件文化衫";在"费用明细"页签选择费用类型为"员工文化衫",发生时间为"2021-01-03",输入单价为"50",数量为"50",确认报销金额为"2 500";在"附件"页签上传从题干资源下载的发票附件。用户确认所有信息无误后,保存后进行提交(见图 4-98)。

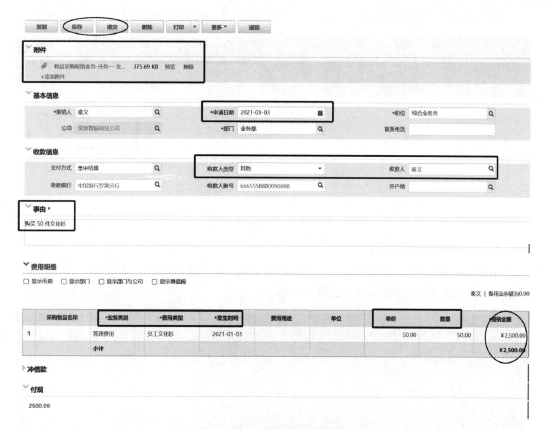

图 4-98　物品采购报销单实验数据录入

　　用户提交后返回报销工作台，可以看到单据状态为已提交的物品采购报销单（见图 4-99）。

	申请日期	单据类型	单据编号	事由	报销金额	核定金额	付现金额	当前节点	单据状态	公司
1	2021-01-15	费用报销单	FYBXD-2024-08-03-00...	为了做业务推广	￥800.00	￥0.00	￥800.00		审核通过	深圳智航科技公司
2	2021-01-14	差旅费报销...	CLFBXD-2024-08-03-0...	深圳前往成都出差	￥3,470.00	￥0.00	￥3,470.00		审核通过	深圳智航科技公司
3	2021-01-09	对外报销单	DGFYBXD-2024-08-03...	用于支付本季度办公室...	￥60,000.00	￥0.00	￥60,000.00		审核通过	深圳智航科技公司
4	2021-01-03	物品采购报...	WPCGFYBXD-2024-08...	购买 50 件文化衫	￥2,500.00	￥0.00	￥2,500.00		已提交	深圳智航科技公司
	合计				￥66,770.00	￥0.00	￥66,770.00			

图 4-99　提交状态查询

用户提交成功物品采购报销单后，点击网页版 EAS 的【安全退出】（见图 4-100）。

图 4-100　账号安全退出

4. 审核物品采购报销单

用户选择教师规定的数据中心，输入登录账号"xlh 学号"，无密码，点击【登录】，进入 EAS 系统操作页面（见图 4-101）。

图 4-101　金蝶 EAS 登录

用户点击页面右上角的工具栏的【流程】，勾选刚才提交的物品采购报销单，点击【处理】，进入单据审批页面（见图 4-102）。

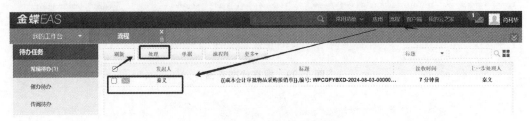

图 4-102　进入单据审批流程

　　用户根据企业费用管理规范，确认审批通过或不通过，则点击【同意】或【不同意】，再点击【提交】，物品采购报销单完成审批流程，审批完成后则物品采购报销业务完结（见图4-103和图4-104）。

图4-103　单据审批

图4-104　单据审批完成

　　用户点击【财务会计】→【费用管理】→【费用核算】→【物品采购报销单】，进入物品采购报销单查询页面（见图4-105）。

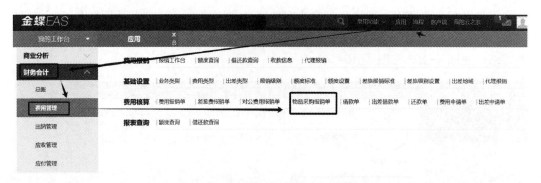

图 4-105　进入物品采购报销单查询页面

用户进入物品采购报销单查询页面，展开过滤条件，选择日期为"自定义"，日期范围为"2021-01-01 至 2021-01-31"，点击【确定】，可以查询到单据状态为审核通过的物品采购报销单（见图 4-106）。

图 4-106　审核状态查询

第七节　收款业务

企业收款可以分为两大类：一类是销售业务收款，另一类是其他业务收款。销售业务收款与其他业务收款都是属于对外收款业务，均通过收款单进行处理。

一、销售业务收款

销售业务收款是指对应日常销售业务的收款处理，包括预收款与销售收款。销售业务收款通过销售业务类型的收款单进行处理。销售业务收款的收款单，收款用途可以为预收款或销售收款。

二、其他业务收款

其他业务收款是指除了企业日常销售业务收款之外的其他所有对外收款业务，其他业务收款的对象类型包括客户、供应商、部门、员工以及其他往来单位等。其他业务类型的收款用途包括罚款收入、利息收入、捐赠收入、其他等，同时支持用户根据企业实际情况自定义其他收款用途。其他业务收款通过其他业务类型的收款单进行处理。

案例任务一：企业收到政府对创新企业的补贴

一、实验数据

2021 年 1 月 10 日，智航科技收到政府对创新企业的补贴 100 万元，出纳李兴做收款单，财务经理邓永彬审核。

二、操作步骤

1. 下载题干资源

用户点击【题目序号9】→【题干资源-查看详情】→【下载】。用户下载银行回单和申请材料并重命名（学生在文件名最后加上自己学号后三位，见图 4-107）。

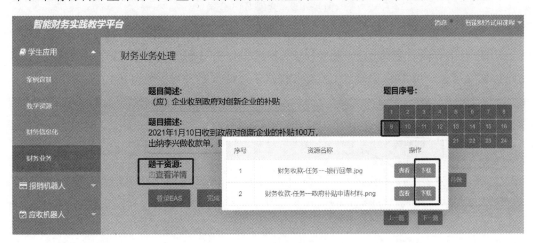

图 4-107　题干资源下载

2. 登录 EAS

用户点击【登录 EAS】，进入 EAS 登录页面（见图 4-108）。

图 4-108　进入 EAS 登录页面

在 EAS 登录页面，用户选择教师规定的数据中心，输入登录账号"lx 学号"，无密码，点击【登录】，进入 EAS 操作页面（见图 4-109）。

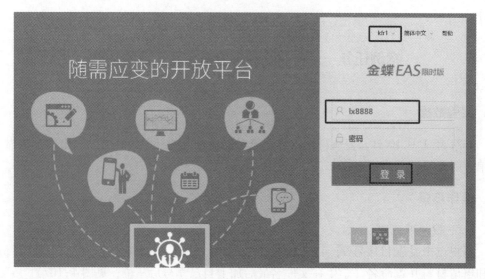

图 4-109　金蝶 EAS 登录

3. 填写收款单

用户点击页面右上角工具栏的【应用】后，点击【财务会计】→【出纳管理】→【收付款处理】→【收款单处理】，进入收款单查询页面（见图 4-110）。

图 4-110　进入收款单查询页面

在收款单查询页面，用户点击工具栏的【新增】，进入收款单新增页面（见图4-111）。

图4-111　新增收款单

用户按照实验数据录入收款单，在"基本信息"页签选择业务日期为"2021-01-10"，收款类型为"政府补贴"，收款账户为"工商银行罗湖支行"，确认收款银行为"工商银行"，收款科目为"银行存款"；在"付款信息"页签选择往来类型为"其他"，输入付款单位为"深圳市人民政府"；在"收款明细"页签输入金额为"1 000 000"，选择对方科目为"营业外收入"；在"附件"页签上传从题干资源下载的银行回单和申请材料附件。用户确认所有信息无误后，保存后进行提交（见图4-112）。

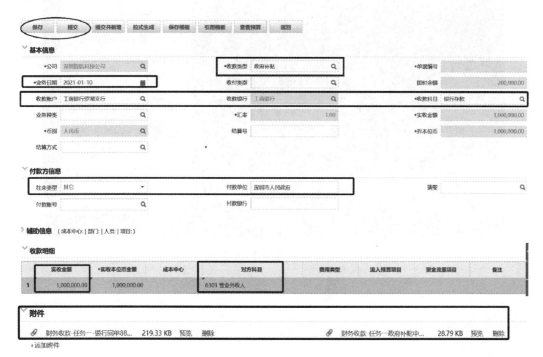

图4-112　收款单实验数据录入

用户提交成功后，点击网页版 EAS 的【安全退出】（见图 4-113）。

图 4-113　账号安全退出

4. 审核收款单

用户选择教师规定的数据中心，输入登录账号"dyb 学号"，无密码，点击【登录】，进入 EAS 系统操作页面（见图 4-114）。

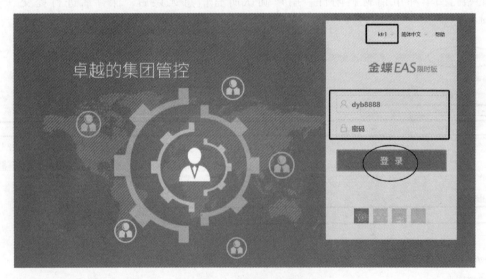

图 4-114　金蝶 EAS 登录

用户点击页面右上角的工具栏的【流程】，勾选刚才提交的收款单，点击【处理】，进入单据审批页面（见图 4-115）。

图 4-115　进入单据审批流程

用户根据企业收款业务规范，确认审批通过或不通过，则点击【同意】或【不同意】，再点击【提交】收款单完成审批流程，审批完成后则收款业务完结（见图 4-116 和图 4-117）。

图 4-116　单据审批

图 4-117　单据审批完成

用户点击【财务会计】→【出纳管理】→【收付款处理】→【收款单处理】，进入收款单查询页面（见图 4-118）。

图 4-118　进入收款单查询页面

用户进入收款单查询页面，展开过滤条件，选择日期为"自定义"，日期范围为"2021-01-01 至 2021-01-31"，点击【确定】，可以查询到单据状态为已审批的收款单（见图 4-119）。

图 4-119　审核状态查询

案例任务二：企业收到银行提供的贷款

一、实验数据

2021 年 1 月 12 日，智航科技收到工商银行罗湖支行提供的贷款，出纳李兴做收款单，财务经理邓永彬审核。

二、操作步骤

1. 下载题干资源

用户点击【题目序号 10】→【题干资源-查看详情】→【下载】。用户下载银行回单和贷款合同并重命名（学生在文件名最后加上自己学号后三位，见图 4-120）。

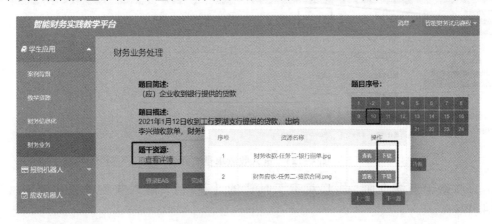

图 4-120　题干资源下载

2. 登录 EAS

用户点击【登录 EAS】，进入 EAS 登录页面（见图 4-121）。

图 4-121　进入 EAS 登录页面

在 EAS 登录页面，用户选择教师规定的数据中心，输入登录账号"lx 学号"，无密码，点击【登录】，进入 EAS 操作页面（见图 4-122）。

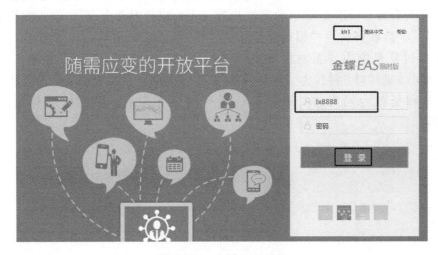

图 4-122　金蝶 EAS 登录

3. 填写收款单

用户点击页面右上角工具栏的【应用】后，点击【财务会计】→【出纳管理】→【收付款处理】→【收款单处理】，进入收款单查询页面（见图 4-123）。

图 4-123 进入收款单查询页面

在收款单查询页面，用户点击工具栏的【新增】，进入收款单新增页面（见图 4-124）。

图 4-124 新增收款单

用户按照实验数据录入收款单，在"基本信息"页签选择业务日期为"2021-01-12"，收款类型为"贷款收入"，收款账户为"工商银行罗湖支行"，确认收款银行为"工商银行"，收款科目为"银行存款"；在"付款信息"页签选择往来类型为"其他"，输入付款单位为"工商银行罗湖支行"；在"收款明细"页签输入金额为"2 500 000"，选择对方科目为"短期借款"；在"附件"页签上传从题干资源下载的银行回单和贷款合同附件。用户确认所有信息无误后，保存后进行提交（见图 4-125）。

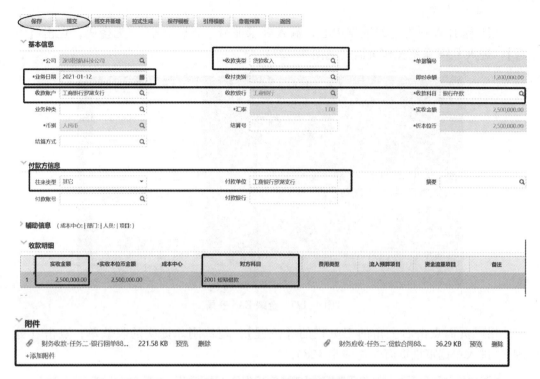

图 4-125　收款单实验数据录入

用户提交成功后，点击网页版 EAS 的【安全退出】（见图 4-126）。

图 4-126　账号安全退出

4. 审核收款单

用户选择教师规定的数据中心，输入登录账号"dyb 学号"，无密码，点击【登录】，进入 EAS 系统操作页面（见图 4-127）。

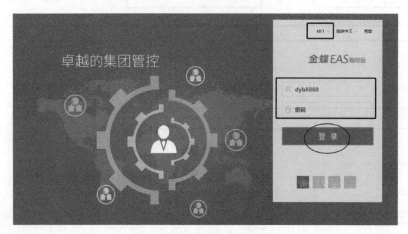

图 4-127　金蝶 EAS 登录

用户页面点击右上角的工具栏的【流程】，勾选刚才提交的收款单，点击【处理】，进入单据审批页面（见图 4-128）。

图 4-128　进入单据审批流程

用户根据企业收款业务规范，确认审批通过或不通过，则点击【同意】或【不同意】，再点击【提交】收款单完成审批流程，审批完成后则收款业务完结（见图 4-129 和图 4-130）。

图 4-129　单据审批

图4-130　单据审批完成

用户点击【财务会计】→【出纳管理】→【收付款处理】→【收款单处理】，进入收款单查询页面（见图4-131）。

图4-131　进入收款单查询页面

用户进入收款单查询页面，展开过滤条件，选择日期为"自定义"，日期范围为"2021-01-01至2021-01-31"，点击【确定】，可以查询到单据状态为已审批的收款单（见图4-132）。

图4-132　审核状态查询

案例任务三：企业收到哈博森股份有限公司的货款

一、实验数据

2021 年 1 月 26 日，智航科技收到哈博森股份有限公司发来的货款，出纳李兴根据应收单生成收款单，财务经理邓永彬审核。

二、操作步骤

1. 下载题干资源

用户点击【题目序号 11】→【题干资源-查看详情】→【下载】。用户下载银行回单并重命名（学生在文件名最后加上自己学号后三位，见图 4-133）。

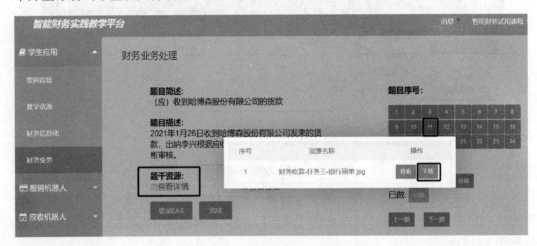

图 4-133　题干资源下载

2. 登录 EAS

用户点击【登录 EAS】，进入 EAS 登录页面（见图 4-134）。

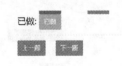

图 4-134　进入 EAS 登录页面

在 EAS 登录页面，用户选择教师规定的数据中心，输入登录账号"lx 学号"，无密码，点击【登录】，进入 EAS 操作页面（见图 4-135）。

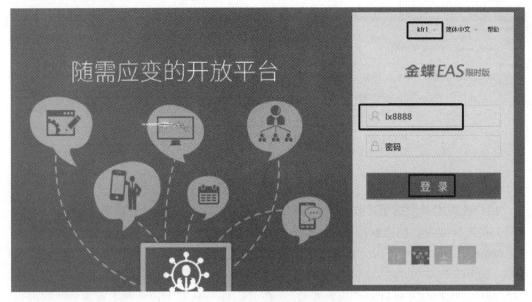

图 4-135　金蝶 EAS 登录

3. 填写收款单

用户点击页面右上角工具栏的【应用】后，点击【财务会计】→【出纳管理】→【收付款处理】→【收款单处理】，进入收款单查询页面（见图 4-136）。

图 4-136　进入收款单查询页面图

在收款单查询页面，用户点击工具栏的【新增】，进入收款单新增页面（见图4-137）。

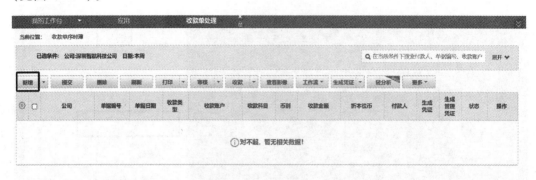

图 4-137　新增收款单

用户按照实验数据录入收款单，在"基本信息"页签选择业务日期为"2021-01-26"，收款类型为"销售回款"，收款账户为"工商银行罗湖支行"，确认收款银行为"工商银行"，收款科目为"银行存款"；在"付款信息"页签选择往来类型为"客户"，选择付款单位为"哈博森股份有限公司"；在"收款明细"页签输入金额为"45 200"，选择对方科目为"应收账款"；在"附件"页签上传从题干资源下载的银行回单。用户确认所有信息无误后，保存后进行提交（见图4-138）。

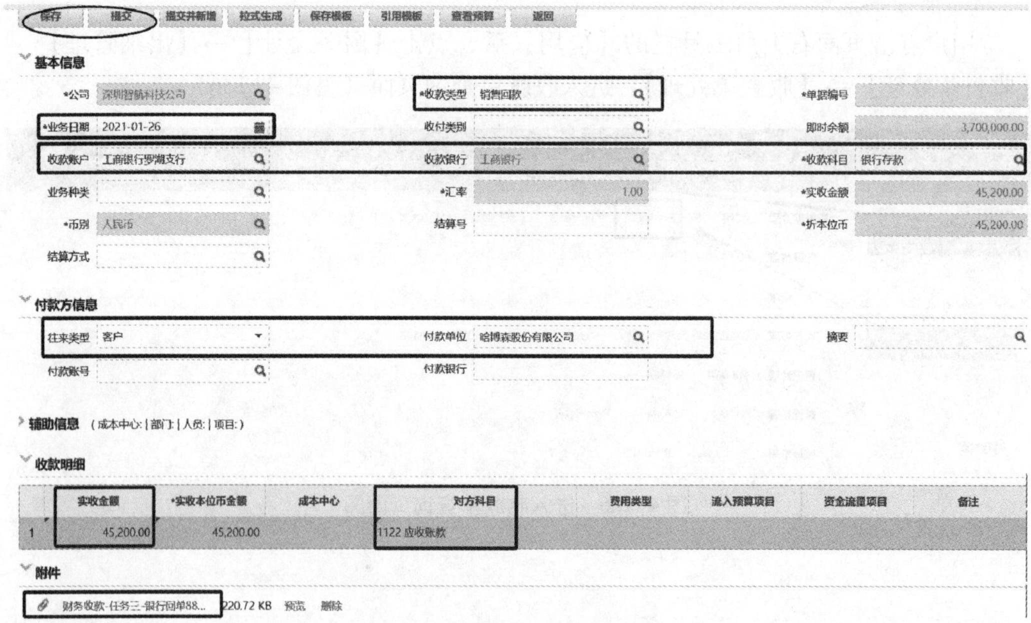

图 4-138　收款单实验数据录入

用户提交成功后，点击网页版 EAS 的【安全退出】（见图 4-139）。

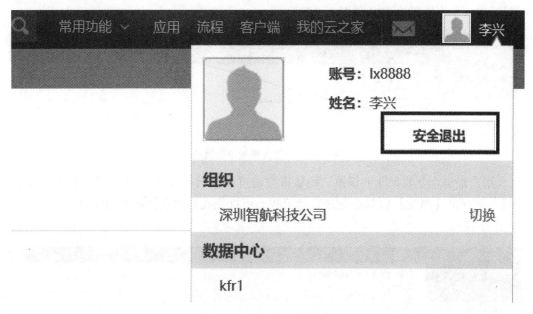

图 4-139　账号安全退出

4. 审核收款单

用户选择教师规定的数据中心，输入登录账号"dyb 学号"，无密码，点击【登录】，进入 EAS 系统操作页面（见图 4-140）。

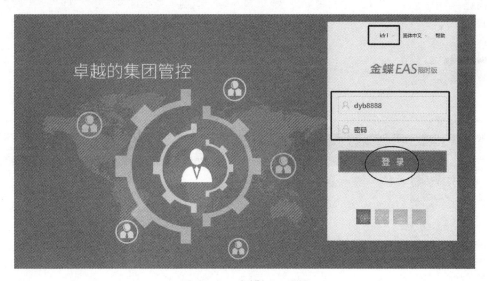

图 4-140　金蝶 EAS 登录

用户点击页面右上角的工具栏的【流程】，勾选刚才提交的收款单，点击【处理】，进入单据审批页面（见图4-141）。

图4-141　进入单据审批流程

用户根据企业收款业务规范，确认审批通过或不通过，则点击【同意】或【不同意】，再点击【提交】收款单完成审批流程，审批完成后则收款业务完结（见图4-142和图4-143）。

图4-142　单据审批

图4-143　单据审批完成

用户点击【财务会计】→【出纳管理】→【收付款处理】→【收款单处理】，进入收款单查询页面（见图4-144）。

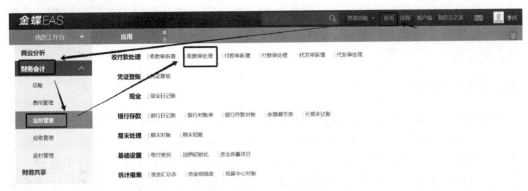

图4-144　进入收款单查询页面

用户进入收款单查询页面，展开过滤条件，选择日期为"自定义"，日期范围为"2021-01-01 至 2021-01-31"，点击【确定】，可以查询到单据状态为已审批的收款单（见图4-145）。

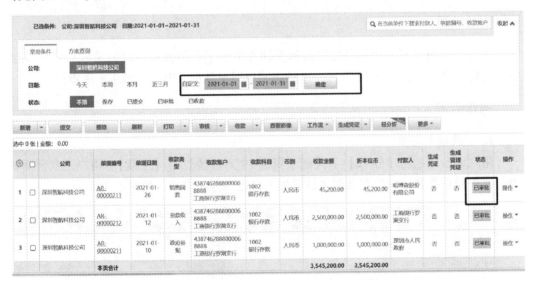

图4-145　审核状态查询

第八节　付款业务

企业付款可以分为两大类：一类是采购业务付款，另一类是其他业务付款。采购业务付款与其他业务付款都是对外付款业务，均通过付款单进行处理。

一、采购业务付款

采购业务付款是指对应日常采购业务的付款处理，包括预付款与采购付款。采购业务付款通过采购业务类型的付款单进行处理。采购业务付款的付款单，付款用途可以为预付款或采购付款。

二、其他业务付款

其他业务付款是指除了企业日常采购业务付款之外的其他所有对外付款业务。其他业务付款的对象类型包括客户、供应商、部门、员工以及其他往来单位等。其他业务类型的付款用途包括工资发放、费用报销、个人借款、购买发票、银行手续费、罚款支出以及其他等，同时支持用户根据企业实际情况自定义其他付款用途。其他业务付款通过其他业务类型的付款单进行处理。

案例任务一：企业购买特殊原材料，支付预付款

一、实验数据

2021 年 1 月 4 日，智航科技根据和深圳赛格电子有限公司签订的采购合同付款条款，支付给供应商预付款 10 万元，出纳李兴填写付款单，财务经理邓永彬审核。

二、操作步骤

1. 下载题干资源

用户点击【题目序号 12】→【题干资源-查看详情】→【下载】。用户下载合同和银行回单并重命名（学生在文件名最后加上自己学号后三位，见图 4-146）。

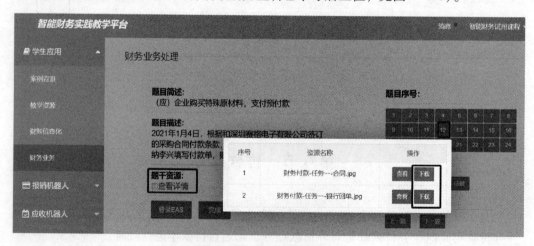

图 4-146　题干资源下载

2. 登录 EAS

用户点击【登录 EAS】，进入 EAS 登录页面（见图 4-147）。

图 4-147 进入 EAS 登录页面

在 EAS 登录页面，用户选择教师规定的数据中心，输入登录账号"lx 学号"，无密码，点击【登录】，进入 EAS 操作页面（见图 4-148）。

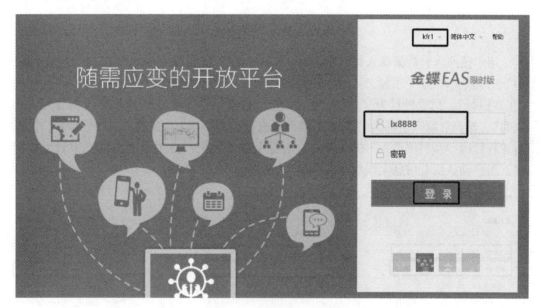

图 4-148 金蝶 EAS 登录

3. 填写付款单

用户点击页面右上角工具栏的【应用】后，点击【财务会计】→【出纳管理】→【收付款处理】→【付款单处理】，进入付款单查询页面（见图 4-149）。

图 4-149 进入付款单查询页面

在付款单查询页面，用户点击工具栏的【新增】，进入付款单新增页面（见图 4-150）。

图 4-150 新增付款单

用户按照实验数据录入付款单，在"基本信息"页签选择业务日期为"2021-01-04"，付款类型为"预付款"，付款账户为"工商银行罗湖支行"，确认付款银行为"工商银行"，付款科目为"银行存款"；在"收款信息"页签选择收款人类型为"供应商"，选择收款人名称为"深圳赛格电子有限公司"；输入金额为"100 000"，选择对方科目为"预付账款"；在"附件"页签上传从题干资源下载的合同和银行回单附件。用户确认所有信息无误后，保存后进行提交（见图 4-151）。

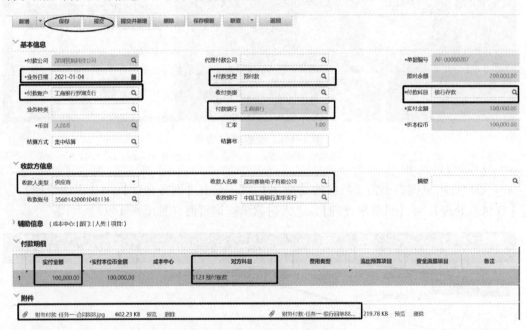

图 4-151 付款单实验数据录入

用户提交成功后，点击网页版 EAS 的【安全退出】（见图 4-152）。

图 4-152 账号安全退出

4. 审核付款单

用户选择教师规定的数据中心，输入登录账号"dyb 学号"，无密码，点击【登录】，进入 EAS 系统操作页面（见图 4-153）。

图 4-153 金蝶 EAS 登录

用户点击页面右上角的工具栏的【流程】，勾选刚才提交的付款单，点击【处理】，进入单据审批页面（见图 4-154）。

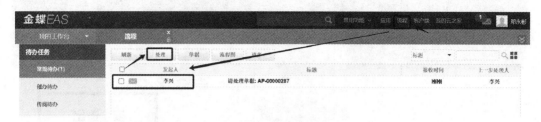

图 4-154　进入单据审批流程

用户根据企业付款业务规范，确认审批通过或不通过，则点击【同意】或【不同意】，再点击【提交】付款单完成审批流程，审批完成后则付款业务完结（见图 4-155 和图 4-156）。

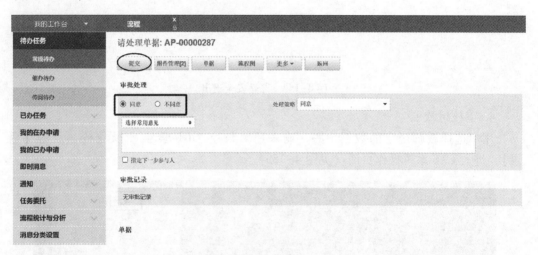

图 4-155　单据审批

图 4-156　单据审批完成

用户点击【财务会计】→【出纳管理】→【收付款处理】→【付款单处理】，进入付款单查询页面（见图4-157）。

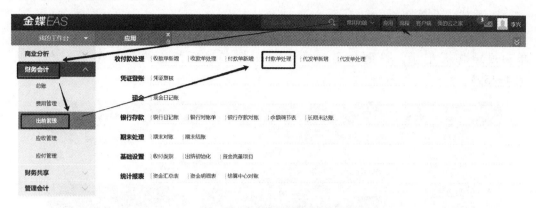

图4-157　进入付款单查询页面

用户进入付款单查询页面，展开过滤条件，选择日期为"自定义"，日期范围为"2021-01-01至2021-01-31"，点击【确定】，可以查询到单据状态为已审批的付款单（见图4-158）。

图4-158　审核状态查询

案例任务二：公司领导决定对公益事业进行捐款

一、实验数据

2021年1月25日，智航科技为支援抗击新冠疫情的深圳医疗队捐献30万元购买物资，出纳李兴填写付款单，财务经理邓永彬审核。

二、操作步骤

1. 下载题干资源

用户点击【题目序号13】→【题干资源-查看详情】→【下载】。用户下载银行回单和领导聊天记录，并重命名（学生在文件名最后加上自己学号后三位，见图 4-159）。

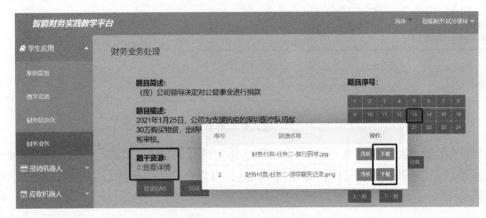

图 4-159 题干资源下载

2. 登录 EAS

用户点击【登录 EAS】，进入 EAS 登录页面（见图 4-160）。

图 4-160 进入 EAS 登录页面

在 EAS 登录页面，用户选择教师规定的数据中心，输入登录账号"lx 学号"、无密码，点击【登录】，进入 EAS 操作页面（见图 4-161）。

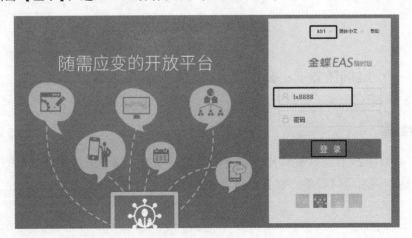

图 4-161 金蝶 EAS 登录

3. 填写付款单

用户点击页面右上角工具栏的【应用】后，点击【财务会计】→【出纳管理】→【收付款处理】→【付款单处理】，进入付款单查询页面（见图4-162）。

图4-162 进入付款单查询页面

用户在付款单查询页面，点击工具栏的【新增】，进入付款单新增页面（见图4-163）。

图4-163 新增付款单

用户按照实验数据录入付款单，在"基本信息"页签选择业务日期为"2021-01-25"，付款类型为"公益捐款"，付款账户为"工商银行罗湖支行"，确认付款银行为"工商银行"，付款科目为"银行存款"；在"收款信息"页签选择收款人类型为"其他"，输入收款人名称为"深圳医疗队"，输入金额为"300 000"，选择对方科目为"营业外支出"；在"附件"页签上传从题干资源下载的银行回单和领导聊天记录附件。用户确认所有信息无误后，保存后进行提交（见图4-164）。

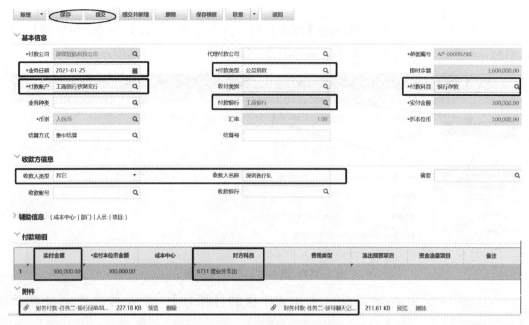

图 4-164 付款单实验数据录入

用户提交成功后，点击网页版 EAS 的【安全退出】（见图 4-165）。

图 4-165 账号安全退出

4. 审核付款单

用户选择教师规定的数据中心，输入登录账号"dyb 学号"，无密码，点击【登录】，进入 EAS 系统操作页面（见图 4-166）。

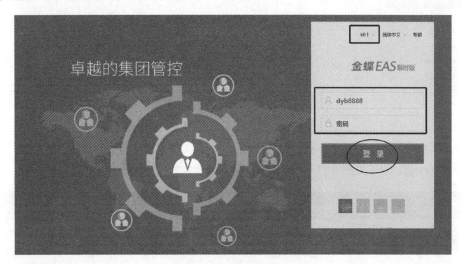

图 4-166　金蝶 EAS 登录

用户点击页面右上角的工具栏的【流程】，勾选刚才提交的付款单，点击【处理】，进入单据审批页面（见图 4-167）。

图 4-167　进入单据审批流程

用户根据企业付款业务规范，确认审批通过或不通过，则点击【同意】或【不同意】，再点击【提交】付款单完成审批流程，审批完成后则付款业务完结（见图 4-168 和图 4-169）。

图 4-168　单据审批

图 4-169　单据审批完成

用户点击【财务会计】→【出纳管理】→【收付款处理】→【付款单处理】，进入付款单查询页面（见图 4-170）。

图 4-170　进入付款单查询页面

用户进入付款单查询页面，展开过滤条件，选择日期为"自定义"，日期范围为"2021-01-01 至 2021-01-31"，点击【确定】，可以查询到单据状态为已审批的付款单（见图 4-171）。

图 4-171　审核状态查询

案例任务三：企业支付德瑞制造公司的采购货款

一、实验数据

2021 年 1 月 26 日，智航科技仓库收到德瑞制造公司送到的原材料固定机翼，验收入库，出纳李兴根据应付单生成付款单，财务经理邓永彬审核。

二、操作步骤

1. 下载题干资源

用户点击【题目序号 14】→【题干资源-查看详情】→【下载】。用户下载银行回单并重命名（学生在文件名最后加上自己学号后三位，见图 4-172）。

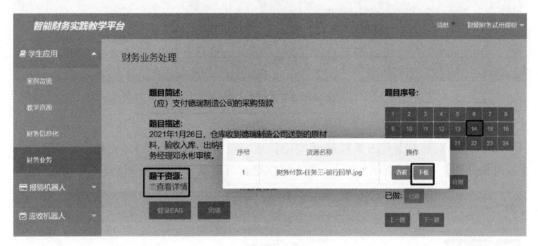

图 4-172　题干资源下载

2. 登录 EAS

用户点击【登录 EAS】，进入 EAS 登录页面（见图 4-173）。

图 4-173　进入 EAS 登录页面

在 EAS 登录页面，用户选择教师规定的数据中心，输入登录账号"lx 学号"，无密码，点击【登录】，进入 EAS 操作页面（见图 4-174）。

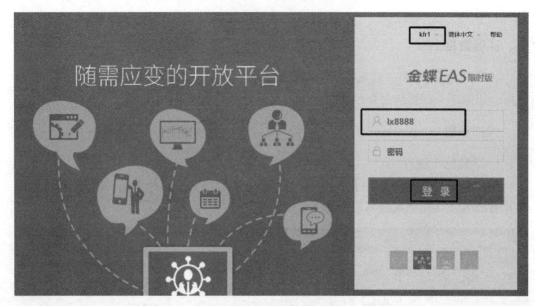

图 4-174　金蝶 EAS 登录

3. 填写付款单

用户点击页面右上角工具栏的【应用】后，点击【财务会计】→【出纳管理】→【收付款处理】→【付款单处理】，进入付款单查询页面（见图 4-175）。

图 4-175　进入付款单查询页面

在付款单查询页面，用户点击工具栏的【新增】，进入付款单新增页面（见图 4-176）。

图 4-176　新增付款单

用户按照实验数据录入付款单，在"基本信息"页签选择业务日期为"2021-01-26"，付款类型为"采购付款"，付款账户为"工商银行罗湖支行"，确认付款银行为"工商银行"，付款科目为"银行存款"；在"收款信息"选择收款人类型为"供应商"，选择收款人名称为"德瑞制造公司"，输入金额为"84 750"，选择对方科目为"应付账款"；在"附件"页签上传从题干资源下载的银行回单附件。用户确认所有信息无误后，保存后进行提交（见图 4-177）。

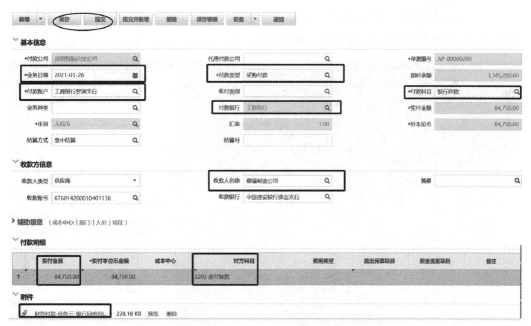

图 4-177　付款单实验数据录入

用户提交成功后，点击网页版 EAS 的【安全退出】（见图 4-178）。

图 4-178　账号安全退出

4. 审核付款单

用户选择教师规定的数据中心，输入登录账号"dyb 学号"，无密码，点击【登录】，进入 EAS 系统操作页面（见图 4-179）。

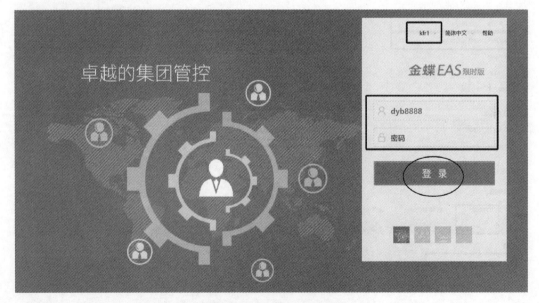

图 4-179　金蝶 EAS 登录

用户点击页面右上角的工具栏的【流程】，勾选刚才提交的付款单，点击【处理】，进入单据审批页面（见图4-180）。

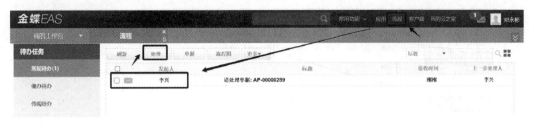

图4-180 进入单据审批流程

用户根据企业付款业务规范，确认审批通过或不通过，则点击【同意】或【不同意】，再点击【提交】付款单完成审批流程，审批完成后则付款业务完结（见图4-181和见图4-182）。

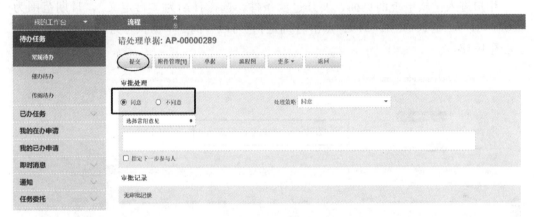

图4-181 单据审批

图4-182 单据审批完成

用户点击【财务会计】→【出纳管理】→【收付款处理】→【付款单处理】，进入付款单查询页面（见图 4-183）。

图 4-183　进入付款单查询页面

用户进入付款单查询页面，展开过滤条件，选择日期为"自定义"，日期范围为"2021-01-01 至 2021-01-31"，点击【确定】，可以查询到单据状态为已审批的付款单（见图 4-184）。

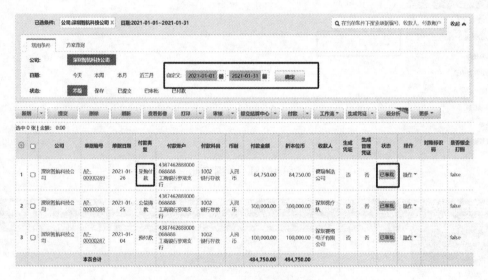

图 4-184　审核状态查询

案例任务四：出纳支付费用报销款

一、实验数据

2021 年 1 月 16 日，费用报销单审核通过，出纳李兴做付款单支付秦义招待客户费用 800 元，财务经理邓永彬审核。

二、操作步骤

1. 下载题干资源

用户点击【题目序号15】→【题干资源-查看详情】→【下载】。用户下载银行回单并重命名（学生在文件名最后加上自己学号后三位，见图4-185）。

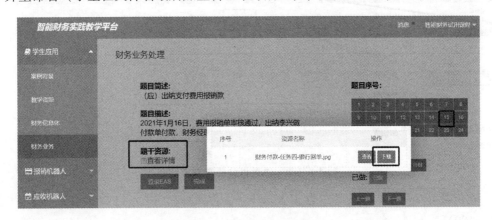

图4-185　题干资源下载

2. 登录 EAS

用户点击【登录 EAS】，进入 EAS 登录页面（见图4-186）。

图4-186　进入 EAS 登录页面

在 EAS 登录页面，用户选择教师规定的数据中心，输入登录账号"lx 学号"，无密码，点击【登录】，进入 EAS 操作页面（见图4-187）。

图4-187　金蝶 EAS 登录

3. 填写付款单

用户点击页面右上角工具栏的【应用】后,点击【财务会计】→【出纳管理】→【收付款处理】→【付款单处理】,进入付款单查询页面(见图4-188)。

图4-188 进入付款单查询页面

在付款单查询页面,用户点击工具栏的【新增】,进入付款单新增页面(见图4-189)。

图4-189 新增付款单

用户按照实验数据录入付款单,在"基本信息"页签选择业务日期为"2021-01-16",付款类型为"费用报销",付款账户为"工商银行罗湖支行",确认付款银行为"工商银行",付款科目为"银行存款";在"收款信息"页签选择收款人类型为"其他",输入收款人名称为"秦义",输入金额为"800",选择对方科目为"销售费用——业务招待费";在"附件"页签上传从题干资源下载的银行回单附件。用户确认所有信息无误后,保存后进行提交(见图4-190)。

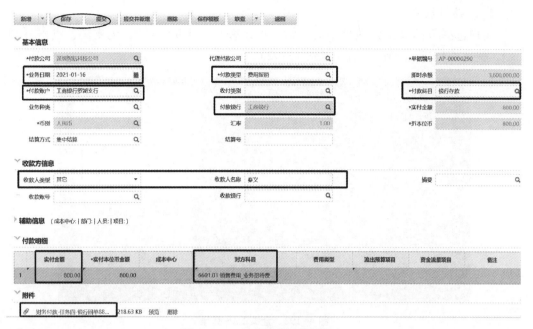

图 4-190 付款单实验数据录入

用户提交成功后，点击网页版 EAS 的【安全退出】（见图 4-191）。

图 4-191 账号安全退出

4. 审核付款单

用户选择教师规定的数据中心，输入登录账号"dyb 学号"，无密码，点击【登录】，进入 EAS 系统操作页面（见图 4-192）。

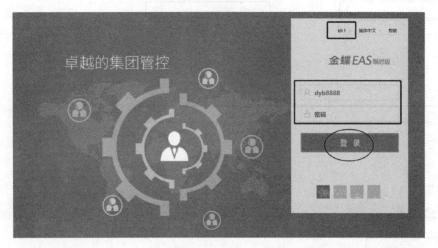

图 4-192　金蝶 EAS 登录

用户点击页面右上角的工具栏的【流程】，勾选刚才提交的付款单，点击【处理】，进入单据审批页面（见图 4-193）。

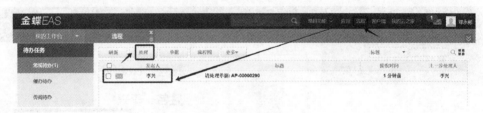

图 4-193　进入单据审批流程

用户根据企业付款业务规范，确认审批通过或不通过，则点击【同意】或【不同意】，再点击【提交】付款单完成审批流程，审批完成后则付款业务完结（见图 4-194 和图 4-195）。

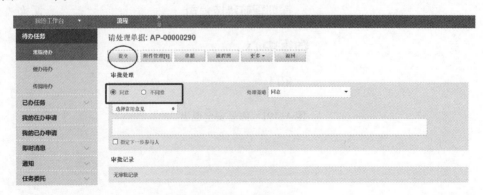

图 4-194　单据审批

图 4-195　单据审批完成

用户点击【财务会计】→【出纳管理】→【收付款处理】→【付款单处理】，进入付款单查询页面（见图 4-196）。

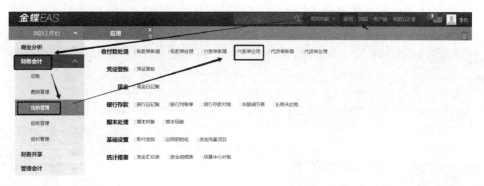

图 4-196　进入付款单查询页面

用户进入付款单查询页面，展开过滤条件，选择日期为"自定义"，日期范围为"2021-01-01 至 2021-01-31"，点击【确定】，可以查询到单据状态为已审批的付款单（见图 4-197）。

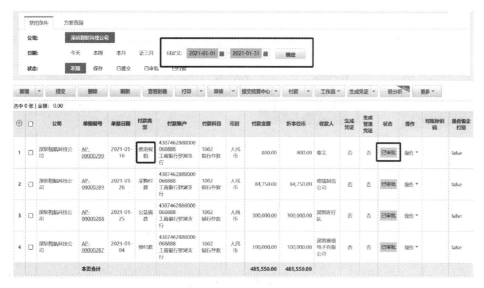

图 4-197　审核状态查询

案例任务五：出纳支付对公费用报销款

一、实验数据

2021 年 1 月 10 日，租金支付的对公费用报销单审核通过，出纳李兴做付款单支付给深圳市小美家园有限公司办公室租金 6 万元，财务经理邓永彬审核。

二、操作步骤

1. 下载题干资源

用户点击【题目序号 16】→【题干资源-查看详情】→【下载】。用户下载银行回单并重命名（学生在文件名最后加上自己学号后三位，见图 4-198）。

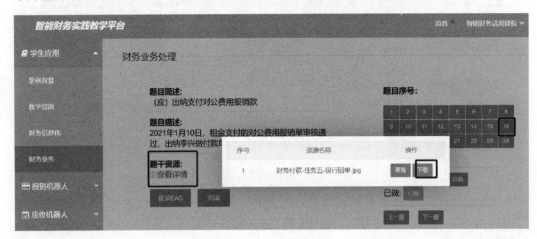

图 4-198　题干资源下载

2. 登录 EAS

用户点击【登录 EAS】，进入 EAS 登录页面（见图 4-199）。

图 4-199　进入 EAS 登录页面

在 EAS 登录页面，用户选择教师规定的数据中心，输入登录账号"lx 学号"，无密码，点击【登录】，进入 EAS 操作页面（见图 4-200）。

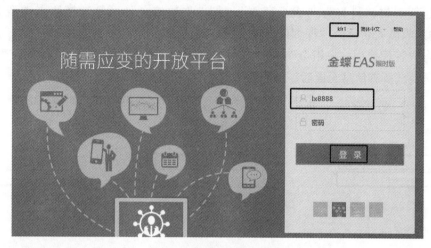

图 4-200 金蝶 EAS 登录

3. 填写付款单

用户点击页面右上角工具栏的【应用】后，点击【财务会计】→【出纳管理】→【收付款处理】→【付款单处理】，进入付款单查询页面（见图 4-201）。

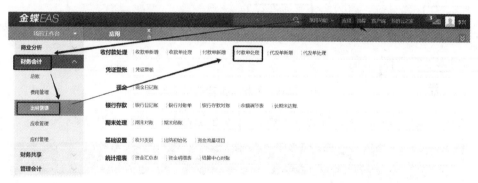

图 4-201 进入付款单查询页面

用户在付款单查询页面，点击工具栏的【新增】，进入付款单新增页面（见图 4-202）。

图 4-202 新增付款单

用户按照实验数据录入付款单，在"基本信息"页签选择业务日期为"2021-01-10"，付款类型为"费用报销"，付款账户为"工商银行罗湖支行"，确认付款银行为"工商银行"，付款科目为"银行存款"；在"收款信息"页签选择往来类型为"其他"，输入收款人名称为"深圳市小美家园有限公司"，输入金额为"60 000"，选择对方科目为"管理费用——租金"；在"附件"页签上传从题干资源下载的银行回单附件。用户确认所有信息无误后，保存后进行提交（见图 4-203）。

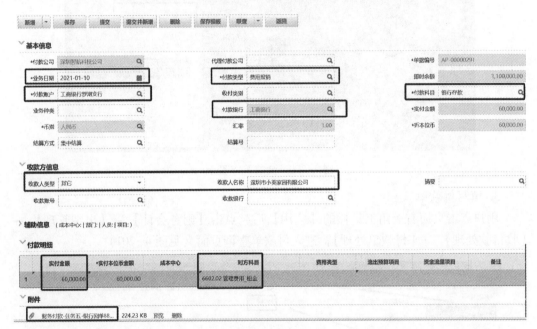

图 4-203　付款单实验数据录入

用户提交成功后，点击网页版 EAS 的【安全退出】（见图 4-204）。

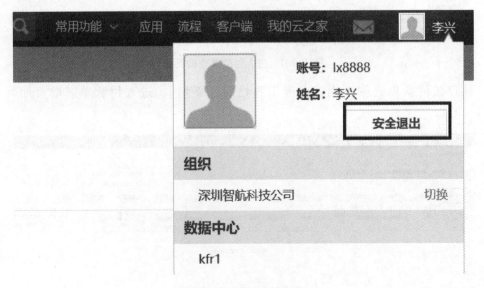

图 4-204　账号安全退出

4. 审核付款单

用户选择教师规定的数据中心，输入登录账号"dyb 学号"，无密码，点击【登录】，进入 EAS 系统操作页面（见图 4-205）。

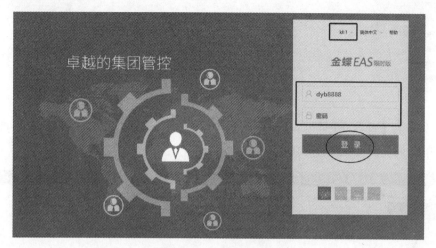

图 4-205 金蝶 EAS 登录

用户点击页面右上角的工具栏的【流程】，勾选刚才提交的付款单，点击【处理】，进入单据审批页面（见图 4-206）。

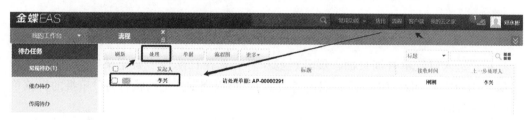

图 4-206 进入单据审批流程

用户根据企业付款业务规范，确认审批通过或不通过，则点击【同意】或【不同意】，再点击【提交】付款单完成审批流程，审批完成后则付款业务完结（见图 4-207 和图 4-208）。

图 4-207 单据审批

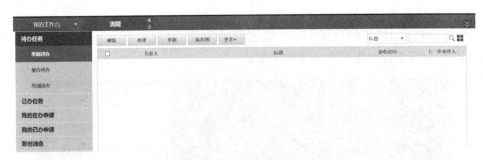

图 4-208　单据审批完成

用户点击【财务会计】→【出纳管理】→【收付款处理】→【付款单处理】，进入付款单查询页面（见图 4-209）。

图 4-209　进入付款单查询页面

用户进入付款单查询页面，展开过滤条件，选择日期为"自定义"，日期范围为"2021-01-01 至 2021-01-31"，点击【确定】，可以查询到单据状态为已审批的付款单（见图 4-210）。

		公司	单据编号	单据日期	付款类型	付款账户	付款科目	币别	付款金额	折本位币	收款人	生成凭证	生成管理凭证	状态	操作	对账标识	是否银企打回
1	☐	深圳智航科技公司	AP-00000291	2021-01-10	费用报销	4387462888000068888 工商银行罗湖支行	1002 银行存款	人民币	60,000.00	60,000.00	深圳市小美家园有限公司	否	否	已审批	操作 ▾		false
2	☐	深圳智航科技公司	AP-00000290	2021-01-16	费用报销	4387462888000068888 工商银行罗湖支行	1002 银行存款	人民币	800.00	800.00	秦义	否	否	已审批	操作 ▾		false
3	☐	深圳智航科技公司	AP-00000289	2021-01-26	采购付款	4387462888000068888 工商银行罗湖支行	1002 银行存款	人民币	84,750.00	84,750.00	德瑞航瓦公司	否	否	已审批	操作 ▾		false
4	☐	深圳智航科技公司	AP-00000288	2021-01-25	公益捐款	4387462888000068888 工商银行罗湖支行	1002 银行存款	人民币	300,000.00	300,000.00	深圳陈疗队	否	否	已审批	操作 ▾		false
5	☐	深圳智航科技公司	AP-00000287	2021-01-04	预付款	4387462888000068888 工商银行罗湖支行	1002 银行存款	人民币	100,000.00	100,000.00	深圳赛格电子商务公司	否	否	已审批	操作 ▾		false
		本页合计							545,550.00	545,550.00							

图 4-210　审核状态查询

案例任务六：出纳根据差旅报销单付款

一、实验数据

2021 年 1 月 20 日，差旅报销单审核通过，出纳李兴做付款单支付秦义的出差费用 3 920 元，财务经理邓永彬审核。

二、操作步骤

1. 下载题干资源

用户点击【题目序号 17】 → 【题干资源-查看详情】 → 【下载】。用户下载银行回单并重命名（学生在文件名最后加上自己学号后三位，见图 4-211）。

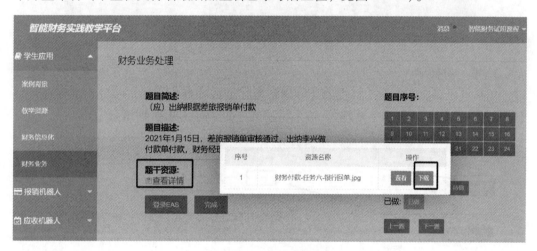

图 4-211　题干资源下载

2. 登录 EAS

用户点击【登录 EAS】，进入 EAS 登录页面（见图 4-212）。

图 4-212　进入 EAS 登录页面

在 EAS 登录页面，用户选择教师规定的数据中心，输入登录账号"lx 学号"，无密码，点击【登录】，进入 EAS 操作页面（见图 4-213）。

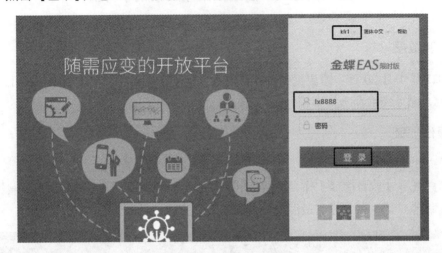

图 4-213　金蝶 EAS 登录

3. 填写付款单

用户点击页面右上角工具栏的【应用】后，点击【财务会计】→【出纳管理】→【收付款处理】→【付款单处理】，进入付款单查询页面（见图 4-214）。

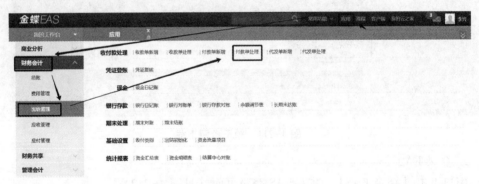

图 4-214　进入付款单查询页面

在付款单查询页面，用户点击工具栏的【新增】，进入付款单新增页面（见图 4-215）。

图 4-215　新增付款单

　　用户按照实验数据录入付款单，在"基本信息"页签选择业务日期为"2021-01-15"，付款类型为"费用报销"，付款账户为"工商银行罗湖支行"，确认付款银行为"工商银行"，付款科目为"银行存款"；在"收款信息"页签选择往来类型为"其他"，输入收款人名称为"秦义"，输入金额为"3 920"，选择对方科目为"销售费用——差旅费"；在"附件"页签上传从题干资源下载的银行回单附件。用户确认所有信息无误后，保存后进行提交（见图4-216）。

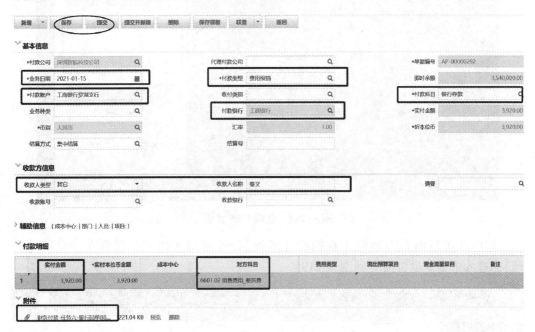

图 4-216　付款单实验数据录入

　　用户提交成功后，点击网页版 EAS 的【安全退出】（见图4-217）。

图 4-217　账号安全退出

4. 审核付款单

用户选择教师规定的数据中心，输入登录账号"dyb 学号"，无密码，点击【登录】，进入 EAS 系统操作页面（见图 4-218）。

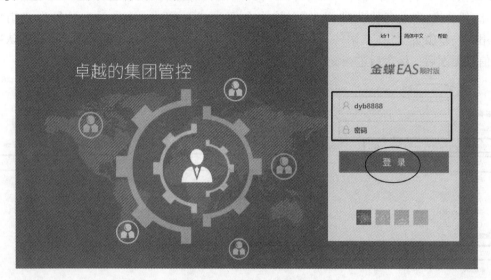

图 4-218 金蝶 EAS 登录

用户点击页面右上角的工具栏的【流程】，勾选刚才提交的付款单，点击【处理】，进入单据审批页面（见图 4-219）。

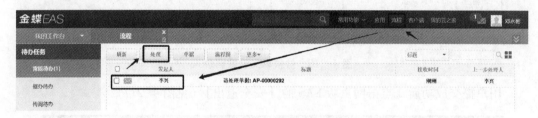

图 4-219 进入单据审批流程

用户根据企业付款业务规范，确认审批通过或不通过，则点击【同意】或【不同意】，再点击【提交】付款单完成审批流程，审批完成后则付款业务完结（见图 4-220 和图 4-221）。

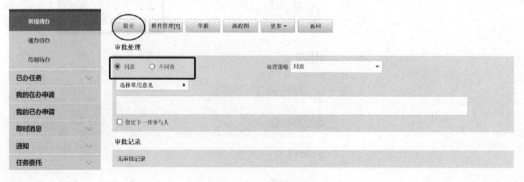

图 4-220 单据审批

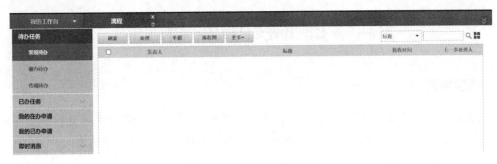

图 4-221　单据审批完成

用户点击【财务会计】→【出纳管理】→【收付款处理】→【付款单处理】，进入付款单查询页面（见图 4-222）。

图 4-222　进入付款单查询页面

用户进入付款单查询页面，展开过滤条件，选择日期为"自定义"，日期范围为"2021-01-01 至 2021-01-31"，点击【确定】，可以查询到单据状态为已审批的付款单（见图 4-223）。

| 日期： | 今天 | 本周 | 本月 | 近三月 | 自定义： | 2021-01-01 | 至 | 2021-01-31 | | 确定 |

| 状态： | 不限 | 保存 | 已提交 | 已审批 | 已付款 |

		公司	单据编号	单据日期	付款类型	付款账户	付款科目	币别	付款金额	折本位币	收款人	生成凭证	生成管理凭证	状态	操作	对账标识码	是否银企打回
1	☐	深圳智航科技公司	AP-00000292	2021-01-15	费用报销	4387462888000068888 工商银行罗湖支行	1002 银行存款	人民币	3,920.00	3,920.00	麦义	否	否	已审批	操作▾		false
2	☐	深圳智航科技公司	AP-00000291	2021-01-10	费用报销	4387462888000068888 工商银行罗湖支行	1002 银行存款	人民币	60,000.00	60,000.00	深圳市小海家居有限公司	否	否	已审批	操作▾		false
3	☐	深圳智航科技公司	AP-00000290	2021-01-16	费用报销	4387462888000068888 工商银行罗湖支行	1002 银行存款	人民币	800.00	800.00	麦义	否	否	已审批	操作▾		false
4	☐	深圳智航科技公司	AP-00000289	2021-01-26	采购付款	4387462888000068888 工商银行罗湖支行	1002 银行存款	人民币	84,750.00	84,750.00	德瑞制造公司	否	否	已审批	操作▾		false
5	☐	深圳智航科技公司	AP-00000288	2021-01-25	公益捐款	4387462888000068888 工商银行罗湖支行	1002 银行存款	人民币	300,000.00	300,000.00	深圳医疗队	否	否	已审批	操作▾		false
6	☐	深圳智航科技公司	AP-00000287	2021-01-04	预付款	4387462888000068888 工商银行罗湖支行	1002 银行存款	人民币	100,000.00	100,000.00	深圳春格电子有限公司	否	否	已审批	操作▾		false

图 4-223　审核状态查询

案例任务七：出纳支付物品采购费报销款

一、实验数据

2021 年 1 月 7 日，物品采购费报销单审核通过，出纳李兴做付款单支付零星采购的员工文化衫费用，财务经理邓永彬审核（该案例和物品采购报销单对应）。

二、操作步骤

1. 下载题干资源

用户点击【题目序号18】→【题干资源-查看详情】→【下载】。用户下载银行回单并重命名（学生在文件名最后加上自己学号后三位，见图 4-224）。

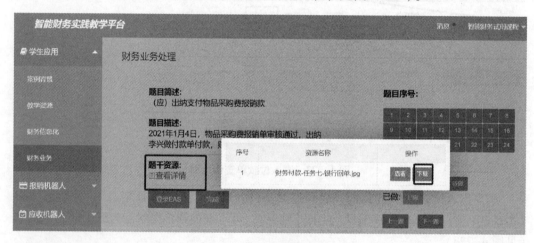

图 4-224　题干资源下载

2. 登录 EAS

用户点击【登录 EAS】，进入 EAS 登录页面（见图 4-225）。

图 4-225　进入 EAS 登录页面

在 EAS 登录页面，用户选择教师规定的数据中心，输入登录账号"lx 学号"，无密码，点击【登录】，进入 EAS 操作页面（见图 4-226）。

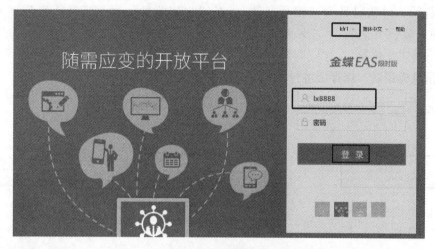

图 4-226 金蝶 EAS 登录

3. 填写付款单

用户点击页面右上角工具栏的【应用】后，点击【财务会计】→【出纳管理】→【收付款处理】→【付款单处理】，进入付款单查询页面（见图 4-227）。

图 4-227 进入付款单查询页面

用户在付款单查询页面，点击工具栏的【新增】，进入付款单新增页面（见图 4-228）。

图 4-228 新增付款单

用户按照实验数据录入付款单，在"基本信息"页签选择业务日期为"2021-01-07"，付款类型为"费用报销"，付款账户为"工商银行罗湖支行"，确认付款银行为"工商银行"，付款科目为"银行存款"；在"收款信息"页签选择往来类型为"其他"，输入收款人名称为"秦义"，输入金额为"2 500"，选择对方科目为"管理费用——员工文化衫"；在"附件"页签上传从题干资源下载的银行回单附件。用户确认所有信息无误后，保存后进行提交（见图 4-229）。

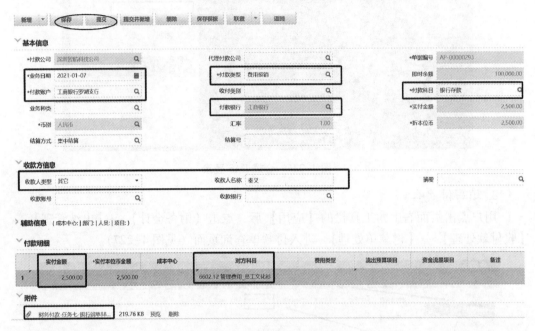

图 4-229　付款单实验数据录入

用户提交成功后，点击网页版 EAS 的【安全退出】（见图 4-230）。

图 4-230　账号安全退出

4. 审核付款单

用户选择教师规定的数据中心，输入登录账号"dyb 学号"，无密码，点击【登录】，进入 EAS 系统操作页面（见图 4-231）。

图 4-231　金蝶 EAS 登录

用户点击页面右上角的工具栏的【流程】，勾选刚才提交的付款单，点击【处理】，进入单据审批页面（见图 4-232）。

图 4-232　进入单据审批流程

用户根据企业付款业务规范，确认审批通过或不通过，则点击【同意】或【不同意】，再点击【提交】付款单完成审批流程，审批完成后则付款业务完结（见图 4-233 和见图 4-234）。

图 4-233　单据审批

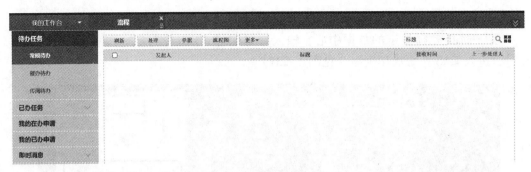

图 4-234　单据审批完成

用户点击【财务会计】→【出纳管理】→【收付款处理】→【付款单处理】，进入付款单查询页面（见图 4-235）。

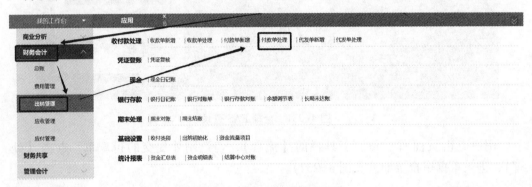

图 4-235　进入付款单查询页面

用户进入付款单查询页面，展开过滤条件，选择日期为"自定义"，日期范围为"2021-01-01 至 2021-01-31"，点击【确定】，可以查询到单据状态为已审批的付款单（见图 4-236）。

		公司	单据编号	单据日期	付款类型	付款账户	付款科目	币别	付款金额	折本位币	收款人	生成凭证	生成管理凭证	状态	操作	对账标识码	是否锁企打回
1	☐	深圳智航科技公司	AP-00000293	2021-01-07	费用报销	4387462888000068888 工商银行罗湖支行	1002 银行存款	人民币	2,500.00	2,500.00	姜义	否	否	已审批	操作▼		false
2	☐	深圳智航科技公司	AP-00000292	2021-01-15	费用报销	4387462888000068888 工商银行罗湖支行	1002 银行存款	人民币	3,920.00	3,920.00	姜义	否	否	已审批	操作▼		false
3	☐	深圳智航科技公司	AP-00000291	2021-01-10	费用报销	4387462888000068888 工商银行罗湖支行	1002 银行存款	人民币	60,000.00	60,000.00	深圳市小美家园有限公司	否	否	已审批	操作▼		false
4	☐	深圳智航科技公司	AP-00000290	2021-01-16	费用报销	4387462888000068888 工商银行罗湖支行	1002 银行存款	人民币	800.00	800.00	姜义	否	否	已审批	操作▼		false
5	☐	深圳智航科技公司	AP-00000289	2021-01-26	采购付款	4387462888000068888 工商银行罗湖支行	1002 银行存款	人民币	84,750.00	84,750.00	德成制造公司	否	否	已审批	操作▼		false
6	☐	深圳智航科技公司	AP-00000288	2021-01-25	公益捐款	4387462888000068888 工商银行罗湖支行	1002 银行存款	人民币	300,000.00	300,000.00	深圳医疗队	否	否	已审批	操作▼		false

图 4-236　审核状态查询

第五章　智能财务

第一节　智能记账

　　会计核算处理系统以证、账、表为核心，是一个涉及企业财务信息加工的系统。会计凭证作为整个核算处理系统的主要数据来源，是会计核算处理系统的基础。凭证的准确性直接影响会计核算处理系统的真实性和可靠性，因此会计核算处理系统必须确保会计凭证录入数据的正确性。

　　在会计核算处理系统中，凭证支持手动新增和从其他业务系统生成。当业务发生时，用户可以根据业务单据在总账系统中手动新增凭证，或者从业务系统中直接生成总账凭证。为了实现业务和财务的一致性，凭证应尽可能是来自业务系统的单据。智能记账的目标是按照正确的业务规则批量生成凭证，以确保财务与业务的统一。

　　从出纳的收款、付款、应收和应付业务这几个典型场景出发，企业可以优先考虑通过智能记账实现收款单、付款单、应收单和应付单的财务处理。

　　除了凭证处理外，出纳还需要根据收付款单的情况记录银行日记账，并通过银行提供的电子对账单在系统中录入银行对账信息。这两类出纳记账业务也可以优先考虑通过智能记账来实现。

案例任务一：银行日记账收款记录记账规划设置

一、业务场景

　　银行日记账是专门用于记录企业银行存款收支业务的一种特殊日记账。出纳李兴在日常工作中，每次对收款单进行收款确认后，都需要记录一条银行日记账。这项工作属于高重复、低价值的财务事务，因此李兴希望通过智能财务的规划设置，将这部分工作交给智能财务机器人来完成。

二、实验数据

收款单收款记账过滤方案如表 5-1 所示。

表 5-1　收款单收款记账过滤方案

方案名称	已审批待收款
过滤条件	日期：2021-01-01 至 2021-01-31 单据状态：已审批

收款单收款规划设置如表 5-2 所示。

表 5-2　收款单收款规划设置

操作人	lx 学号
操作对象	网页端
操作路径	【财务会计】→【出纳管理】→【收付款处理】→【收款单处理】
操作按钮	收款
筛选方案	已审批待收款

三、操作步骤

1. 收款单日记账登账过滤方案设置

用户登录 EAS 客户端，在 EAS 登录页面，选择教师规定的数据中心，输入登录账号"lx 学号"，无密码，点击【登录】，进入 EAS 操作页面（见图 5-1）。

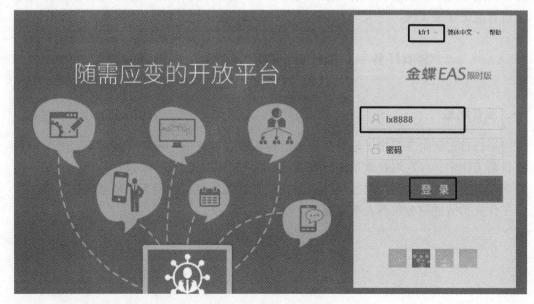

图 5-1　金蝶 EAS 登录

用户登录 EAS 客户端后，点击页面右上角工具栏的【应用】后，点击【财务会计】→【出纳管理】→【收款单处理】（见图5-2）。

图 5-2　进入收款单查询页面

用户打开收款单列表页面，在方案查询页面，根据出纳李兴对收款单记账处理的要求进行设置（实验数据见表 5-1），并保存过滤方案（见图 5-3）。

图 5-3　收款单收款记账过滤方案设置

2. 进入智能财务规划教学平台设置智能执行路径

用户打开智能财务教学平台，在登录页面输入用户名和密码。进入系统后，用户点击【记账机器人】→【记账机器人规划】，打开记账机器人规划案例任务页面（题目序号1）。用户点击【设置】，进入记账机器人银行日记账收款记账规划设置页面（见图5-4）。

图5-4　记账机器人银行日记账收款记账规划设置页面

用户进入规则设置页面，据表5-2完成记账机器人自动化操作的规划设置。规则设置做出任何修改后用户都需要点击【保存设置】方可生效（见图5-5和图5-6）。

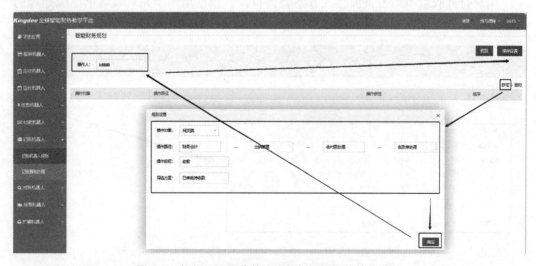

图5-5　银行日记账收款记账规划设置智能执行路径

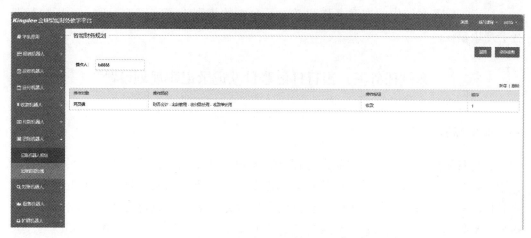

图 5-6 银行日记账收款记账智能财务规划页面

案例任务二：收款单智能登账处理

一、业务场景

出纳李兴完成日记账收款记账的记账规划后，调用记账机器人对当月收款单进行收款处理，完成银行日记账自动登账处理。

二、操作步骤

用户进行收款单登账处理运行设置。

用户进入智能财务规划教学平台，点击【记账机器人】→【记账智能处理】，打开记账机器人智能处理页面，找到对应的收款单智能登账的题目（题目序号 1），点击【运行设置】，记账机器人会自动进行收款单智能记账处理（见图 5-7）。

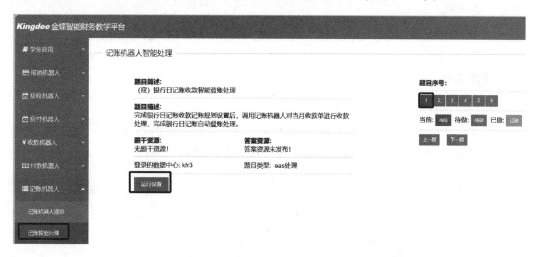

图 5-7 记账机器人银行日记账收款智能登账处理运行设置

注意：EAS 系统中的方案名称和教学平台中的规则设置字符要一致，否则执行路径会产生错误。

案例任务三：银行日记账付款记录记账规划设置

一、业务场景

银行日记账是专门记录企业银行存款收支业务的特殊日记账。出纳李兴在日常工作中，每当对付款单执行付款确认后，都需要记录一条银行日记账。这项工作重复性高且价值较低，因此李兴希望通过智能财务的规划设置，将这部分工作交给智能财务机器人来处理。

二、实验数据

付款单付款记账过滤方案如表 5-3 所示。

表 5-3　付款单付款记账过滤方案

方案名称	已审批待付款
过滤条件	日期：2021-01-01 至 2021-01-31 单据状态：已审批

付款单付款规划设置如表 5-4 所示。

表 5-4　付款单付款规划设置

操作人	lx 学号
操作对象	网页端
操作路径	【财务会计】→【出纳管理】→【收付款处理】→【付款单处理】
操作按钮	付款
筛选方案	已审批待付款

三、操作步骤

1. 付款单日记账登账过滤方案设置

用户登录 EAS 客户端，在 EAS 登录页面，选择教师规定的数据中心，输入登录账号 "lx 学号"，无密码，点击【登录】，进入 EAS 操作页面（见图 5-8）。

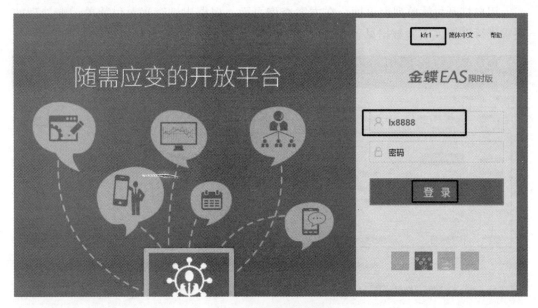

图 5-8　金蝶 EAS 登录

用户登录 EAS 客户端后，点击页面右上角工具栏的【应用】后，点击【财务会计】→【出纳管理】→【付款单处理】（见图 5-9）。

图 5-9　进入付款单查询页面

用户打开付款单列表页面,在方案查询页面,根据出纳李兴对付款单记账处理的要求进行设置(实验数据见表 5-3),并保存过滤方案(见图 5-10)。

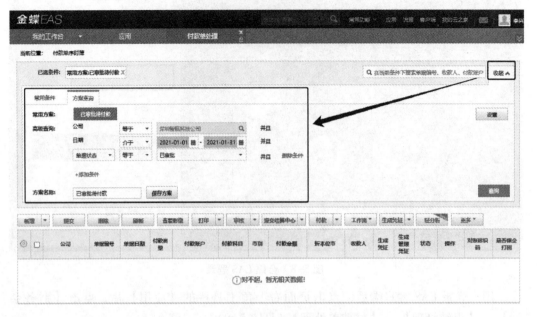

图 5-10   付款单付款记账过滤方案设置

2. 进入智能财务规划教学平台设置智能执行路径

用户打开智能财务教学平台,在登录页面输入用户名和密码。进入系统后,用户点击【记账机器人】→【记账机器人规划】,打开记账机器人规划案例任务页面(题目序号 2)。用户点击【设置】,进入记账机器人银行日记账付款记账规划设置页面(见图 5-11)。

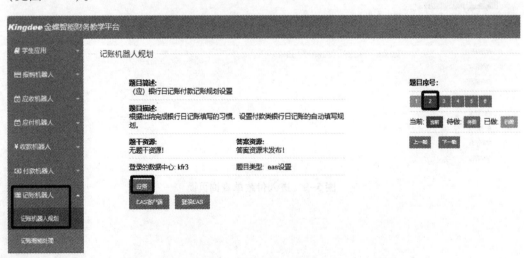

图 5-11   记账机器人银行日记账付款记账规划设置页面

　　用户进入规则设置页面，根据表5-4完成记账机器人自动化操作的规划设置。规则设置做出任何修改后用户都需要点击【保存设置】方可生效（见图5-12和图5-13）。

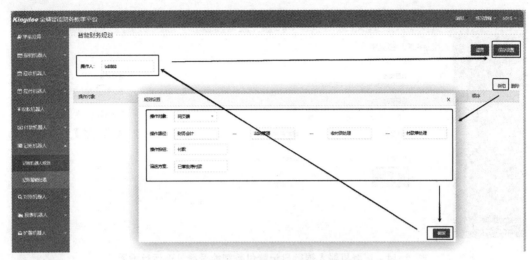

图5-12　银行日记账付款记账规划设置智能执行路径

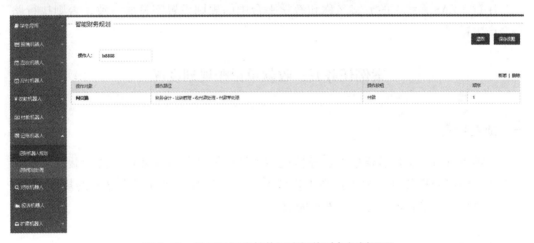

图5-13　银行日记账付款记账智能财务规划页面

案例任务四：付款单智能登账处理

一、业务场景

　　出纳李兴完成日记账付款记账的记账规划后，调用记账机器人对当月付款单进行付款处理，完成银行日记账自动登账处理。

二、操作步骤

　　用户进行收款单登账处理运行设置。

用户进入智能财务规划教学平台，点击【记账机器人】→【记账智能处理】，打开记账机器人智能处理页面，找到对应的付款单智能登账的题目（题目序号 2），点击【运行设置】，记账机器人会自动进行付款单智能记账处理（见图 5-14）。

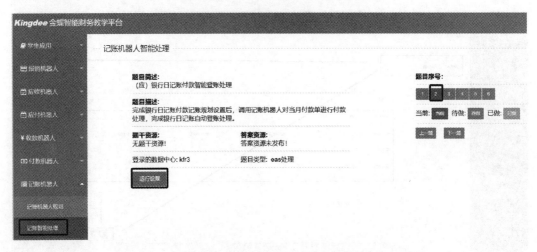

图 5-14　记账机器人银行日记账付款智能登账处理运行设置

注意：EAS 系统中的方案名称和教学平台中的规则设置字符要一致，否则执行路径会产生错误。

案例任务五：收款单记账规划设置

一、业务场景

出纳收款后，会计需要根据业务情况在系统中添加相应的凭证。会计聂小莉每天花费大量时间处理凭证。为了提高工作效率，聂小莉希望通过智能财务的规划设置，将这部分任务交给智能财务机器人来完成。

二、实验数据

收款单转凭证规则设置如表 5-5 所示。

表 5-5　收款单转凭证规则设置

复制规则编码	SKDSCPZ
复制规则名称	收款单生成凭证（供复制用）
编码	SKDSCPZcopy+学号
名称	收款单生成凭证+学号
单头转换规则——凭证类型	记_姓名

收款单记账过滤方案如表 5-6 所示。

表 5-6　收款单记账过滤方案

方案名称	已收款待生成凭证
过滤条件	日期：2021-01-01 至 2021-01-31 单据状态：已收款 生成凭证：否

收款单记账规划设置如表 5-7 所示。

表 5-7　收款单记账规划设置

操作人	lx 学号
操作对象	网页端
操作路径	【财务会计】→【出纳管理】→【收付款处理】→【收款单处理】
操作按钮	收款
筛选方案	已收款待生成凭证

三、操作步骤

1. 用户进行收款单单据转换规则设置

用户 user_姓名登录 EAS 客户端，点击【企业建模】→【业务规则】→【单据转换规则】→【单据转换规则配置】，打开规则配置列表页面。用户根据实验数据找到待复制的规则（见图 5-15 至图 5-17）。

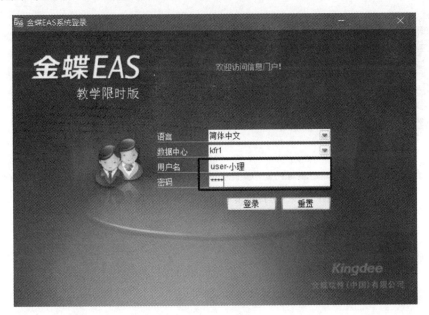

图 5-15　登录

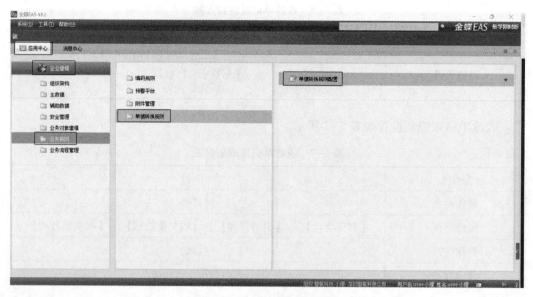

图 5-16　单据转换规则配置

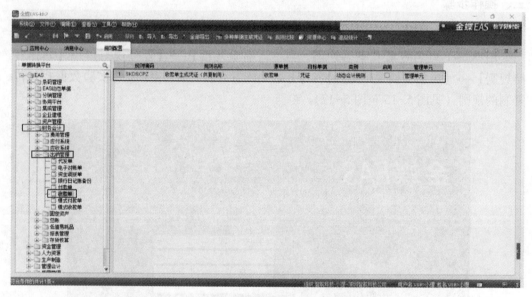

图 5-17　选择供复制的收款单生成凭证规则

用户选择待复制的规则后，打开规则查看页面，点击【复制】，完成规则的复制（见图 5-18）。

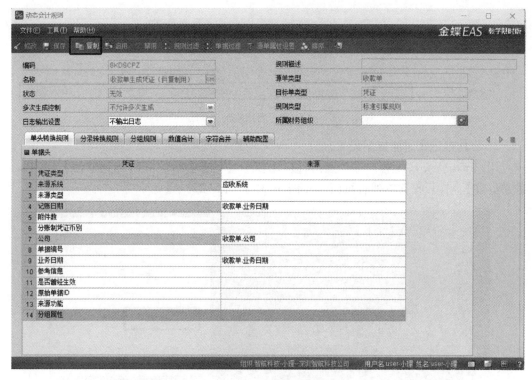

图 5-18　复制规则

用户复制好规则后，根据表 5-5 的内容，调整规则信息，完成规则设置后点击【保存】，完成规则保存（见图 5-19）。

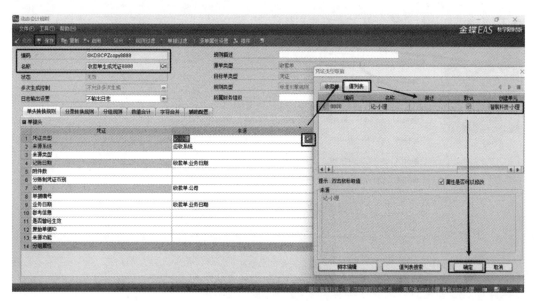

图 5-19　设置凭证类型

用户完成规则设置后，启用该规则，并于后续记账机器人调用规则生成收款单对应的凭证（见图5-20）。

图 5-20　启用规则

2. 收款单记账过滤方案设置

用户 nxl 登录 EAS 客户端，点击【应用】→【财务会计】→【出纳管理】→【收款单处理】，打开收款单列表页面（见图5-21和图5-22）。

图 5-21　金蝶 EAS 网页登录

图 5-22　进入收款单查询页面

在方案查询页面，用户根据会计聂小莉对收款单记账处理的要求进行设置（实验数据见表5-6），并保存过滤方案（见图5-23）。

图5-23 收款单记账过滤方案设置

3. 进入智能规划教学平台设置智能执行路径

用户进入智能财务规划教学平台，点击【记账机器人】→【记账机器人规划】，打开记账机器人规划案例任务页面（题目序号3）。点击【设置】，进入记账机器人收款单记账规划设置页面（见图5-24）。

图5-24 记账机器人收款单记账规划设置页面

用户进入规则设置页面，根据表5-7完成记账机器人自动化操作的规划设置。规则设置做出任何修改后用户都需要点击【保存设置】方可生效（见图5-25和图5-26）。

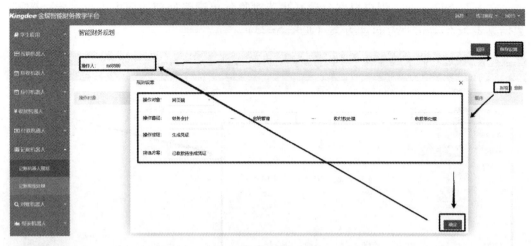

图 5-25　收款单记账规划设置智能执行路径

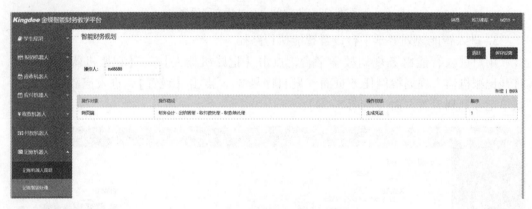

图 5-26　收款单记账智能财务规划页面

案例任务六：收款单智能记账处理

一、业务场景

会计聂小莉完成收款记账规划后，调用记账机器人，完成当月收款单记账处理。

二、操作步骤

用户进入智能财务规划教学平台，点击【记账机器人】→【记账智能处理】，打开记账机器人智能处理页面，找到对应的收款单智能记账的题目（题目序号3），点击【运行设置】，记账机器人会自动进行收款单智能记账处理（见图5-27）。

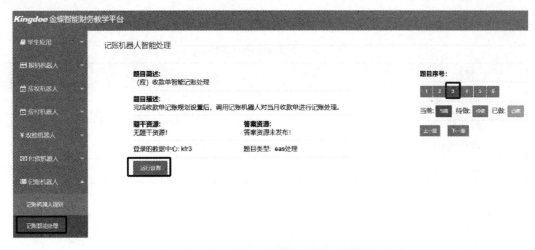

图 5-27 记账机器人收款单智能记账处理运行设置

案例任务七：付款单记账规划设置

一、业务场景

出纳付款后，会计需要根据业务情况在系统中录入相应的凭证。会计聂小莉每天花费大量时间进行凭证处理。为提高工作效率，聂小莉希望通过智能财务的规划设置，将这部分工作交给智能财务机器人来完成。

二、实验数据

付款单转凭证规则设置如表 5-8 所示。

表 5-8　付款单转凭证规则设置

复制规则编码	FKDSCPZ
复制规则名称	付款单生成凭证（供复制用）
编码	FKDSCPZcopy+学号
名称	付款单生成凭证+学号
单头转换规则——凭证类型	记_姓名

付款单记账过滤方案如表 5-9 所示。

表 5-9　付款单记账过滤方案

方案名称	已付款待生成凭证
过滤条件	日期：2021-01-01 至 2021-01-31 单据状态：已付款 生成凭证：否

付款单记账规划设置如表 5-10 所示。

表 5-10　付款单记账规划设置

操作人	nxl 学号
操作对象	网页端
操作路径	【财务会计】→【出纳管理】→【收付款处理】→【付款单处理】
操作按钮	生成凭证
筛选方案	已付款待生成凭证

三、操作步骤

1. 用户进行收款单单据转换规则设置

用户 user_姓名登录 EAS 客户端，点击【企业建模】→【业务规则】→【单据转换规则】→【单据转换规则配置】，打开规则配置列表页面。用户根据实验数据找到待复制的规则（见图 5-28 至图 5-30）。

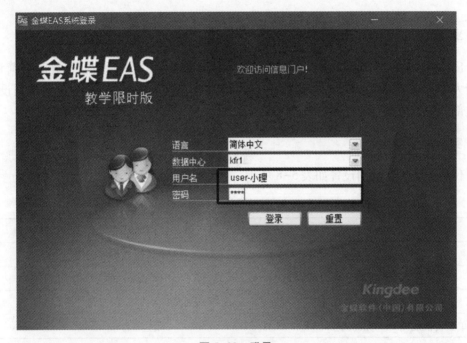

图 5-28　登录

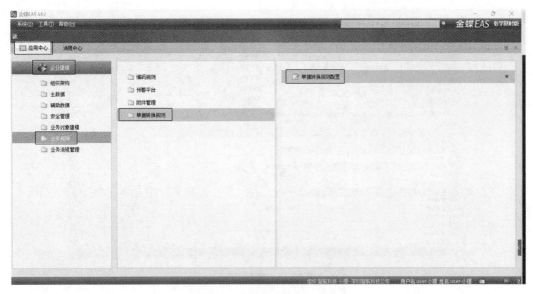

图 5-29　单据转换规则配置

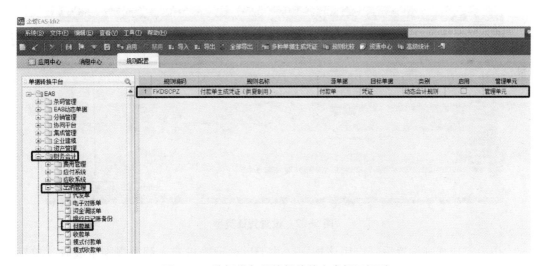

图 5-30　选择供复制的付款单生成凭证规则

用户选择待复制的规则后，打开规则查看页面，点击【复制】，完成规则的复制（见图 5-31）。

图 5-31　复制规则

用户复制好规则后，根据表 5-8 的内容，调整规则信息，完成规则设置后点击【保存】，完成规则保存（见图 5-32）。

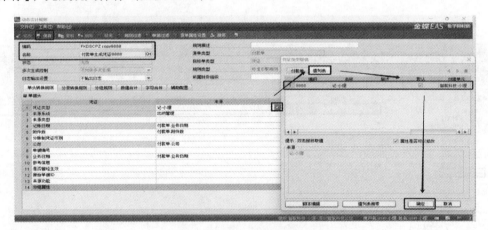

图 5-32　设置凭证类型

用户完成规则设置后，启用该规则，并于后续记账机器人调用规则生成收款单对应的凭证（见图 5-33）。

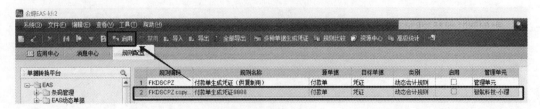

图 5-33　启用规则

2. 付款单记账过滤方案设置

用户 nxl 登录 EAS 客户端，点击【应用】→【财务会计】→【出纳管理】→【收款单处理】，打开收款单列表页面（见图 5-34 和图 5-35）。

图 5-34 金蝶 EAS 网页登录

图 5-35 进入付款单查询页面

在方案查询页面，用户根据会计聂小莉对付款单记账处理的要求进行设置（实验数据见表 5-9），并保存过滤方案（见图 5-36）。

图 5-36 付款单记账过滤方案设置

3. 进入智能规划教学平台设置智能执行路径

用户进入智能财务规划教学平台，点击【记账机器人】→【记账机器人规划】，打开记账机器人规划案例任务页面（题目序号4）。用户点击【设置】，进入记账机器人付款单记账规划设置页面（见图5-37）。

图 5-37　记账机器人付款单记账规划设置页面

用户进入规则设置页面，根据表5-10完成记账机器人自动化操作的规划设置。规则设置做出任何修改后用户都需要点击【保存设置】方可生效（见图5-38和图5-39）。

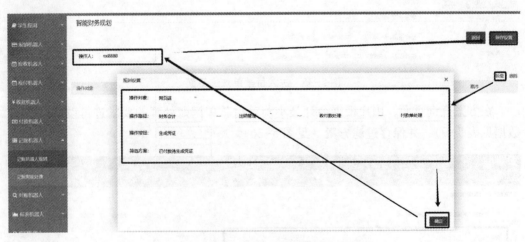

图 5-38　付款单记账规划设置智能执行路径

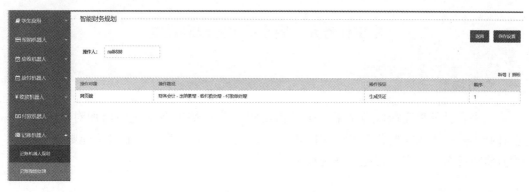

图 5-39　付款单记账智能财务规划页面

案例任务八：付款单智能记账处理

一、业务场景

会计聂小莉完成付款记账规划后，调用记账机器人，完成当月付款单记账处理。

二、操作步骤

用户进入智能财务规划教学平台，点击【记账机器人】→【记账智能处理】，打开记账机器人智能处理页面，找到对应的付款单智能记账的题目（题目序号 4），点击【运行设置】，记账机器人会自动进行付款单智能记账处理（见图 5-40）。

图 5-40　记账机器人付款单智能记账处理运行设置

案例任务九：应收单记账规划设置

一、业务场景

往来会计处理完应收业务后，会计需要根据业务情况在系统中增加对应的凭证。会计聂小莉每天都需要花大量的时间进行凭证处理，聂小莉希望通过智能财务的规划设置将该部分工作交由智能财务机器人来完成。

二、实验数据

应收单转凭证规则设置如表 5-11 所示。

表 5-11　应收单转凭证规则设置

复制规则编码	YSDSCPZ
复制规则名称	应收单生成凭证（供复制用）
编码	YSDSCPZcopy+学号
名称	应收单生成凭证+学号
单头转换规则——凭证类型	记_姓名
分录转换规则——科目	重新选择"销项税额"科目

应收单记账过滤方案如表 5-12 所示。

表 5-12　应收单记账过滤方案

方案名称	已审核待生成凭证
过滤条件	日期：2021-01-01 至 2021-01-31 单据状态：已审批 生成凭证：否

应收单记账规划设置如表 5-13 所示。

表 5-13　应收单记账规划设置

操作人	nxl 学号
操作对象	网页端
操作路径	【财务会计】→【应收管理】→【应收业务处理】→【应收单维护】
操作按钮	生成凭证
筛选方案	已审核待生成凭证

三、操作步骤

1. 用户进行应收单单据转换规则设置

用户 user_姓名 EAS 客户端，点击【企业建模】→【业务规则】→【单据转换规则】→【单据转换规则配置】，打开规则配置列表页面。用户根据实验数据找到待复制的规则（见图 5-41 至图 5-43）。

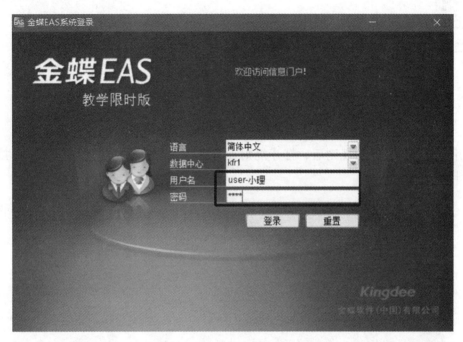

图 5-41　登录

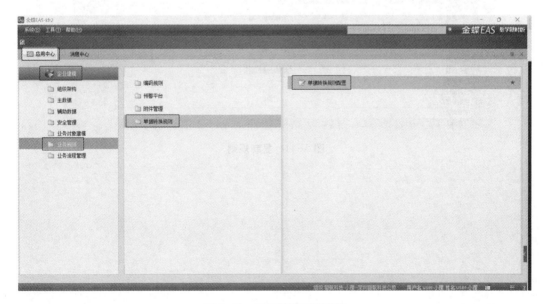

图 5-42　单据转换规则配置

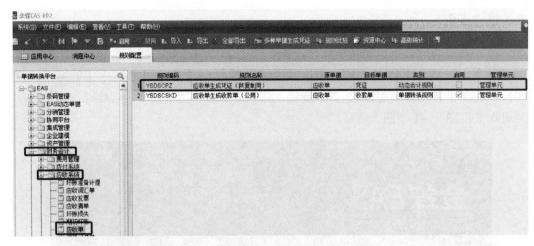

图 5-43　选择供复制的应收单生成凭证规则

用户选择待复制的规则后，打开规则查看页面，点击【复制】，完成规则的复制（见图 5-44）。

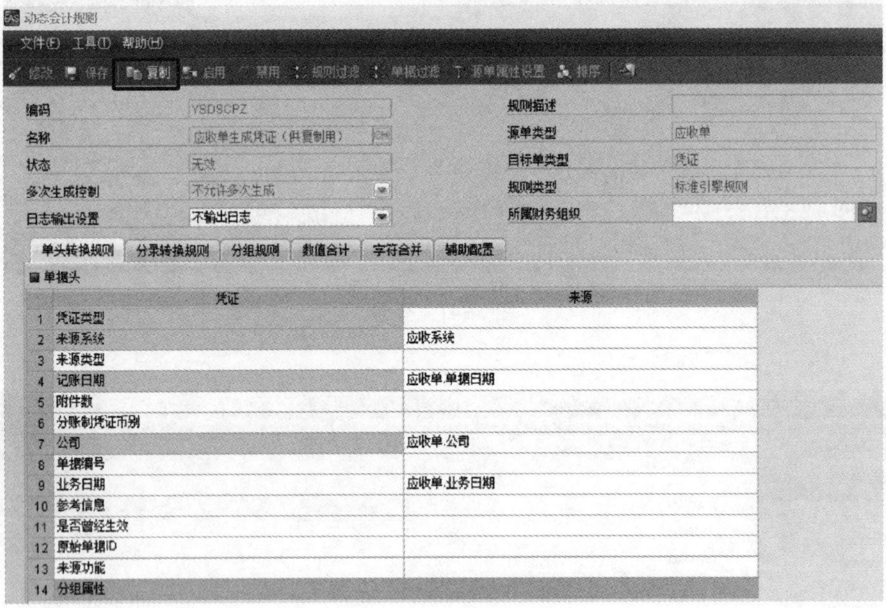

图 5-44　复制规则

用户复制好规则后，根据表 5-11 的内容，调整规则信息，完成规则设置后点击【保存】，完成规则保存（见图 5-45）。

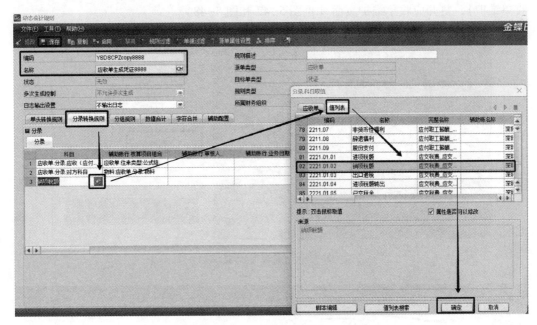

图 5-45　设置分录转换规则——科目

用户完成规则设置后，启用该规则，并于后续记账机器人调用规则生成收款单对应的凭证（见图 5-46）。

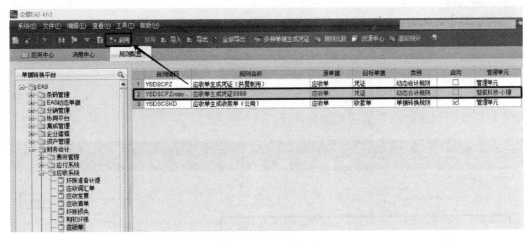

图 5-46　启用规则

2. 应收单记账过滤方案设置

用户 nxl 登录 EAS 客户端，点击【应用】→【财务会计】→【应收管理】→【应收单维护】，打开应收单维护页面（见图 5-47 和图 5-48）。

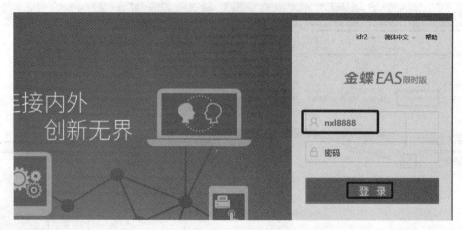

图 5-47　金蝶 EAS 登录

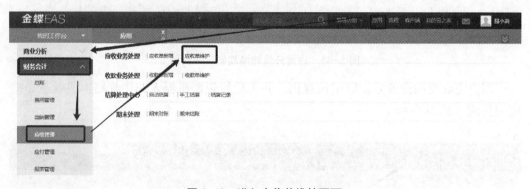

图 5-48　进入应收单维护页面

在方案查询页面，用户根据会计聂小莉对记账处理的要求进行设置（实验数据见表 5-12），并保存过滤方案（见图 5-49）。

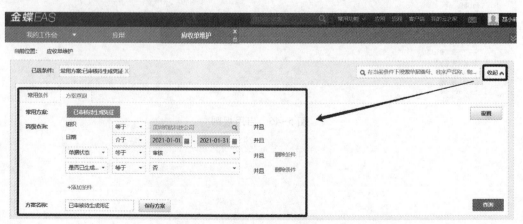

图 5-49　应收单记账过滤方案设置

3. 进入智能规划教学平台设置智能执行路径

用户进入智能财务规划教学平台,点击【记账机器人】→【记账机器人规划】,打开记账机器人规划案例任务页面(题目序号5)。用户点击【设置】,进入财务机器人自动化操作的规划设置页面(见图5-50)。

图5-50　记账机器人应收单记账规划设置页面

用户进入规则设置页面,根据表5-13完成记账机器人自动化操作的规划设置。规则设置做出任何修改后用户都需要点击【保存设置】方可生效(见图5-51和图5-52)。

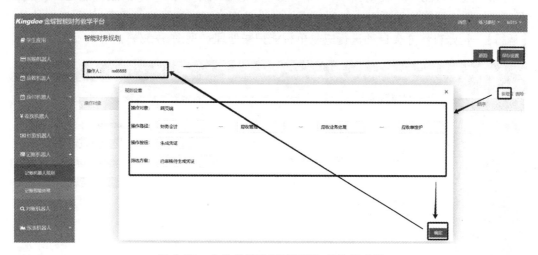

图5-51　应收单记账规划设置智能执行路径

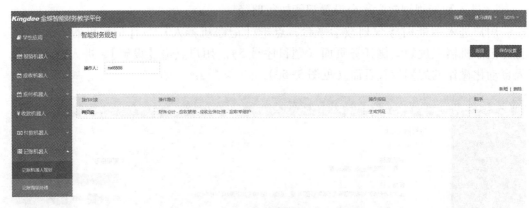

图 5-52　应收单记账智能财务规划页面

案例任务十：应收单智能记账处理

一、业务场景

会计聂小莉完成应收记账规划后，调用记账机器人，完成当月应收单记账处理。

二、操作步骤

用户进入智能财务规划教学平台，点击【记账机器人】→【记账智能处理】，打开记账机器人智能处理页面，找到对应的应收单智能记账的题目（题目序号 5），点击【运行】，记账机器人会自动进行应收单智能记账处理（见图 5-53）。

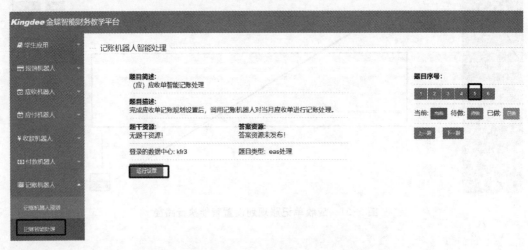

图 5-53　记账机器人应收单智能记账处理运行设置

案例任务十一：应付单记账规划设置

一、业务场景

往来会计处理完应付业务后，会计需要根据业务情况在系统中增加对应的凭证。会计聂小莉每天都需要花大量的时间进行凭证处理，聂小莉希望通过智能财务的规划设置将该部分工作交由智能财务机器人来完成。

二、实验数据

应付单转凭证规则设置如表 5-14 所示。

表 5-14　应付单转凭证规则设置

复制规则编码	YFDSCPZ
复制规则名称	应付单生成凭证（供复制用）
编码	YFDSCPZcopy+学号
名称	应付单生成凭证+学号
单头转换规则——凭证类型	记_姓名
分录转换规则——科目	重新选择"进项税额"科目

应付单记账过滤方案如表 5-15 所示。

表 5-15　应付单记账过滤方案

方案名称	已审核待生成凭证
过滤条件	日期：2021-01-01 至 2021-01-31 单据状态：已审批 生成凭证：否

应付单记账规划设置如表 5-16 所示。

表 5-16　应付单记账规划设置

操作人	nxl 学号
操作对象	网页端
操作路径	【财务会计】→【应付管理】→【应付业务处理】→【应付单维护】
操作按钮	生成凭证
筛选方案	已审核待生成凭证

三、操作步骤

1. 用户进行应收单单据转换规则设置

用户 user_姓名 EAS 客户端，点击【企业建模】→【业务规则】→【单据转换规则】→【单据转换规则配置】，打开规则配置列表页面。用户根据实验数据找到待复制的规则（见图 5-54 至图 5-56）。

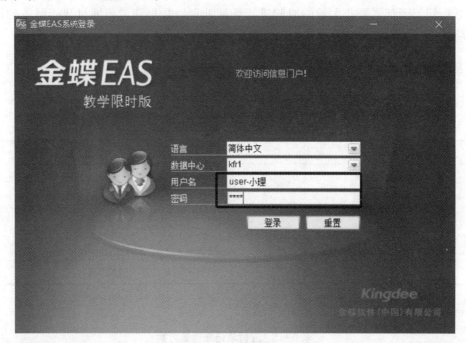

图 5-54　登录

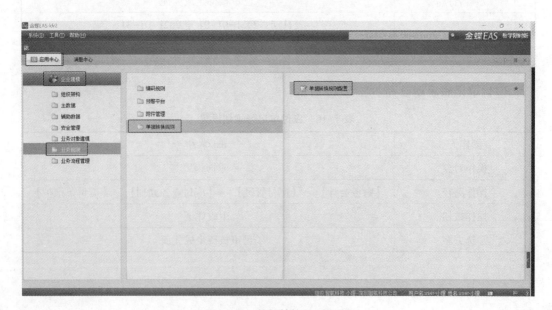

图 5-55　单据转换规则配置

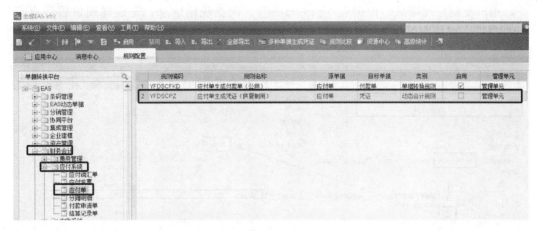

图 5-56 选择供复制的应付单生成凭证规则

用户选择待复制的规则后，打开规则查看页面，点击【复制】，完成规则的复制（见图 5-57）。

图 5-57 复制规则

用户复制好规则后，根据表 5-14 的内容，调整规则信息，完成规则设置后点击【保存】，完成规则保存（见图 5-58）。

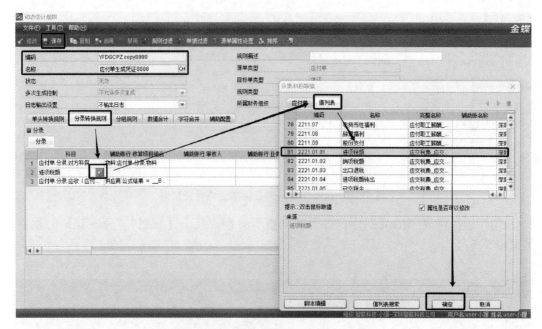

图 5-58　设置分录转换规则——科目

用户完成规则设置后，启用该规则，并于后续记账机器人调用规则生成付款单对应的凭证（见图 5-59）。

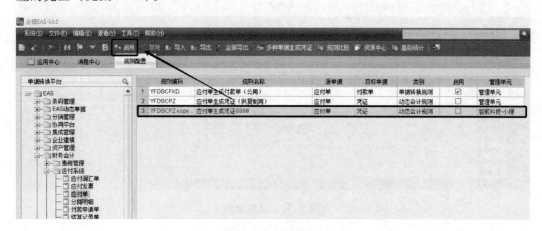

图 5-59　启用规则

2. 应付单记账过滤方案设置

用户 nxl 登录 EAS 客户端，点击【应用】→【财务会计】→【应付管理】→【应付单维护】，打开应收单维护页面（见图 5-60 和图 5-61）。

图 5-60　金蝶 EAS 登录

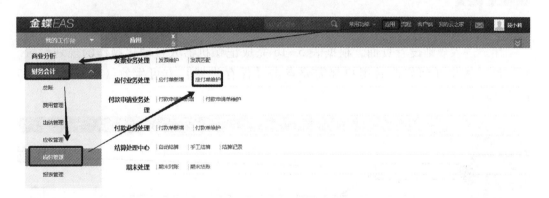

图 5-61　进入应付单维护页面

在方案查询页面，用户根据会计聂小莉对记账处理的要求进行设置（实验数据见表 5-15），并保存过滤方案（见图 5-62）。

图 5-62　应付单记账过滤方案设置

3. 进入智能规划教学平台设置智能执行路径

用户进入智能财务规划教学平台，点击【记账机器人】→【记账机器人规划】，打开记账机器人规划案例任务页面（题目序号 6）。用户点击设置按钮，进入记账机器人应付单记账规划设置页面（见图 5-63）。

图 5-63　记账机器人应付单记账规划设置页面

用户进入规则设置页面，根据表 5-16 完成记账机器人自动化操作的规划设置。规则设置做出任何修改后用户都需要点击【保存设置】方可生效（见图 5-64 和图 5-65）。

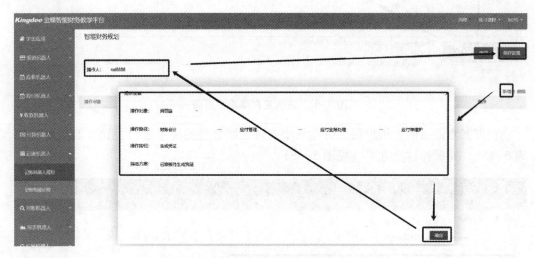

图 5-64　应付单记账规划设置智能执行路径

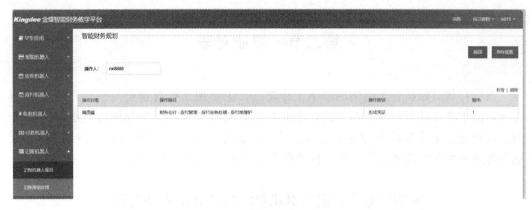

图 5-65　应付单记账智能财务规划页面

案例任务十二：应付单智能记账处理

一、业务场景

会计聂小莉完成应收记账规划后，调用记账机器人，完成对当月应付单记账处理。

二、操作步骤

用户进入智能财务规划教学平台，点击【记账机器人】→【记账智能处理】，打开记账机器人智能处理页面，找到对应的应付单智能记账的题目（题目序号 6），点击【运行设置】，记账机器人会自动进行应收单智能记账处理（见图 5-66）。

图 5-66　记账机器人应付单智能记账处理运行设置

第二节　智能对账

银行存款对账是企业出纳的基本工作之一，主要用于核对企业与银行之间的账务差异。由于账务处理时间的不一致，企业必须定期将银行日记账与银行对账单进行核对，以防止差错并准确掌握存款金额。此外，企业在每月月末还需要进行期末对账，确保各业务系统与总账数据一致，保障账务处理的合理性与正确性。

案例任务一：银行对账单的自动登记规划设置

一、业务场景

银行对账单是企业与银行核对账务的重要文件，记录着企业的业务往来。出纳李兴每月收到银行提供的电子对账单后，需要花费大量时间将信息手动录入系统。这项工作重复性高且价值较低，因此李兴希望通过智能财务的规划与设置，将这部分任务交给智能财务机器人来自动处理，从而提高工作效率，减轻工作负担。

二、实验数据

银行对账单规划如表 5-17 所示。

表 5-17　银行对账单规划

多张票据	单据信息参考一张票据
制单人	lx 学号
人工核对	不启用
开始期间	Y[＄{银行对账单发票.开始日期}]+'年'+M[＄{银行对账单发票.开始日期}]+'期'
结束期间	Y[＄{银行对账单发票.截止日期}]+'年'+M[＄{银行对账单发票.截止日期}]+'期'
银行账号	＄{银行对账单发票.账号}
日期	＄{银行对账单发票.日期}
摘要	＄{银行对账单发票.摘要}
借方金额	＄{银行对账单发票.借方发生额}
贷方金额	＄{银行对账单发票.贷方发生额}
对方单位	＄{银行对账单发票.对方户名}
对方账号	＄{银行对账单发票.对方账号}

三、操作步骤

用户进入智能财务规划教学平台设置银行对账单自动填写规划。

用户进入智能财务规划教学平台，点击【对账机器人】→【对账机器人规划】，打开对账机器人银行对账单填写规划设置题目页面（题目序号1）。用户点击【设置】，进入对账机器人银行对账单填写规划设置页面（见图5-67）。

图 5-67　对账机器人银行对账单填写规划设置页面

用户根据实验数据（见表5-17）完成对账机器人自动化操作的规划设置。用户需要注意所有标点符号均为英文半角符号（见图5-68）。

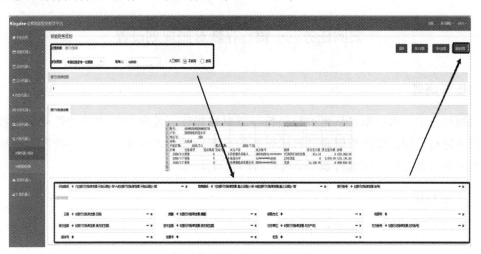

图 5-68　银行对账单的自动登记规划设置

案例任务二：工行银行对账单的智能登记处理

一、业务场景

出纳李兴完成工商银行银行对账单规划后，调用对账机器人完成当月银行对账单自动填写。

二、操作步骤

用户进入智能财务规划教学平台，点击【对账机器人】→【对账智能处理】，打开对账机器人智能处理页面，找到对应的题目（题目序号 1），点击【智能处理】，对账机器人会自动进行银行对账单录入智能处理（见图 5-69）。

图 5-69　对账机器人银行对账单智能填写处理运行设置

案例任务三：银行存款对账规划设置

一、业务场景

每月月末，出纳李兴都要进行银行存款对账操作，发现对账不平的账号需要找出原因并进行处理。李兴希望通过智能财务的规划设置将该对账工作交由智能财务机器人来完成，他可以专注于对账不平的账户的处理。

二、实验数据

银行存款对账方案如表 5-18 所示。

表 5-18　银行存款对账方案

方案名称	银行存款对账方案
是否默认方案	勾选
一对一对账条件	日期相同

银行存款对账规划设置如表 5-19 所示。

表 5-19　银行存款对账规划设置

操作人	lx 学号
操作对象	网页端
操作路径	【财务会计】→【出纳管理】→【银行存款】→【银行存款对账】
操作按钮	自动对账

三、操作步骤

1. 银行存款对账方案设置

用户李兴登录 EAS 客户端，点击【应用】→【财务会计】→【出纳管理】→【银行存款对账】，打开银行存款对账页面（见图 5-70 和图 5-71）。

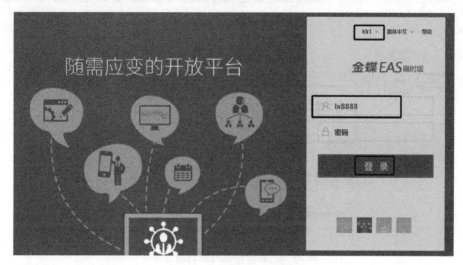

图 5-70　金蝶 EAS 登录

图 5-71　进入银行存款对账页面

　　用户点击【对账设置】，进入对账方案设置页面，根据实验数据（见表 5-18）设置好对账方案（见图 5-72 和图 5-73）。

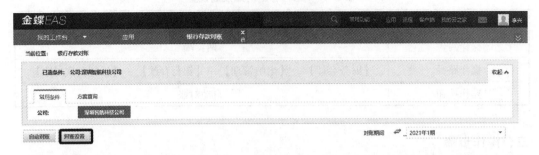

图 5-72　银行存款对账设置

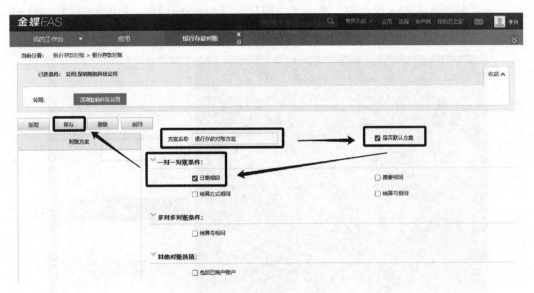

图 5-73　银行存款对账方案设置

2. 进入智能财务规划教学平台设置智能执行路径

　　用户进入智能财务规划教学平台，点击【对账机器人】→【对账机器人规划】，打开对账机器人规划案例任务页面（题目序号 2）。用户点击【设置】，进入对账机器人银行存款对账规划设置页面。用户根据企业业务情况设置银行存款对账默认对账方案，并且设置对账处理步骤（见图 5-74）。

图 5-74 对账机器人银行存款对账规划设置页面

用户进入规则设置页面，根据实验数据（见表 5-19）完成对账机器人自动化操作的规划设置。规则设置做出任何修改后用户都需要点击【保存设置】方可生效（见图 5-75 和图 5-76）。

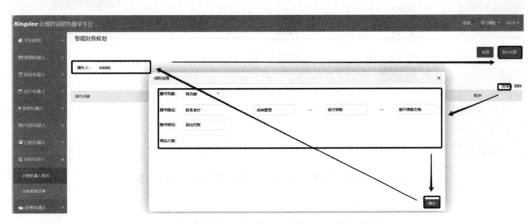

图 5-75 银行存款对账规划设置智能执行路径

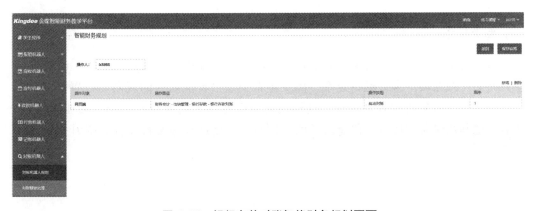

图 5-76 银行存款对账智能财务规划页面

案例任务四：银行存款对账智能处理

一、业务场景

出纳李兴完成银行存款对账规划后，调用对账机器人对银行存款进行对账处理，出纳检查对账结果。

二、操作步骤

用户进入智能财务规划教学平台，点击【对账机器人】→【对账智能处理】，打开对账机器人智能处理案例任务页面（题目序号 2）。用户点击【运行设置】，对账机器人会自动进行银行存款对账智能处理。

图 5-77　对账机器人银行存款对账智能处理运行设置

案例任务五：应收期末对账规划设置

一、业务场景

每月月末，往来会计周雯鑫需要进行应收期末对账处理，发现对账不平时才会与会计共同查找原因。为了提高效率，周雯鑫希望通过智能财务的规划与设置，将对账工作交给智能财务机器人来完成，这样他就可以专注于处理对账不平时的业务问题，更有效地利用时间和精力。智能财务的应用将帮助他减少重复性工作，提升整体工作效率。

二、实验数据

应收期末对账方案如表 5-20 所示。

表 5-20 应收期末对账方案

方案名称	应收期末对账方案
默认方案	勾选
对账方式	按科目对账
科目	1122 应收账款
包括未过账凭证	勾选
显示往来户明细	勾选

应收期末对账规划设置如表 5-21 所示。

表 5-21 应收期末对账规划设置

操作人	zwx 学号
操作对象	网页端
操作路径	【财务会计】→【应收管理】→【期末处理】→【期末对账】
操作按钮	对账

三、操作步骤

1. 应收期末对账方案设置

用户周雯鑫登录 EAS 客户端，点击【应用】→【财务会计】→【应收管理】→【期末对账】，打开应收期末对账处理页面（见图 5-78 和图 5-79）。

图 5-78 金蝶 EAS 登录

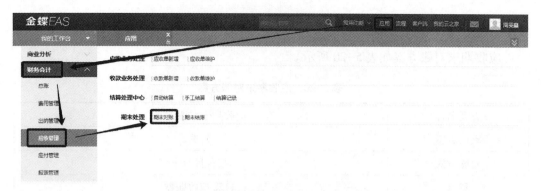

图 5-79　进入应收期末对账处理页面

进入对账页面，用户点击【设置】，进入对账方案设置页面，根据往来会计周雯鑫处理对账的习惯，由实验数据（见表 5-20），设置好对账方案（见图 5-80 和图 5-81）。

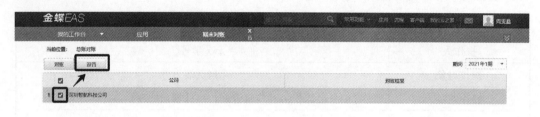

图 5-80　进入对账方案设置页面

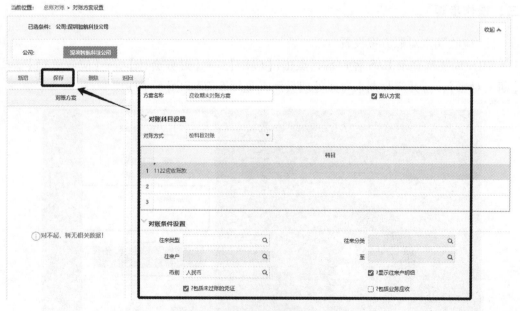

图 5-81　期末应收对账方案设置

2. 进入智能财务规划教学平台设置智能执行路径

用户进入智能财务规划教学平台，点击【对账机器人】→【对账机器人规划】，打开对账机器人规划案例任务页面（题目序号3）。用户点击【设置】，进入对账机器人应收期末规划设置页面，用户根据企业业务情况设置智能处理步骤（见图5-82）。

图 5-82　对账机器人应收期末对账规划设置页面

用户进入规则设置页面，根据实验数据（见表5-21）完成对账机器人自动化操作的规划设置。规则设置做出任何修改后用户都需要点击【保存设置】方可生效（见图5-83和图5-84）。

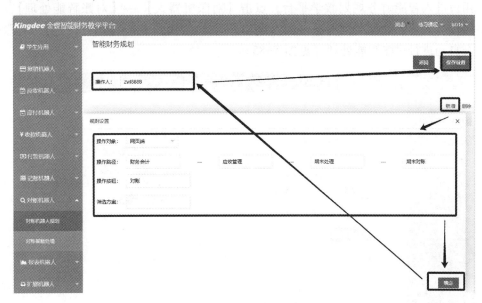

图 5-83　应收期末对账规划设置智能执行路径

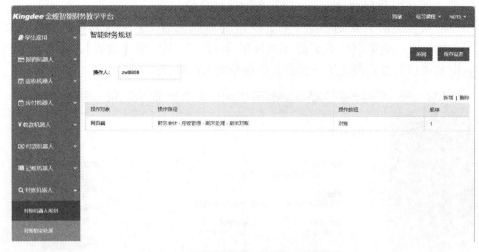

图 5-84　应收期末对账智能财务规划页面

案例任务六：应收期末对账智能处理

一、业务场景

往来会计周雯鑫完成应收期末对账规划后，调用对账机器人对应收的期末对账进行处理，往来会计检查期末对账结果。

二、操作步骤

用户进入智能财务规划教学平台，点击【对账机器人】→【对账智能处理】，打开对账机器人智能处理案例任务页面（题目序号 3）。用户点击【运行设置】，对账机器人会自动进行对账智能处理（见图 5-85）。

图 5-85　对账机器人应收期末对账智能处理运行设置

案例任务七：应付期末对账规划设置

一、业务场景

每月月末，往来会计周雯鑫进行应付期末对账时，只有在发现对账不平时才与会计查找原因。为了提高工作效率，周雯鑫希望通过智能财务的规划，将对账工作交由智能财务机器人来完成，这样他可以集中精力处理对账不平时的复杂业务，降低重复性工作带来的压力。智能财务的引入将使得整个流程更高效、准确。

二、实验数据

应付期末对账方案如表 5-22 所示。

表 5-22　应付期末对账方案

方案名称	应付期末对账方案
默认方案	勾选
对账方式	按科目对账
科目	2202 应付账款、2241.01 往来
包括未过账凭证	勾选
显示往来户明细	勾选

应付期末对账规划设置如表 5-23 所示。

表 5-23　应付期末对账规划设置

操作人	zwx 学号
操作对象	网页端
操作路径	【财务会计】→【应付管理】→【期末处理】→【期末对账】
操作按钮	对账

三、操作步骤

1. 应付期末对账方案设置

用户周雯鑫登录 EAS 客户端，点击【应用】→【财务会计】→【应付管理】→【期末对账】，打开对账页面（见图 5-86 和图 5-87）。

图 5-86　金蝶 EAS 登录

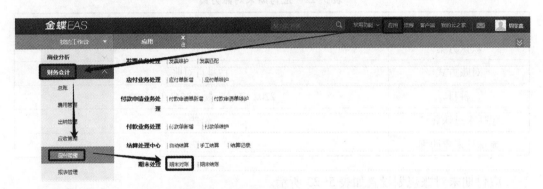

图 5-87　进入应付期末对账处理页面

　　进入对账页面，用户点击【设置】，进入对账方案设置页面，根据往来会计周雯鑫处理对账的习惯，由实验数据（见表 5-22），设置好对账方案（见图 5-88 和图 5-89）。

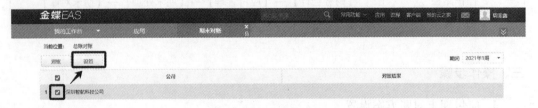

图 5-88　进入对账页面

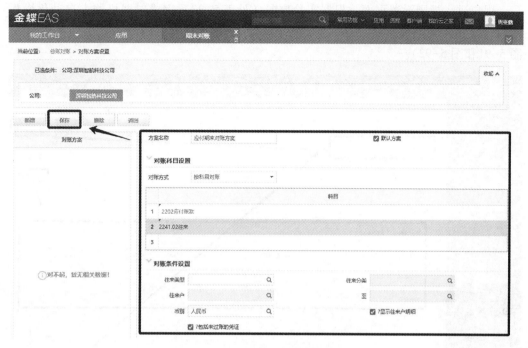

图 5-89 期末应付对账方案设置

2. 进入智能财务规划教学平台设置智能执行路径

用户进入智能财务规划教学平台，点击【对账机器人】→【对账机器人规划】，打开对账机器人规划案例任务页面（题目序号4）。用户点击【设置】，进入对账机器人应付期末对账规划设置页面。用户根据企业业务情况设置智能处理步骤（见图 5-90）。

图 5-90 对账机器人应付期末对账规划设置页面

　　用户进入规则设置页面，根据实验数据（见表 5-23）完成对账机器人自动化操作的规划设置。规则设置做出任何修改后用户都需要点击【保存设置】方可生效（见图 5-91 和图 5-92）。

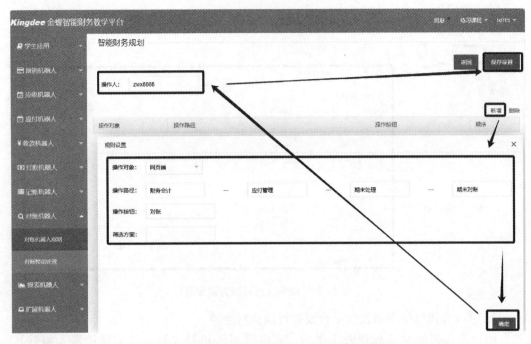

图 5-91　应付期末对账规划设置智能执行路径

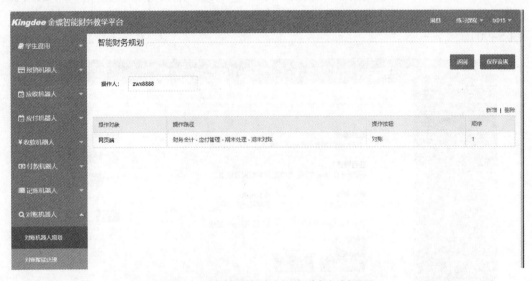

图 5-92　应付期末对账智能财务规划页面

案例任务八：应付期末对账智能处理

一、业务场景

往来会计周雯鑫完成应付期末对账规划后，调用对账机器人对应付的期末对账进行处理，往来会计检查期末对账结果。

二、操作步骤

用户进入智能财务规划教学平台，点击【对账机器人】→【对账智能处理】，打开对账机器人智能处理案例任务页面（题目序号 4）。用户点击运行设置，对账机器人会自动进行对账智能处理（见图 5-93）。

图 5-93　对账机器人应付期末对账智能处理运行设置

案例任务九：出纳期末对账规划设置

一、业务场景

每月月末，出纳李兴都要进行出纳期末对账处理，发现对账不平的情况才需要和会计一起找出不平的原因。为了提高工作效率，李兴希望通过智能财务的规划，将该对账工作交由智能财务机器人来完成，这样他可以专注于对账不平时的业务处理。

二、实验数据

出纳期末对账方案如表 5-24 所示。

表 5-24　出纳期末对账方案

方案名称	出纳期末对账方案
是否默认方案	勾选
包括未过账凭证	勾选

出纳期末对账规划设置如表 5-25 所示。

表 5-25　出纳期末对账规划设置

操作人	lx 学号
操作对象	网页端
操作路径	【财务会计】→【出纳管理】→【期末处理】→【期末对账】
操作按钮	对账

三、操作步骤

1. 出纳期末对账方案设置

用户李兴登录 EAS 客户端，点击【应用】→【财务会计】→【出纳管理】→【期末对账】，打开对账页面（见图 5-94 和图 5-95）。

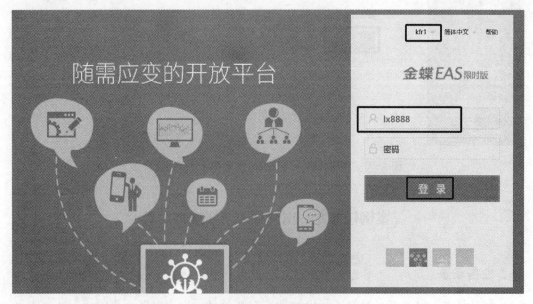

图 5-94　金蝶 EAS 登录

图 5-95 进入出纳期末对账处理页面

进入对账页面，用户点击【设置】，进入对账方案设置页面，根据往来会计周雯鑫处理对账的习惯，由实验数据（见表 5-24），设置好对账方案（见图 5-96 和图 5-97）。

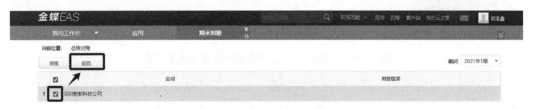

图 5-96 进入对账页面

图 5-97 期末出纳对账方案设置

2. 进入智能财务规划教学平台设置智能执行路径

用户进入智能财务规划教学平台，点击【对账机器人】→【对账机器人规划】，打开对账机器人规划案例任务页面（题目序号 5）。用户点击【设置】，进入对账机器人出纳期末对账规划设置页面。用户根据企业业务情况设置智能处理步骤（见图 5-98）。

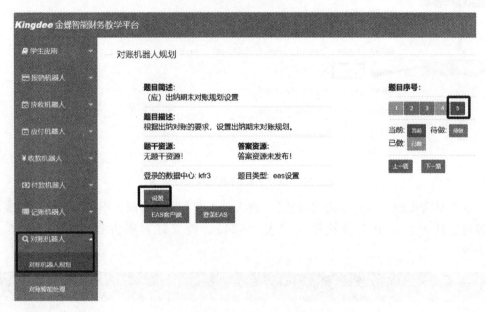

图 5-98 对账机器人出纳期末对账规划设置页面

用户进入规则设置页面，根据实验数据（见表 5-25）完成对账机器人自动化操作的规划设置。规则设置做出任何修改后用户都需要点击【保存设置】方可生效（见图 5-99 和图 5-100）。

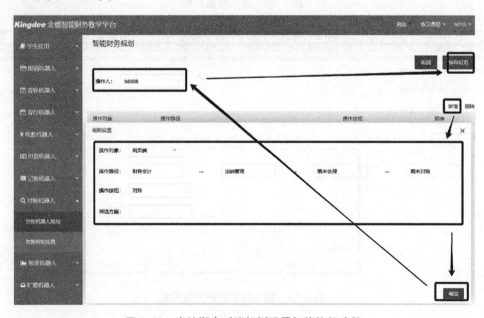

图 5-99 出纳期末对账规划设置智能执行路径

图 5-100　出纳期末对账智能财务规划页面

案例任务十：出纳期末对账智能处理

一、业务场景

出纳李兴完成出纳期末对账规划后，调用对账机器人对出纳的期末对账进行处理，出纳检查期末对账结果。

二、操作步骤

用户进入智能财务规划教学平台，点击【对账机器人】→【对账智能处理】，打开对账机器人智能处理案例任务页面（题目序号 5）。用户点击【运行设置】，对账机器人会自动进行对账智能处理（见图 5-101）。

图 5-101　对账机器人出纳期末对账智能处理运行设置

第三节　智能报表处理

　　每月汇总财务数据时，财务人员需要手动整理和生成各类报表，耗费大量时间与精力。为了解决这一问题，财务人员希望通过智能财务的规划设置，将报表处理工作交给智能报表机器人来完成。这样财务人员可以将更多的注意力集中在数据分析和业务洞察上，而不是花费时间在重复的报表生成上。智能报表处理的引入将提升整体效率，使决策更加及时和准确。

案例任务一：凭证期末审核规划设置

一、业务场景

　　每月月末，财务经理邓永斌都需要对当月的全部凭证进行审核。该工作属于高重复、低价值的财务工作，邓永斌希望通过智能财务的规划设置将该部分工作交由智能财务机器人来完成。

二、实验数据

凭证审核过滤方案如表 5-26 所示。

表 5-26　凭证审核过滤方案

方案名称	待审核
过滤条件	日期：2021-01-01 至 2021-01-31 状态：已提交

凭证审核规划设置如表 5-27 所示。

表 5-27　凭证审核规划设置

操作人	dyb 学号
操作对象	网页端
操作路径	【财务会计】→【总账】→【凭证处理】→【凭证查询】
操作按钮	审核
筛选方案	待审核

三、操作步骤

1. 凭证审核过滤方案设置

用户 dyb 登录 EAS 客户端，点击【财务会计】→【总账】→【凭证处理】→【凭证查询】，打开凭证查询列表页面（见图 5-102 和图 5-103）。

图 5-102　金蝶 EAS 登录

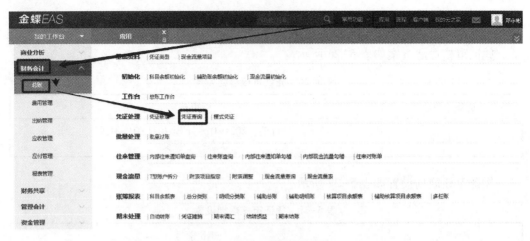

图 5-103 进入凭证查询页面

用户打开凭证查询列表页面，在方案查询页面，根据财务经理邓永彬查询凭证的要求，由实验数据（见表 5-26），设置并保存过滤方案（见图 5-104）。

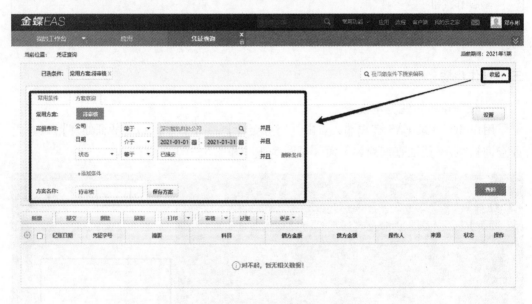

图 5-104 凭证审核过滤方案设置

2. 进入智能规划教学平台设置智能执行路径

用户进入智能财务规划教学平台，点击【报表机器人】→【报表机器人规划】，打开报表机器人规划案例任务页面（题目序号 1）。用户点击【设置】，进入报表机器人凭证审核规划设置页面（见图 5-105）。

图 5-105　报表机器人凭证审核规划设置页面

　　用户进入规则设置页面，根据实验数据（见表 5-27）完成报表机器人自动化操作的规划设置。规则设置做出任何修改后用户都需要点击【保存设置】方可生效（见图 5-106和图 5-107）。

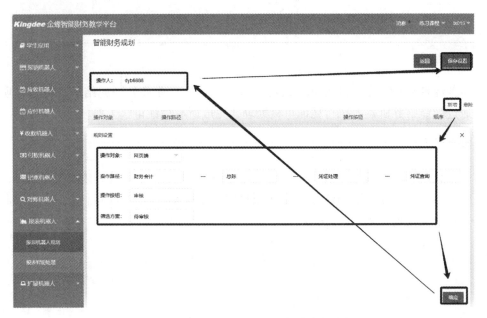

图 5-106　凭证审核规划设置智能执行路径

图 5-107　凭证审核智能财务规划页面

案例任务二：凭证审核智能处理

一、业务场景

财务经理邓永斌完成报表机器人规划，在月末所有业务处理完结后，将当月所有凭证通过智能财务机器人执行凭证审核处理，完成所有凭证审核工作。

二、操作步骤

用户进入智能财务规划教学平台，点击【报表机器人】→【报表智能处理】，打开报表机器人智能处理案例任务页面（题目序号1）。用户点击【运行】，报表机器人自动进行智能处理（见图 5-108）。

图 5-108　报表机器人凭证审核智能处理运行设置

案例任务三：凭证期末过账规划设置

一、业务场景

每月月末，会计聂小莉都需要对当月的全部凭证进行过账。该工作属于高重复、低价值的财务工作，聂小莉希望通过智能财务的规划设置将该部分工作交由智能财务机器人来完成。

二、实验数据

凭证过账规划设置如表 5-28 所示。

表 5-28　凭证过账规划设置

操作人	nxl 学号
操作对象	网页端
操作路径	【财务会计】→【总账】→【批量处理】→【批量过账】
操作按钮	开始

三、操作步骤

用户进入智能规划教学平台设置智能执行路径。

用户进入智能财务规划教学平台，点击【报表机器人】→【报表机器人规划】，打开报表机器人规划案例任务页面（题目序号 2）。用户点击【设置】，根据企业业务情况设置智能处理步骤（见图 5-109）。

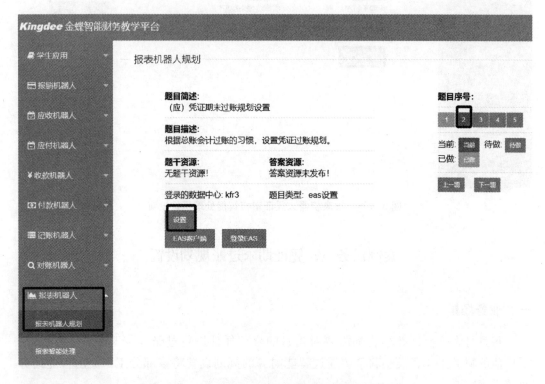

图 5-109　报表机器人凭证期末过账规划设置页面

用户进入规则设置页面，根据实验数据（见表 5-28）完成报表机器人自动化操作的规划设置。规则设置做出任何修改后用户都需要点击【保存设置】方可生效（见图 5-110 和图 5-111）。

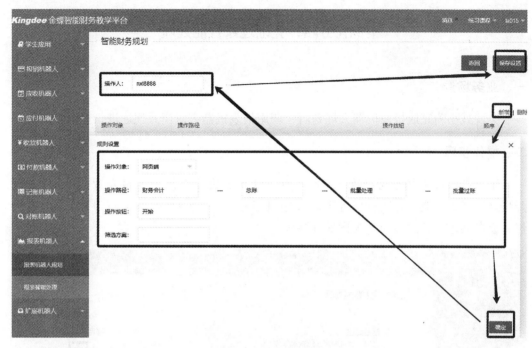

图 5-110 凭证期末过账规划设置智能执行路径

图 5-111 凭证期末过账智能财务规划页面

案例任务四：凭证过账智能处理

一、业务场景

会计聂小莉完成报表机器人规划后，调用报表机器人对当月凭证进行过账处理。

二、操作步骤

用户进入智能财务规划教学平台，点击【报表机器人】→【报表智能处理】，打开报表机器人智能处理案例任务页面（题目序号2）。用户点击【运行设置】，报表机器人会自动进行智能处理（见图5-112）。

图 5-112　报表机器人凭证期末过账智能处理运行设置

案例任务五：期末自动转账规划设置

一、业务场景

每月月末，会计聂小莉都要进行制造费用结转的财务处理。该工作属于高重复、低价值的财务工作，聂小莉希望通过智能财务的规划设置将该部分工作交由智能财务机器人来完成。

二、实验数据

自动转账方案如表 5-29 所示。

表 5-29　自动转账方案

公司	编码	名称	凭证类型	转账类型	凭证分录顺序	摘要	科目	币别	借贷	数据来源	转账比例/%
深圳智航科技公司	学号	结转制造费用	记_姓名	普通转账	模板顺序	结转制造费用	5001.03（生产成本——制造费用）	人民币	自动	转入	100
							5101.01（制造费用——水电费）			按比例转出余额	100
							5101.02（制造费用——折旧费）			按比例转出余额	100

自动转账规划设置如表 5-30 所示。

表 5-30　自动转账规划设置

操作人	nxl 学号
操作对象	网页端
操作路径	【财务会计】→【总账】→【期末处理】→【自动转账】
操作按钮	生成凭证

三、操作步骤

1. 期末自动转账方案设置

用户 nxl 登录 EAS 客户端，点击【财务会计】→【总账】→【期末处理】→【自动转账】，打开自动转账序时簿，新增并保存自动转账方案（见图 5-113 至图 5-116）。实验数据如表 5-29 所示。

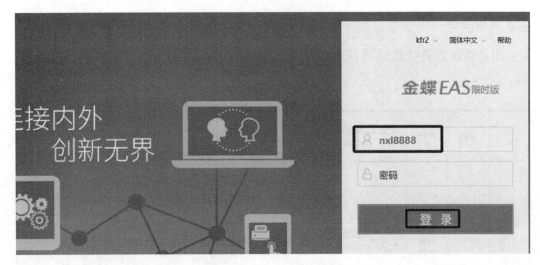

图 5-113　金蝶 EAS 登录

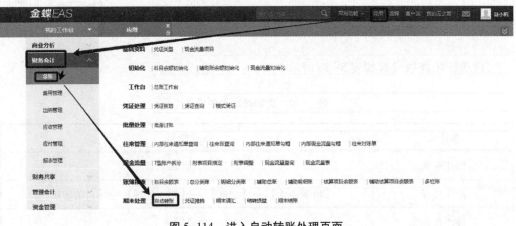

图 5-114　进入自动转账处理页面

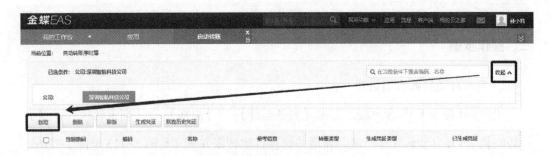

图 5-115　新增自动转账方案

图 5-116　期末自动转账过滤方案设置

2. 进入智能财务规划教学平台设置智能执行路径

用户进入智能财务规划教学平台，点击【报表机器人】→【报表机器人规划】，打开报表机器人规划案例任务页面（题目序号 3）。用户点击【设置】，根据企业业务情况设置智能处理步骤（见图 5-117）。

图 5-117　报表机器人期末自动转账规划设置页面

用户进入规则设置页面，根据实验数据（见表 5-30）完成报表机器人自动化操作的规划设置。规则设置做出任何修改后用户都需要点击【保存设置】方可生效（见图 5-118 和图 5-119）。

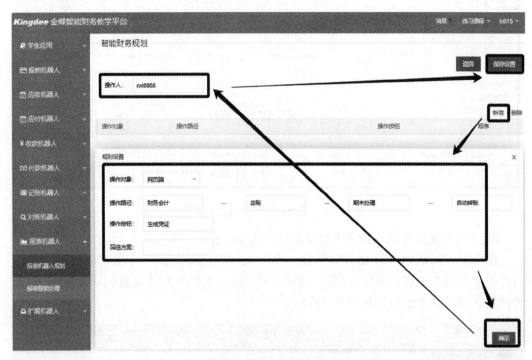

图 5-118　期末自动转账规划设置智能执行路径

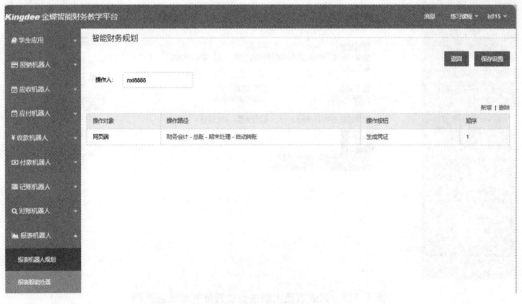

图 5-119　期末自动转账智能财务规划页面

案例任务六：期末自动转账智能处理

一、业务场景

会计聂小莉完成报表机器人规划后，调用报表机器人对期末自动转账进行处理。

二、操作步骤

用户进入智能财务规划教学平台，点击【报表机器人】→【报表智能处理】，打开报表机器人智能处理案例任务页面（题目序号3）。用户点击【运行设置】，报表机器人会自动进行智能处理（见图5-120）。

图5-120　报表机器人期末自动转账智能处理运行设置

案例任务七：期末结转损益规划设置

一、业务场景

每月月末，会计聂小莉都需要进行期末结转损益。该工作属于高重复、低价值的财务工作，聂小莉希望通过智能财务的规划设置将该部分工作交由智能财务机器人来完成。

二、实验数据

结转损益方案如表5-31所示。

表 5-31　结转损益方案

公司	深圳智航科技公司
方案编码	学号
方案名称	结转损益
凭证类型	记_姓名
凭证日期	期末最后一天
凭证摘要	结转损益
本年利润科目	4103（本年利润）
结转期间	当前期间
全部损益科目结转	全选

自动转账规划设置如表 5-32 所示。

表 5-32　自动转账规划设置

操作人	nxl 学号
操作对象	网页端
操作路径	【财务会计】→【总账】→【期末处理】→【结转损益】
操作按钮	生成凭证

三、操作步骤

1. 期末结转损益方案设置

用户 nxl 登录 EAS 客户端，点击【财务会计】→【总账】→【期末处理】→【结转损益】，打开自动转账序时簿，新增并保存结转损益方案（见图 5-121 至图 5-124）。实验数据如表 5-31 所示。

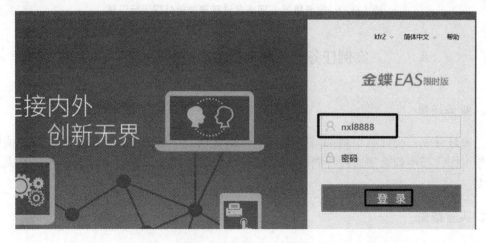

图 5-121　金蝶 EAS 登录

图 5-122 进入结转损益处理页面

图 5-123 新增结转损益方案

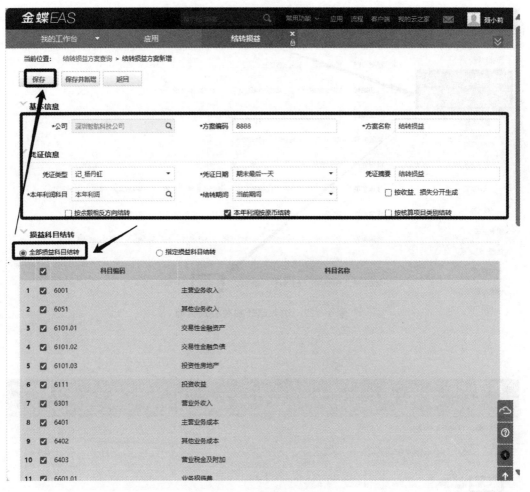

图 5-124 结转损益方案设置

2. 进入智能财务规划教学平台设置智能执行路径

用户进入智能财务规划教学平台，点击【报表机器人】→【报表机器人规划】，打开报表机器人规划案例任务页面（题目序号4）。用户点击设置按钮，根据企业业务情况设置智能处理步骤（见图 5-125）。

图 5-125　报表机器人期末结转损益规划设置页面

用户进入规则设置页面，根据实验数据（见表 5-32）完成报表机器人自动化操作的规划设置。规则设置做出任何修改后用户都需要点击【保存设置】方可生效（见图 5-126和图 5-127）。

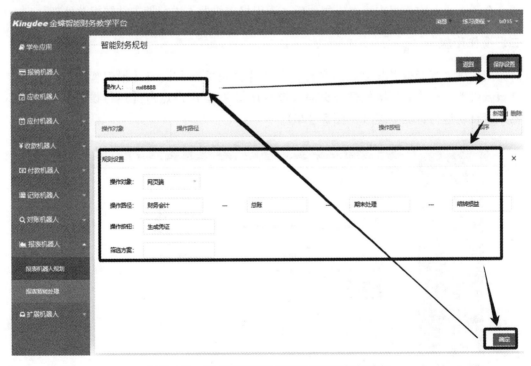

图 5-126　期末结转损益规划设置智能执行路径

图 5-127　期末结转损益智能财务规划页面

案例任务八：期末结转损益智能处理

一、业务场景

会计聂小莉完成报表机器人规划后，调用报表机器人进行期末结转损益处理。

二、操作步骤

用户进入智能财务规划教学平台，点击【报表机器人】→【报表智能处理】，打开报表机器人智能处理案例任务页面（题目序号4）。用户点击【运行设置】，报表机器人会自动进行智能处理（见图5-128）。

图 5-128　报表机器人期末结转损益智能处理运行设置

案例任务九：期末结账规划设置

一、业务场景

每月月末，财务经理邓永彬都要进行各个财务系统的期末结账工作，邓永斌希望通过智能财务的规划设置将该部分工作交由智能财务机器人来完成。

二、实验数据

期末结账规划设置如表5-33所示。

表5-33　期末结账规划设置

模块	操作路径	操作按钮
出纳管理期末结账	【财务会计】→【出纳管理】→【期末处理】→【期末结账】	【结账】
应收管理期末结账	【财务会计】→【应收管理】→【期末处理】→【期末结账】	【结账】
应付管理期末结账	【财务会计】→【应付管理】→【期末处理】→【期末结账】	【结账】
总账期末结账	【财务会计】→【总账】→【期末处理】→【期末结账】	【结账】

三、操作步骤

用户进入智能财务规划教学平台设置智能执行路径。

用户进入智能财务规划教学平台，点击【报表机器人】→【报表机器人规划】，打开报表机器人规划案例任务页面（题目序号5）。用户点击【设置】，根据企业业务情况设置智能处理步骤（见图5-129）。

图5-129　报表机器人期末结账规划设置页面

　　用户进入规则设置页面，根据实验数据（见表 5-33）完成报表机器人自动化操作的规划设置。规则设置做出任何修改后用户都需要点击【保存设置】方可生效（见图 5-130和图 5-131）。

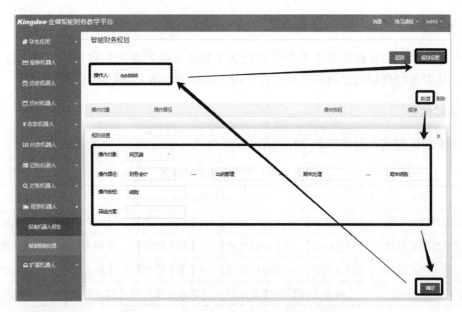

图 5-130　期末结账规划设置智能执行路径

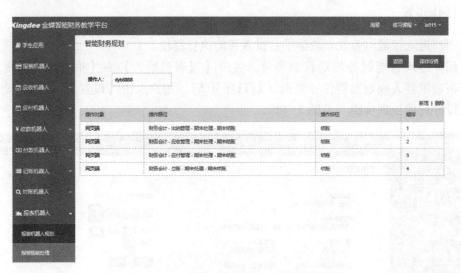

图 5-131　期末结账智能财务规划页面

案例任务十：期末结转损益智能处理

一、业务场景

会计聂小莉完成报表机器人规划后，调用报表机器人进行期末结转损益处理。

二、操作步骤

用户进入智能财务规划教学平台，点击【报表机器人】→【报表智能处理】，打开报表机器人智能处理案例任务页面（题目序号5）。用户点击【运行设置】，报表机器人会自动进行智能处理（见图5-132）。

图5-132　报表机器人期末结账智能处理运行设置

第四节　智能收款机器人

案例任务一：收款单填写规划设置

一、业务场景

收款作为企业经营性、投资性以及筹资性活动资金回笼的关键环节，是实现企业经济收益的具体体现形式。鉴于此，出纳人员李兴需要频繁投入大量时间，依据业务部门提供的银行对账单及原始财务凭证，在财务系统中手动录入收款单据。此任务本质上属于高度重复性且附加价值较低的财务工作范畴。为了优化这一流程，提升工作效率，出纳李兴希望采用智能财务系统规划，旨在将此类重复性高的作业自动化，通过智能财务机器人的部署来完成，从而减轻人工负担，促进财务工作的智能化转型。

二、实验数据

收款单规划（预收款）——中国工商银行客户回单如表 5-34 所示。

表 5-34 收款单规划（预收款）——中国工商银行客户回单

多张票据	单据信息参考一张票据
制单人	lx 学号
人工核对	启用
收款类型	预收款
业务日期	$｛中国工商银行客户回单.入账日期｝
收款账户	'工商银行南山支行'
收款科目	'1002'
往来类型	'客户'
付款单位	$｛中国工商银行客户回单.付款人名称｝
摘要	$｛中国工商银行客户回单.用途摘要｝
付款账号	$｛中国工商银行客户回单.付款人账号｝
付款银行	$｛中国工商银行客户回单.付款人开户行｝
实收金额	$｛中国工商银行客户回单.金额（小写）｝-'RMB：'
对方科目	'2203'

三、操作步骤

用户登录智能财务规划教学平台设置收款单自动填写规划。

用户进入智能财务规划教学平台，点击【收款机器人】→【收款机器人规划】，找到案例任务一，点击【设置】（见图 5-133）。

图 5-133 进入收款机器人规划

用户打开收款机器人规划页面，按照企业业务情况的需求查看规划要求，设置收款单自动填写规则（见图 5-134）。

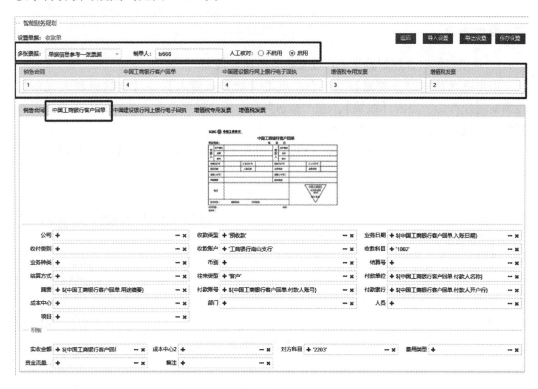

图 5-134 填写收款单自动规划设置

案例任务二：收款单审核规划设置

一、业务场景

财务经理邓永斌每日皆需执行重复性高且附加价值较低的财务审核任务，即针对当日生成的收款单据进行详尽审查。此审核流程聚焦于确保收款账号严格遵守公司既定的"收支两条线"管理原则，同时验证收款单上所载金额与原始票据金额的一致性，以保障财务数据的准确无误。鉴于该工作的重复性质，邓永斌期望通过引入智能财务系统的规划设置，实现审核流程的自动化，将这部分工作交由智能财务机器人执行，以优化财务资源配置，提升整体工作效率。

二、实验数据

收款单审核规划如表 5-35 所示。

表 5-35　收款单审核规划

校验点名称	校验要求
收款账户确认	收款单的收款账户为工商银行南山支行
收款金额确认	收款单实收金额=银行回单金额

三、操作步骤

1. 登录智能财务规划教学平台设置收款单审核规划

用户进入智能财务规划教学平台，点击【收款机器人】→【收款机器人规划】，找到案例任务二，点击【设置】，进入规划页面。用户按照企业业务情况的需求查看规划要求，设置收款单审核填写规则。

用户输入审核人为"dyb+学号"后，开启人工参与。用户点击【新增】设置校验点（见图 5-135）。

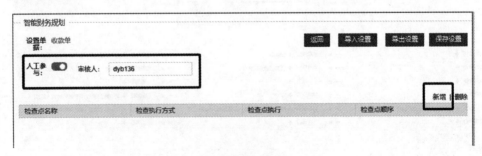

图 5-135　填写收款机器人规划

2. 设置收款账户确认校验点

用户按实验数据（见表5-35）进行设置（见图5-136）。

图5-136 填写收款账户确认校验点

3. 设置收款金额确认校验点

用户按实验数据（见表5-35）进行设置（见图5-137）。

图5-137 填写收款金额确认校验点

检验点设置完成（见图 5-138），用户点击【保存设置】。

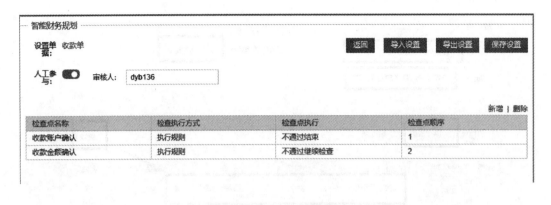

图 5-138　收款单审核规划

案例任务三：销售预收业务智能处理

一、业务场景

2021 年 2 月 4 日，科亚特股份有限公司要求购买 30 台通用型航拍无人机定制 A 款，当天签订销售合同并明确规定了交货日期为 2021 年 3 月 10 日，客户支付 10 万元作为预收款。出纳李兴将根据该业务情况调用收款机器人完成收款单填写。

二、操作步骤

1. 下载题干资源

用户进入智能财务规划教学平台，点击【收款机器人】→【收款单智能处理】，打开收款机器人智能处理页面，找到对应的任务。用户点击【题干资源-查看详情】→【下载】，将合同与银行回单一并下载下来（见图 5-139）。

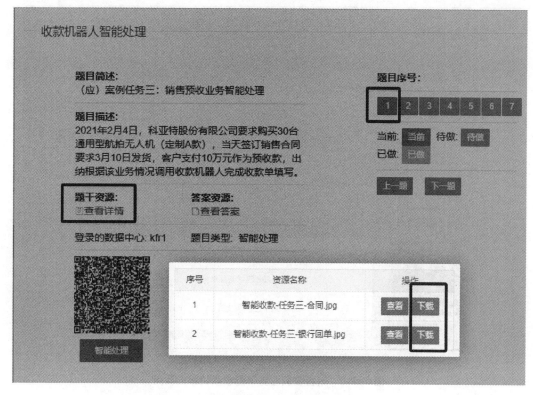

图 5-139　销售预收业务智能收款机器人调用

2. 调用智能收款机器人

用户点击【智能处理】，上传原始单据后，由收款机器人执行收款单自动填写。

案例任务四：销售收款业务智能处理

一、业务场景

2021 年 2 月 7 日，朗星公司购买植保无人机支付货款 10 万元，并提供银行回单。出纳李兴根据该业务情况调用收款机器人完成收款单填写。

二、操作步骤

1. 下载题干资源

用户进入智能财务规划教学平台，点击【收款机器人】→【收款单智能处理】，打开收款机器人智能处理页面，找到对应的任务。用户点击【题干资源-查看详情】→【下载】，将合同与银行回单一并下载下来。

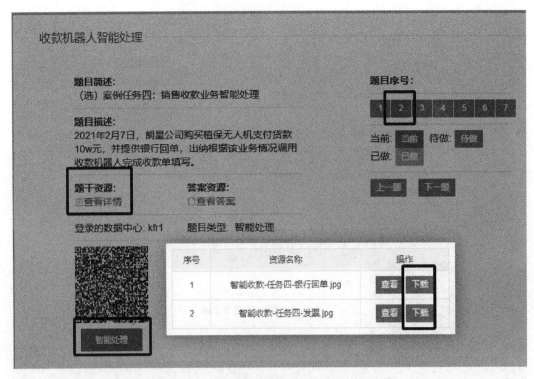

图 5-140　销售收款业务智能收款机器人调用

2. 调用智能收款机器人

用户点击【智能处理】，上传原始单据后，由收款机器人执行收款单自动填写。

案例任务五：收款单智能审核处理

一、业务场景

收款机器人完成收款单自动审核处理，财务经理关注需要人工审核的项目。

二、操作步骤

用户进入智能财务规划教学平台，点击【收款机器人】→【收款单智能处理】，打开收款机器人智能处理页面，找到对应的任务。用户点击【智能处理】，进行单据审核自动处理（见图 5-141）。

图 5-141　收款机器人收款单智能审核调用

第五节　智能付款机器人

案例任务一：付款单填写规划设置

一、业务场景

付款作为与收款相对应的资金流出形式，是企业资金运作的重要组成部分。常见的付款单据包括但不限于采购付款单、预付款单以及费用报销付款单等。目前，出纳李兴每月需耗费大量时间，依据业务部门提供的银行结算单及原始财务凭证，在财务信息系统中手工录入付款单据。这一工作流程显著表现出高重复性且附加价值较低的特点。鉴于此，李兴提出借助智能财务系统的规划设置，希望通过引入智能财务机器人，自动执行这部分高度重复的付款单据录入工作，以期实现财务工作流程的智能化与效率提升。

二、实验数据

付款单规划（预付款）——中国工商银行客户回单如表 5-36 所示。

表 5-36　付款单规划（预付款）——中国工商银行客户回单

多张票据	单据信息参考一张票据
制单人	lx 学号

表5-36(续)

人工核对	启用
付款类型	预付款
业务日期	\$ ｛中国工商银行客户回单. 委托日期｝
付款账户	′工商银行宝安支行′
付款科目	′1002′
收款人类型	′供应商′
收款人名称	\$ ｛中国工商银行客户回单. 收款人名称｝
摘要	\$ ｛中国工商银行客户回单. 用途摘要｝ +′, 对应的采购合同编号为:′+ \$ ｛采购合同. 合同编号｝
实付金额	\$ ｛中国工商银行客户回单. 金额（小写）｝
对方科目	′预付账款′

三、操作步骤

用户登录智能财务规划教学平台设置付款单自动填写规划。

用户进入智能财务规划教学平台，点击【付款机器人】→【付款机器人规划】，找到案例任务一，点击【设置】（见图 5-142）。

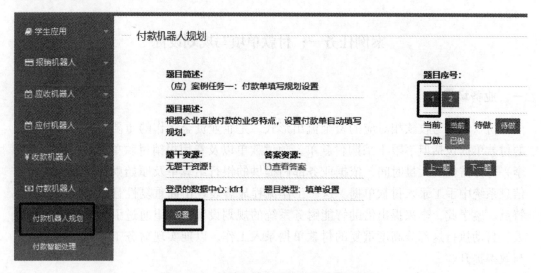

图 5-142　付款机器人付款单自动填写规划

用户打开付款机器人规划页面，按照企业业务情况的需求查看规划要求，设置付款单自动填写规则（见图 5-143）。

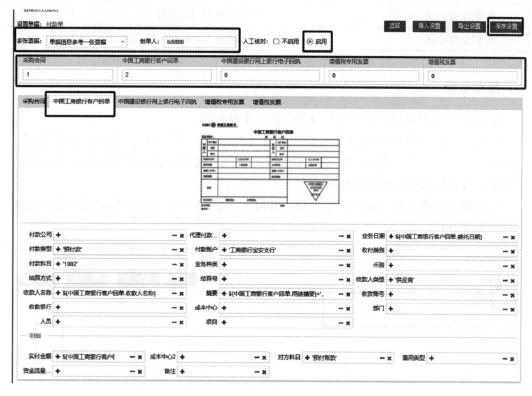

图 5-143　付款机器人付款单规划填写

案例任务二：付款单审核规划设置

一、业务场景

每日，财务经理邓永斌需执行一项关键任务，即审核当日生成的全部付款单据。审核的核心聚焦于确保每笔付款均严格遵循公司既定的"收支两条线"财务管理原则，即收入与支出资金分别管理，互不干扰；同时，严格比对付款单据上的金额与实际附着的财务票据所载金额是否完全一致，以保障财务数据的准确无误。此工作流程虽至关重要，但因其高度的重复性与相对较低的价值贡献率，被视为一项需优化的财务管理活动。鉴于此，邓永斌正积极筹划智能财务系统的部署与应用，希望通过智能财务机器人的引入，实现对此类高重复、低附加值工作的自动化处理，从而显著提升财务管理效率与精确度。

二、实验数据

收款单审核规划如表 5-37 所示。

表 5-37　收款单审核规划

校验点名称	校验要求
付款账号确认	付款单的付款账号
付款金额确认	付款单实收金额＝银行回单金额

三、操作步骤

1. 登录智能财务规划教学平台设置收款单审核规划

用户进入智能财务规划教学平台，点击【付款机器人】→【付款机器人规划】，找到案例任务二，点击【设置】，进入规划页面。用户按照企业业务情况的需求查看规划要求，设置付款单审核填写规则。

用户输入审核人为"dyb+学号"后，开启人工参与。用户点击【新增】设置校验点（见图 5-144）。

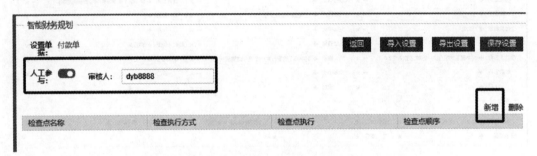

图 5-144　付款机器人付款单审核填写规则

2. 设置付款账户确认校验点

用户按实验数据（见表 5-37）进行设置（见图 5-145）。

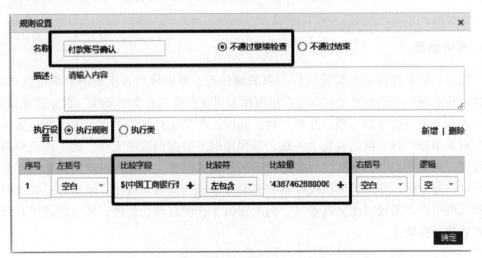

图 5-145　付款机器人付款账户确认校验点设置

3. 设置付款金额确认校验点

用户按实验数据（见表 5-37）进行设置（见图 5-146）。

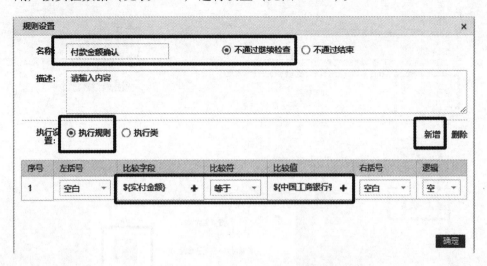

图 5-146　付款机器人付款金额确认校验点设置

检验点设置完成（见图 5-147），用户点击【保存设置】。

图 5-147　付款机器人校验点设置保存

案例任务三：给供应商支付预付款

一、业务场景

2021 年 2 月 20 日，智航科技和德瑞制造公司签订合同，购买分电板 500 个，根据合同要求先支付 5 万元预付款。出纳李兴调用付款机器人完成付款单填写。

二、操作步骤

1. 下载题干资源

用户进入智能财务规划教学平台，点击【付款机器人】→【付款单智能处理】，打开付款机器人智能处理页面，找到对应的任务。用户点击【题干资源-查看详情】→【下载】，将合同与银行回单一并下载下来（见图 5-148）。

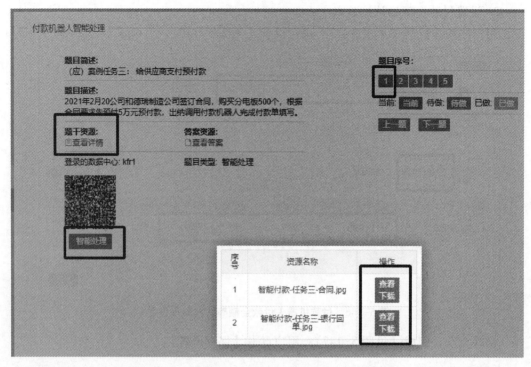

图 5-148   调用付款机器人给供应商支付预付款

2. 调用智能付款机器人

用户点击【智能处理】，上传原始单据后，由付款机器人执行付款单自动填写。

案例任务四：付款单审核智能处理

一、业务场景

付款机器人完成付款单自动审核处理，财务经理关注审核不通过的付款单。

二、操作步骤

用户进入智能财务规划教学平台，点击【付款机器人】→【付款单智能处理】，打开付款机器人智能处理页面，找到对应的任务。用户点击【智能处理】，进行单据审核自动处理（见图 5-149）。

付款机器人智能处理

图 5-149　调用付款机器人运行自动审核规划

第六节　智能应收机器人

案例任务一：应收单填单规划设置

一、业务场景

应收单是作为一种法律及财务上确认债权存在的正式文件，在系统内被用于追踪并记录应收账款的生成情况。周文鑫作为往来会计，需定期投入大量时间，依据业务部门提供的原始资料，包括但不限于销售合约、销售发票、退货通知单等财务凭证，手动录入至财务系统中以生成应收凭证。此流程本质上具有高度重复性且附加值较低，属于典型的财务基础作业范畴。鉴于上述情况，周文鑫正积极探索智能财务解决方案的规划设置，旨在将此类重复性高的工作任务进行自动化处理（通过智能财务机器人来实现），以提升工作效率并优化财务资源配置。

二、实验数据

应收单规划（普通应收）——销售合同如表 5-38 所示。

表 5-38　应收单规划（普通应收）——销售合同

多张票据	单据信息参考一张票据
制单人	zwx 学号
人工核对	启用
单据日期	$ ｛销售合同. 合同签订日期｝
单据类型	'销售发票'
往来类型	'客户'
往来户	$ ｛销售合同. 购货单位｝
摘要	'客户'+ $ ｛销售合同. 购货单位｝ +'销售应收款'
物料	$ ｛销售合同. 产品名称｝
数量	$ ｛销售合同. 数量｝
含税单价	$ ｛销售合同. 单价类型｝ 等于'含税' $ ｛销售合同. 单价｝ $ ｛销售合同. 单价类型｝ 等于'不含税' $ ｛销售合同. 单价｝ ＊1.13
税率	$ ｛销售合同. 税率｝ –'%'
应收账款	'应收账款'
对方科目	'主营业务收入'
应收日期	$ ｛销售合同. 付款日期｝
应收金额 2	$ ｛销售合同. 付款金额｝
备注 2	$ ｛销售合同. 备注｝

三、操作步骤

用户登录智能财务规划教学平台设置应收单自动填写规划。

用户进入智能财务规划教学平台，点击【应收机器人】→【应收机器人规划】，找到案例任务一，点击【设置】（见图 5-150）。

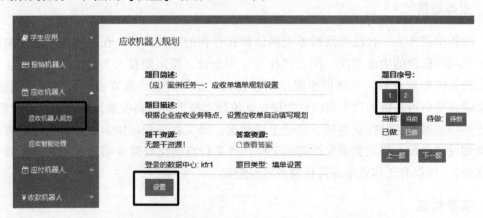

图 5-150　应收机器人应收单自动填写规划题目页面

用户打开应收机器人规划页面，按照企业业务情况的需求查看规划要求，设置应收单自动填写规则（见图 5-151 和图 5-152）。

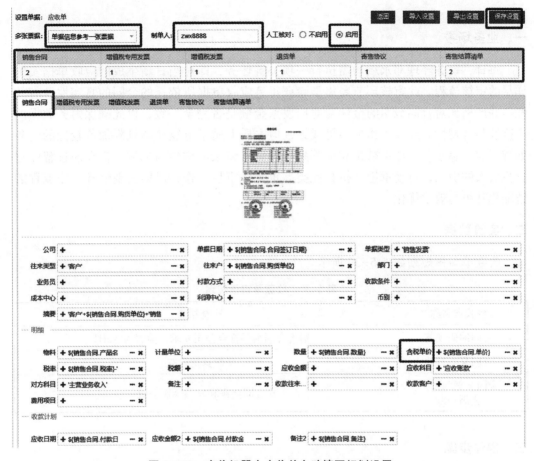

图 5-151 应收机器人应收单自动填写规划设置

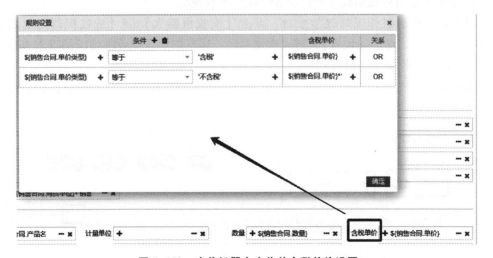

图 5-152 应收机器人应收单含税单价设置

案例任务二：应收单审核规划设置

一、业务场景

每日，财务经理邓永斌均需执行一项关键任务，即对当日新生成的应收单据实施详尽的审核流程。此审核环节聚焦于验证每笔应收单据所依托的合同的真实性及有效性，并严格比对合同载明的金额与对应发票金额是否完全一致，以此确保财务数据的准确性与合规性。此类工作虽不可或缺，但本质上属于重复性高且附加值较低的财务处理范畴。鉴于此，邓永斌正积极筹划智能财务体系的构建与部署，旨在通过智能财务机器人的引入，自动承担并执行此类高重复性审核工作，以期实现财务工作流程的智能化升级与效率优化。

二、实验数据

收款单审核规划如表 5-39 所示。

表 5-39　收款单审核规划

校验点名称	校验要求
合同编码规范	销售合同编码符合公司要求，前缀为 XSHT
合同真实有效	合同真伪检查
合同金额和发票金额一致	合同金额和发票金额一致

三、操作步骤

1. 登录智能财务规划教学平台设置应收单审核规划

用户进入智能财务规划教学平台，点击【应收机器人】→【应收机器人规划】，找到案例任务二，点击【设置】，进入规划页面。用户按照企业业务情况的需求查看规划要求，设置应收单审核填写规则。

用户输入审核人为"dyb+学号"后，开启人工参与。用户点击【新增】设置校验点（见图 5-153）。

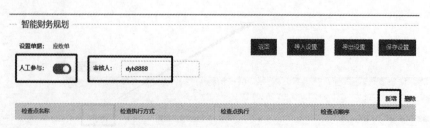

图 5-153　应收机器人规划审核人设置

2. 设置合同编码规范校验点

用户按实验数据（见表5-39）进行设置（见图5-154）。

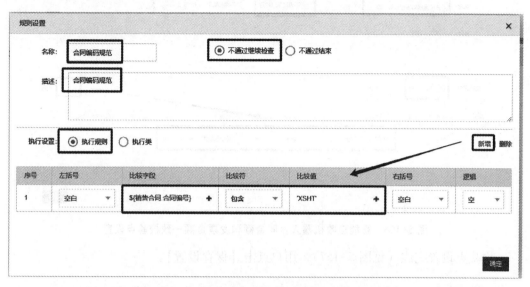

图5-154　智能应收机器人合同编码规范校验点设置

3. 设置合同真实有效校验点

用户按实验数据（见表5-39）进行设置（见图5-155）。

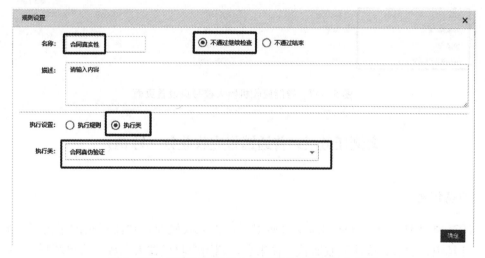

图5-155　智能应收机器人合同真实有效校验点设置

4. 设置合同金额和发票金额一致校验点

用户按实验数据（见表5-39）进行设置（见图5-156）。

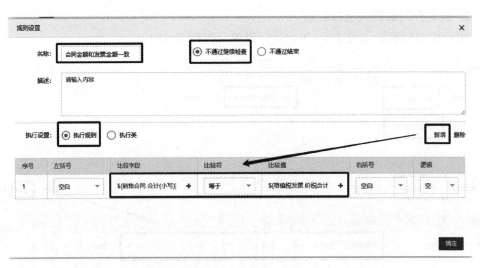

图 5-156　智能应收机器人合同金额和发票金额一致校验点设置

检验点设置完成（见图 5-157），用户点击【保存设置】。

图 5-157　智能应收机器人校验点设置页面

案例任务三：普通销售应收业务（赊销）

一、业务场景

2021 年 2 月 5 日，仓库出库 5 台通用型航拍无人机通过物流运至朗星公司，同日财务开具销售发票，确认应收账款。往来会计调用应收机器人完成应收单填写。

二、操作步骤

1. 下载题干资源

用户进入智能财务规划教学平台，点击【应收机器人】→【应收智能处理】，打开应收机器人智能处理页面，找到对应的任务。用户点击【题干资源-查看详情】→【下载】，将合同与发票一并下载下来（见图 5-158）。

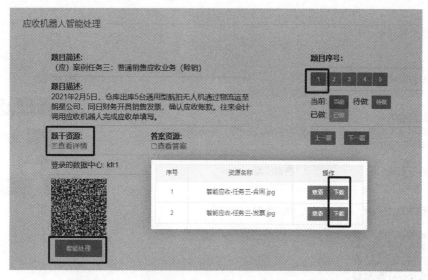

图 5-158　调用智能应收机器人完成普通销售应收业务

2. 调用智能应收机器人

用户点击【智能处理】，上传原始单据后，由应收机器人执行应收单自动填写。

案例任务四：应收单智能审核处理

一、业务场景

应收机器人完成应收单自动审核处理，财务经理关注审核不通过的应收单。

二、操作步骤

用户进入智能财务规划教学平台，点击【应收机器人】→【应收智能处理】，打开应收机器人智能处理页面，找到对应的任务。用户点击【智能处理】，进行单据审核自动处理（见图 5-159）。

应收机器人智能处理

题目简述:
（应）案例任务七：应收单智能审核处理

题目描述:
调用应收机器人完成本月应收单自动审核处理，往来会计关注审核不通过的应收单。

题干资源: **答案资源:**
无题干资源!   □查看答案

登录的数据中心: kfr1   题目类型: 智能审核

题目序号:

| 1 | 2 | 3 | 4 | 5 |

当前 当前 待做 待做
已做 已做

上一题 下一题

图 5-159　调用智能应收机器人自动审核应收单

第七节　智能应付机器人

案例任务一：应付单填单规划设置

一、业务场景

应付单是用于债权确认的财务文件，其机制在于通过系统记录并统计应付款项的产生。往来会计周文鑫在月度例行工作中，需耗费大量时间，依据业务部门提供的采购合同、发票等原始财务凭证，在财务系统中手动录入并生成应付单。此任务特性为高重复性且附加价值较低，属于传统财务流程中的繁琐环节。鉴于此，周文鑫旨在通过智能财务解决方案的规划设置，利用智能财务机器人自动化处理此类高重复性任务，以减轻人工负担并提升财务工作效率。

二、实验数据

应付单规划（普通应付）——采购合同如表 5-40 所示。

表 5-40　应付单规划（普通应付）——采购合同

多张票据	单据信息参考一张票据
制单人	zwx 学号
人工核对	启用
单据日期	$ ｛采购合同. 合同签订日期｝
单据类型	'采购发票'
往来类型	'供应商'
往来户	$ ｛采购合同. 供货单位｝
摘要	'采购合同编号为'+$ ｛采购合同. 合同编号｝ +'的应付单'
物料	$ ｛采购合同. 产品名称｝
计量单位	$ ｛采购合同. 单位｝
数量	$ ｛采购合同. 数量｝
含税单价	$ ｛采购合同. 单价类型｝ 包含'含税' $ ｛采购合同. 单价｝ 无条件 $ ｛采购合同. 单价｝ * （1+$ ｛采购合同. 税率｝ ）
税率	$ ｛采购合同. 税率｝ -'%'
应付科目	'应付账款'
对方科目	'1403'
应付日期	$ ｛采购合同. 付款日期｝
应付金额	$ ｛采购合同. 付款金额｝

三、操作步骤

用户登录智能财务规划教学平台设置应付单自动填写规划。

用户进入智能财务规划教学平台，点击【应付机器人】→【应付机器人规划】，找到案例任务一，点击【设置】（见图 5-160）。

图 5-160　应付机器人自动规划设置页面

用户打开应付机器人规划页面，按照企业业务情况的需求查看规划要求，设置应付单自动填写规则（见图 5-161 和图 5-162）。

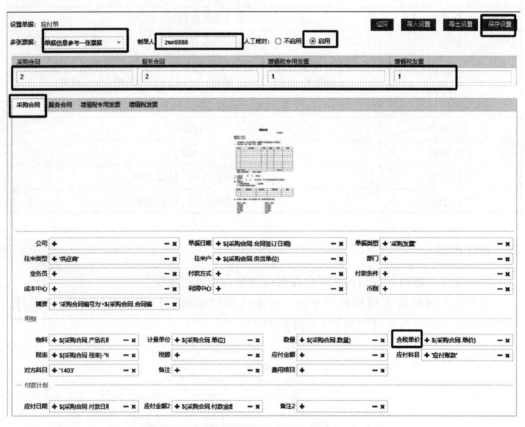

图 5-161　应付机器人应付单自动填写规划设置

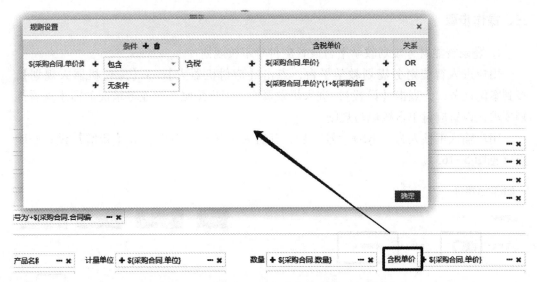

图 5-162　应付机器人应付单含税单价规划设置

案例任务二：应付单审核规划设置

一、业务场景

每日，财务经理邓永斌需执行对当日生成的应付单的复核流程，其核心审查要点聚焦于单据所关联的合同是否遵循公司标准采购合同模板以及合同中的采购方信息是否准确无误地指向本公司。此复核任务呈现出高度的重复性与相对较低的价值贡献，属于传统财务作业中的机械化环节。鉴于此，邓永斌正积极筹划智能财务体系的部署，旨在通过智能财务机器人的引入，实现该部分重复性工作的自动化处理，以优化财务资源配置，提升整体财务运营效率。

二、实验数据

应付单审核规划如表 5-41 所示。

表 5-41　应付单审核规划

校验点名称	校验要求
合同编码规范	采购合同编码符合公司要求，前缀为 CGHT 和 FW
购货单位校验	合同上购货方为本公司

三、操作步骤

1. 登录智能财务规划教学平台设置应付单审核规划

用户进入智能财务规划教学平台，点击【应付机器人】→【应付机器人规划】，找到案例任务二，点击【设置】，进入规划页面。用户按照企业业务情况的需求查看规划要求，设置应付单审核填写规则。

用户输入审核人为"dyb+学号"后，开启人工参与。用户点击【新增】设置校验点（见图 5-163）。

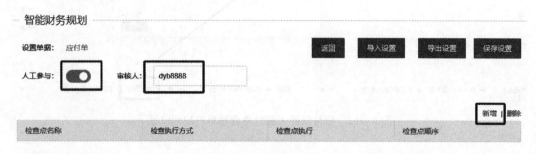

图 5-163 应付单审核规划审核人设置

2. 设置合同编码规范校验点

用户按实验数据（见表 5-41）进行设置（见图 5-164）。

图 5-164 应付机器人合同编码规范校验点设置

3. 设置购货单位校验校验点

用户按实验数据（见表5-41）进行设置（见图5-165）。

图5-165　应付机器人购货单位校验校验点设置

检验点设置完成（见图5-166），点击【保存设置】。

图5-166　应付机器人自动审核规划页面

案例任务三：根据采购合同执行应付业务

一、业务场景

2021年2月24日，智航科技和深圳赛格电子有限公司签订采购合同，收货后，往来会计调用应付机器人完成应付单填写。

二、操作步骤

1. 下载题干资源

用户进入智能财务规划教学平台，点击【应付机器人】→【应付智能处理】，打开应付机器人智能处理页面，找到对应的任务。用户点击【题干资源-查看详情】→【下载】，将合同下载下来（见图5-167）。

图 5-167　调用智能应付机器人根据采购合同执行应付业务

2. 调用智能应付机器人

用户点击【智能处理】，上传原始单据后，由应付机器人执行应付单自动填写。

案例任务四：应付单智能审核处理

一、业务场景

应付机器人完成应付单自动审核处理，往来会计关注审核不通过的应付单。

二、操作步骤

用户进入智能财务规划教学平台，点击【应付机器人】→【应付智能处理】，打开应付机器人智能处理页面，找到对应的任务。用户点击【智能处理】，进行单据审核自动处理（见图 5-168）。

图 5-168　调用智能机器人完成应付单智能审核处理

第八节　智能费用报销机器人

费用管理模块作为 EAS 财务会计系统的一个关键组成部分，其核心功能聚焦于日常运营中的个人费用、差旅费用以及企业日常费用的报账处理。该模块预设了四套标准化报销表单模板，即费用报销单、差旅费用报销单、对公费用报销单、物品采购报销单，旨在全面覆盖各类费用报销需求。

在业务操作层面，每当系统内发生不同类型的费用支出事件时，员工需手动触发报销流程，通过新增相应的报销表单来启动报销流程。此表单随后进入预设的工作流审批流程，待审批流程成功通过后，自动触发凭证生成或付款单创建机制，实现了业务审批流程与财务处理流程的高效、无缝对接。

针对个人及企业日常费用报销的典型应用场景，为提高效率与准确性，企业可以优先考虑采用自动化报销解决方案（如报销机器人）来执行以下关键任务：一是自动化填写并审核上述四种核心报销表单，实现从数据录入到初步审核的全流程自动化；二是处理报销单后续的财务操作，包括自动生成付款单及报销单在财务系统中的挂账处理，以此减轻人工负担，优化财务处理流程，确保数据处理的准确性和时效性。

费用报销单

案例任务一：费用报销单填单规划

一、业务场景

费用报销单作为一种业务与财务深度融合的标准化单据，其核心作用在于承载并处理员工的费用报销请求。在费用管理实践中，每当员工需就某项业务支出申请报销时，均需依据实际发生的费用（如发票、收据等凭证信息）详实填写该报销单。然而，员工对企业费用报销政策的掌握程度参差不齐，常导致报销单填写错误频发，这一现象不仅消耗了员工大量宝贵的时间，也影响了报销流程的顺畅进行。

为应对此挑战，员工群体日益倾向于借助智能财务解决方案的规划设置，特别是智能财务机器人技术，旨在将费用报销单的填写与初步审核工作实现自动化处理。企业通过引入智能财务机器人，不仅能有效减少人为错误，提升报销效率，还能使员工从繁琐的报销流程中解脱出来，专注于更高价值的工作任务，从而推动企业财务管理的智能化升级与优化。

二、实验数据

费用报销单规划——整体规划如表 5-42 所示。

表 5-42　费用报销单规划——整体规划

多张票据	单据头信息以第一张票据为准
制单人	qy 学号
人工核对	启用

费用报销单规划——增值税普通发票如表 5-43 所示。

表 5-43　费用报销单规划——增值税普通发票

申请日期	$ ｛增值税发票. 开票日期｝ +3
事由	'因业务原因产生的费用：' + $ ｛增值税发票. 货物或应税劳务名称｝
费用类型	根据不同的发票信息，填写不同的费用类型
发生日期	$ ｛增值税发票. 开票日期｝
开票日期	$ ｛增值税发票. 开票日期｝
报销金额	$ ｛增值税发票. 价税合计（小写）｝

费用报销单规划——出租车票如表 5-44 所示。

表 5-44 费用报销单规划——出租车票

申请日期	$ ｛出租车票.开票日期｝ +3
事由	$ ｛出租车票.日期｝ +'因公加班打车费'
费用类型	'车补'
发生日期	$ ｛出租车票.日期｝
开票日期	$ ｛出租车票.日期｝
报销金额	$ ｛出租车票.金额｝

三、操作步骤

用户登录智能财务规划教学平台设置费用报销单自动填写规划。

用户进入智能财务规划教学平台，点击【费用报销机器人】→【费用报销机器人规划】，找到案例任务一，点击【设置】（见图 5-169）。

图 5-169 报销机器人费用报销单自动填写规划设置页面

用户打开费用报销机器人规划页面，按照企业业务情况的需求查看规划要求，设置费用报销单自动填写规则。

用户填写增值税发票的规则设置（见图 5-170）。

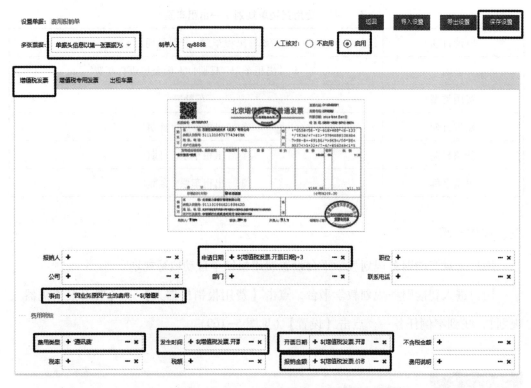

图 5-170　报销机器人费用报销单自动填写规划设置

费用类型根据不同的发票信息，填写不同的费用类型，包含通讯、培训、物业、标书、会议五项（见图 5-171）。

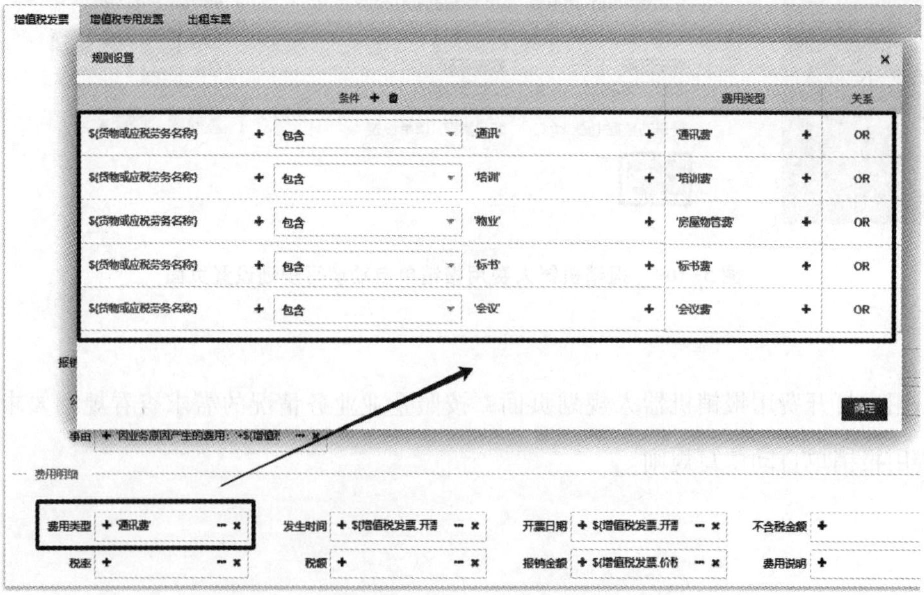

图 5-171　报销机器人费用报销单的费用类型设置

　　用户完成设置后点击【保存设置】，接下来根据票据信息填写出租车票规划设置
（见图 5-172 和图 5-173）。

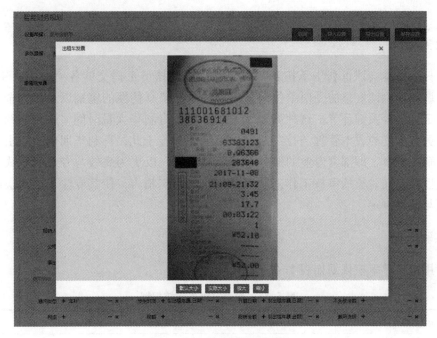

图 5-172　出租车发票票据

图 5-173　费用报销单出租车票报销自动填写规划设置

案例任务二：费用报销单审核规划

一、业务场景

每日，成本会计肖利华承担着繁重任务，需复核员工提交的各项费用报销单据，其核心聚焦于验证发票的受票单位信息准确性、发票真伪性的鉴别以及报销金额是否逾越既定标准等关键环节。这种高强度工作占用了肖利华大量时间，严重制约了其深入参与更有深度的成本管理与控制活动的可能性。鉴于此，肖利华期望通过引入智能化财务解决方案，即部署专业的财务自动化机器人，以更为高效与专业的方式接管此项重复性高、耗时长的审核工作，从而释放其时间与精力，使其专注于更高层次的财务规划与策略制定。

二、实验数据

费用报销单审核规划如表 5-45 所示。

表 5-45 费用报销单审核规划

校验点名称	校验要求
人工参与	参与
审核人	Xlh 学号
发票抬头检查	除个人的通信费报销外，其他发票抬头必须是公司
发票真伪校验	发票必须是真发票
通信费额度超额检查	通信费报销不超过 150 元
打车费额度检查	打车费报销不超过 150 元

三、操作步骤

1. 登录智能财务规划教学平台设置费用报销单审核规划

用户进入智能财务规划教学平台，点击【报销机器人】→【报销机器人规划】，找到案例任务二，点击【设置】，进入规划页面。用户按照企业业务情况的需求查看规划要求，设置费用报销单审核填写规则。

用户输入审核人为"xlh+学号"后，开启人工参与。用户点击【新增】设置校验点（见图 5-174）。

图 5-174　报销机器人费用报销单审核规划审核人设置

2. 设置发票抬头检查校验点

用户按实验数据校验要求（见表 5-45），除了个人的通信费报销外，其他发票抬头必须是公司，用户对此进行设置（见图 5-175）。

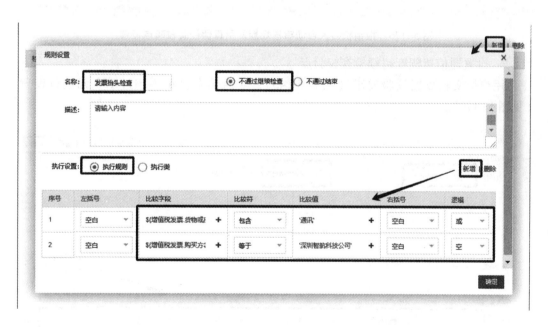

图 5-175　报销机器人自动审核规划发票抬头检查校验点设置

3. 设置发票真伪校验校验点

用户按实验数据校验要求（见表 5-45），对发票必须是真发票进行设置（见图 5-176）。

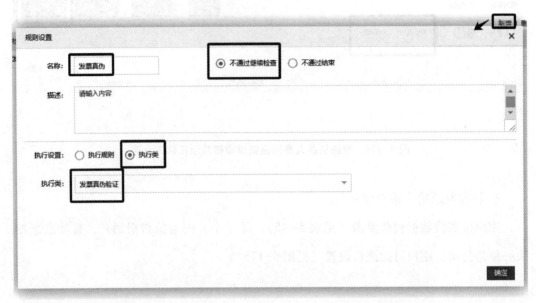

图 5-176　报销机器人自动审核规划发票真伪校验校验点设置

4. 设置通信费额度超额检查校验点

用户按实验数据校验要求（见表 5-45），对通信费报销不超过 150 元进行设置（见图 5-177）。

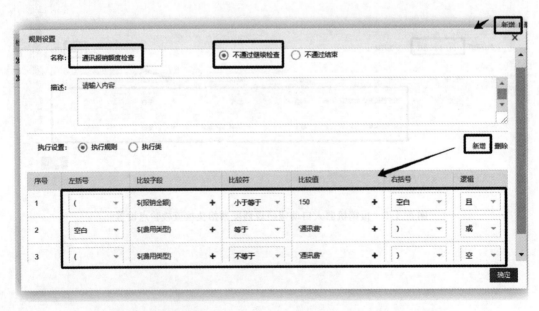

图 5-177　报销机器人自动审核规划通信费额度超额检查校验点设置

5. 设置打车费额度检查校验点

用户按实验数据校验要求（见表5-45），对打车报销不超过150元进行设置（见图5-178）。

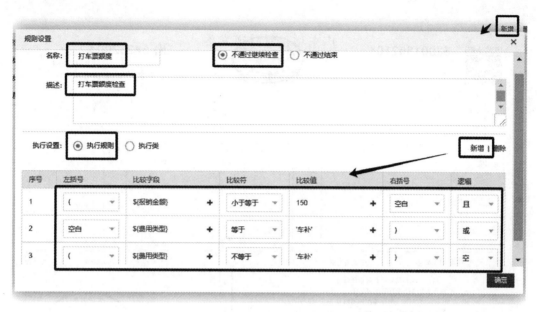

图5-178　报销机器人自动审核规划打车费额度检查校验点设置

检验点设置完成（见图5-179），用户点击【保存设置】。

图5-179　报销机器人自动审核规划检验点设置完成页面

案例任务三：报销通信费

一、业务场景

2021年2月10日，秦义报销电话费200元，调用报销机器人填写费用报销单。

二、实验数据

秦义通信费发票如图 5-180 所示。

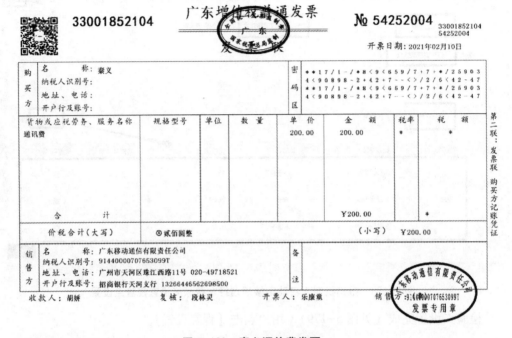

图 5-180　秦义通信费发票

三、操作步骤

1. 下载题干资源

用户进入智能财务规划教学平台，点击【报销机器人】→【报销智能处理】，打开报销机器人智能处理页面，找到对应的任务。用户点击【题干资源-查看详情】→【下载】，将发票下载下来（见图 5-181）。

图 5-181　调用智能报销机器人报销通信费

2. 调用智能报销机器人

点击【智能处理】，上传原始单据后，由报销机器人执行费用报销单自动填写。

案例任务四：费用报销单智能审核处理

一、业务场景

成本会计调用报销机器人完成本月费用报销单自动审核处理，成本会计关注不可自动审核的检查点。

二、操作步骤

用户进入智能财务规划教学平台，点击【报销机器人】→【报销智能处理】，打开报销机器人智能处理页面，找到对应的任务。用户点击【智能处理】，进行单据审核自动处理（见图 5-182）。如有条件不符合，用户需点击【不通过】。

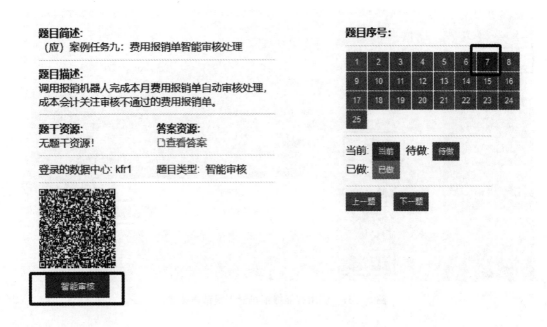

图 5-182　调用报销机器人费用报销单智能审核处理

差旅费报销单

案例任务一：差旅报销单规划

一、业务场景

差旅费报销单作为一种业务与财务高度融合的标准化表单，旨在实现出差相关费用的正规化报销流程。员工因公出差并产生相应费用时，需依据实际发生的费用详情精确填制此表单。然而，由于对公司报销政策细则的理解偏差，员工常出现填报错误频发，不仅耗费了宝贵的时间，也影响了报销流程的效率。鉴于此，员工群体普遍期望通过引入智能财务系统的规划设置，利用智能财务机器人自动化处理功能，来承担并优化这一繁琐环节，从而提升工作效率与准确性。

二、实验数据

差旅报销单规划——整体规划如表 5-46 所示。

表 5-46　差旅报销单规划——整体规划

多张票据	单据头信息以第一张票据为准
制单人	qy 学号
人工核对	启用

差旅报销单规划——增值税发票如表 5-47 所示。

表 5-47　差旅报销单规划——增值税发票

申请日期	$｛增值税发票. 开票日期｝+3
事由	'业务需求出差'+$｛增值税发票. 发票所属地｝
开始日期	$｛增值税发票. 开票日期｝
结束日期	$｛增值税发票. 开票日期｝
费用类型	'差旅费'
出发地点	'当地'
目的地点	'当地'
交通工具	'其他'
住宿费用	$｛增值税发票. 价税合计（小写）｝（填写条件：住宿费发票）
其他费用	$｛增值税发票. 价税合计（小写）｝（填写条件：其他发票）
备注	$｛增值税发票. 货物或应税劳务名称｝

差旅报销单规划——火车票如表 5-48 所示。

表 5-48　差旅报销单规划——火车票

申请日期	$｛火车票. 发车日期｝+3
事由	'业务需要出差'+$｛火车票. 始发站｝+$｛火车票. 终点站｝
开始日期	$｛火车票. 发车日期｝
结束日期	$｛火车票. 发车日期｝
费用类型	'差旅费'
出发地点	$｛火车票. 始发站｝
目的地点	$｛火车票. 终点站｝
交通工具	'高铁'
长途交通费	$｛火车票. 价格｝
备注	'高铁票'

差旅报销单规划——行程单如表 5-49 所示。

表 5-49 差旅报销单规划——行程单

申请日期	$ {行程单. 日期} +3
事由	'业务需求出差'+ $ {行程单. 始发站} + $ {行程单. 目的地}
开始日期	$ {行程单. 日期}
结束日期	$ {行程单. 日期}
费用类型	'差旅费'
出发地点	$ {行程单. 始发站}
目的地点	$ {行程单. 目的地}
交通工具	'飞机'
长途交通费	$ {行程单. 合计金额}
备注	'机票'

差旅报销单规划——出租车票如表 5-50 所示。

表 5-50 差旅报销单规划——出租车票

申请日期	$ {出租车票. 日期} +3
事由	'业务需求出差'
开始日期	$ {出租车票. 日期}
结束日期	$ {出租车票. 日期}
费用类型	'差旅费'
出发地点	'当地'
目的地点	'当地'
交通工具	'其他'
市内交通费	$ {出租车票. 金额}
备注	'市内打车费'

三、操作步骤

用户登录智能财务规划教学平台设置差旅报销单自动填写规划。

用户进入智能财务规划教学平台，点击【报销机器人】→【报销机器人规划】，找到案例任务一，点击【设置】。

用户打开报销机器人规划页面，按照企业业务情况的需求查看规划要求，设置差旅报销单自动填写规则（见图 5-183）。

题目简述:
(应) 案例任务一:差旅报销单规划

题目描述:
根据差旅报销业务特点,设置差旅报销单自动填写规划。

题干资源: **答案资源:**
无题干资源! □查看答案

登录的数据中心: kfr1 题目类型: 填单设置

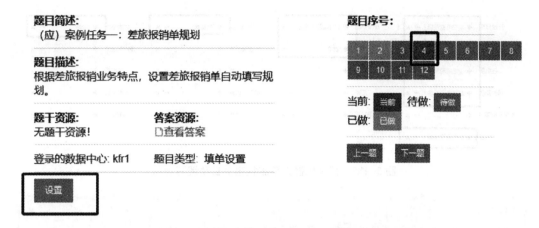

图 5-183 报销机器人差旅报销单自动填写规划题目页面

第一步:用户按照实验数据(见图 5-47)以及票据信息填写增值税发票自动填写规划(见图 5-184 至图 5-187)。

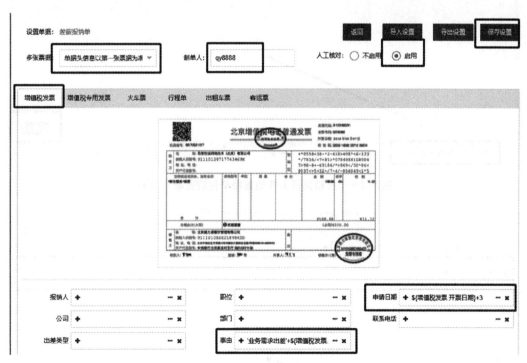

图 5-184 报销机器人差旅报销单自动填写规划

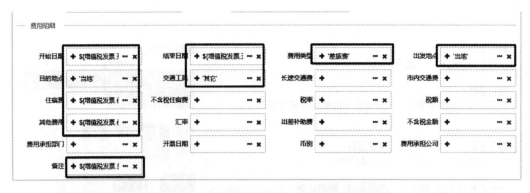

图 5-185　报销机器人差旅报销单自动填写规划

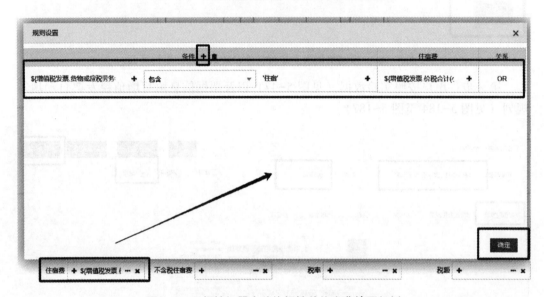

图 5-186　报销机器人差旅报销单住宿费填写规划

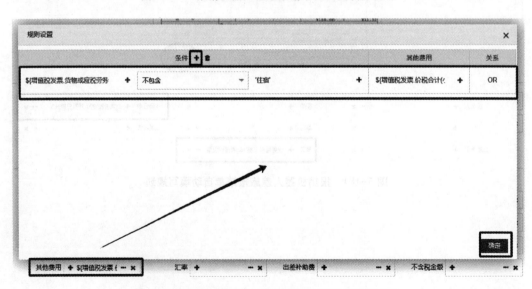

图 5-187　报销机器人差旅报销单其他费用填写规划

第二步：用户按照实验数据（见表5-48）以及票据信息填写火车票自动填写规划（见图5-188）。

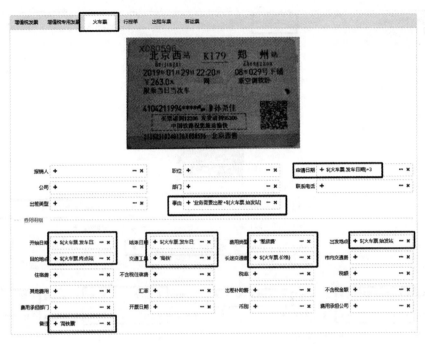

图5-188 报销机器人差旅报销单火车票自动填写规划

第三步：用户按照实验数据（见表5-49）以及票据信息填写行程单自动填写规划（见图5-189）。

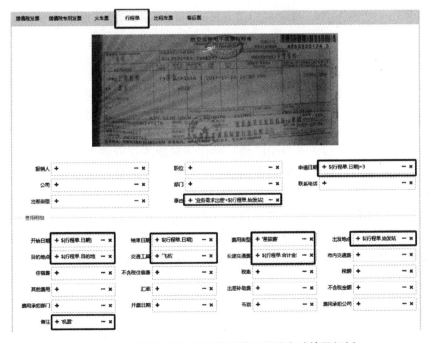

图5-189 报销机器人差旅报销单行程单自动填写规划

第四步：用户按照实验数据（见表5-50）以及票据信息填写出租车票自动填写规划（见图5-190）。

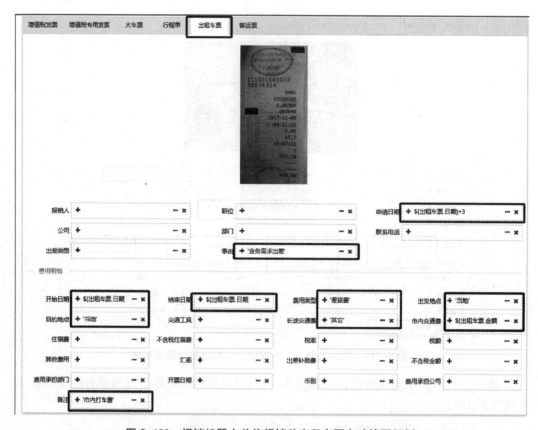

图 5-190　报销机器人差旅报销单出租车票自动填写规划

案例任务二：差旅报销单审核规划

一、业务场景

每日，成本会计肖利华需分配时段，专注于对职工提交的差旅费用报销申请实施细致复核。复核的核心聚焦于确保报销单据与申请人的一致性、验证发票的真实性以及评估报销金额是否超出既定标准等关键要素。此项任务涉及大量数据处理与验证，致使肖利华难以兼顾其他成本管理与控制工作。为此，肖利华表达了采用智能财务系统规划的愿景，旨在通过部署智能财务机器人来自动化执行此部分繁琐且耗时的审核流程，以释放其时间与精力，使其专注于更高层次的财务管理活动。

二、实验数据

差旅报销单审核规划见表 5-51 所示。

表 5-51　差旅报销单审核规划

校验点名称	校验要求
人工参与	参与
审核人	xlh 学号
高铁票乘客确认	火车票乘客与报销人一致
行程单乘客确认	行程单乘客与报销人一致
住宿费额度检查	住宿费额度 350 元/晚
费用类型填写规范	费用类型必须填写差旅费

三、操作步骤

1. 登录智能财务规划教学平台设置差旅报销单审核规划

用户进入智能财务规划教学平台，点击【报销机器人】→【报销机器人规划】，找到案例任务二，点击【设置】，进入规划页面。用户按照企业业务情况的需求查看规划要求，设置费用报销单审核填写规则。

用户输入审核人为"xlh+学号"后，开启人工参与。用户点击【新增】设置校验点（见图 5-191）。

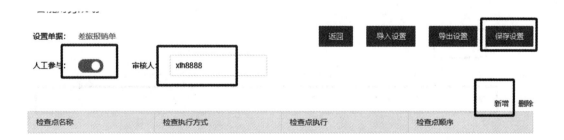

图 5-191　报销机器人差旅报销单自动审核规划审核人设置

2. 设置高铁票乘客确认校验点

用户按照实验数据（见表 5-51）校验要求，对火车票乘客和报销人一致进行设置（见图 5-192）。

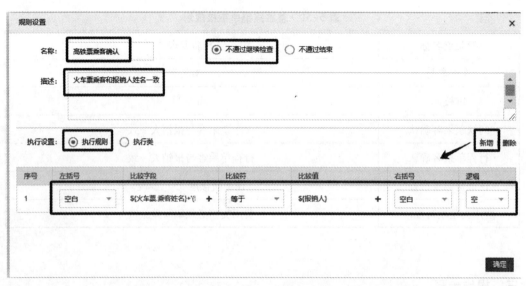

图 5-192 报销机器人差旅报销单高铁票乘客确认校验点设置

3. 设置行程单乘客确认校验点

用户按照实验数据（见表 5-51）校验要求，对行程单乘客与报销人一致进行设置（见图 5-193）。

图 5-193 报销机器人差旅报销单行程单乘客确认校验点设置

4. 设置住宿费额度检查校验点

用户按照实验数据（见表5-51）校验要求，对住宿费额度350元/晚进行设置（见图5-194）。

图5-194 报销机器人差旅报销单住宿费额度检查校验点设置

5. 设置费用类型填写规范校验点

用户按照实验数据（见表5-51）校验要求，对费用类型必须填写差旅费进行设置（见图5-195）。

图5-195 报销机器人差旅报销单费用类型填写规范校验点设置

设置完成后，报销机器人差旅费报销单校验点设置完成页面如图 5-196 所示。

图 5-196　报销机器人差旅报销单校验点设置完成页面

案例任务三：员工本地出差

一、业务场景

2021 年 2 月 10 日，秦义拜访本地供应商，因供应商地处偏远，打车前往。根据该情况，报销机器人填写差旅报销单。

二、实验数据

秦义出租车发票如图 5-197 所示。

图 5-197　秦义出租车发票

三、操作步骤

1. 下载题干资源

用户进入智能财务规划教学平台，点击【报销机器人】→【报销智能处理】，打开报销机器人智能处理页面，找到对应的任务。用户点击【题干资源-查看详情】→【下载】，将打车票下载下来（见图5-198）。

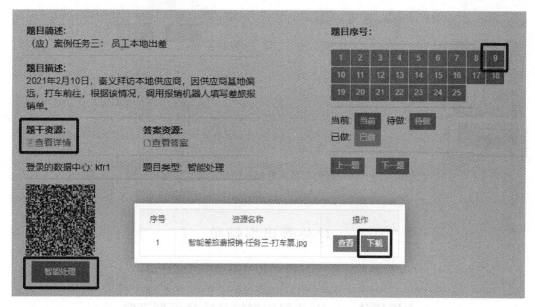

图 5-198　调用报销机器人自动完成员工本地出差报销

2. 调用智能报销机器人

用户点击【智能处理】，上传原始单据后，由报销机器人执行。差旅报销单自动填写。

案例任务四：差旅报销单智能审核处理

一、业务场景

成本会计调用报销机器人完成本月差旅报销单自动审核处理，成本会计关注不可自动审核的检查点。

二、操作步骤

用户进入智能财务规划教学平台，点击【报销机器人】→【报销智能处理】，打开报销机器人智能处理页面，找到对应的任务，点击【智能处理】，进行单据审核自动处理（见图5-199）。如有条件不符合，成本会计需审定后，点击【不通过】。

题目简述:

(应)案例任务六: 差旅报销单智能审核处理

题目描述:

调用报销机器人完成本月差旅报销单自动审核处理,成本会计关注审核不通过的费用报销单。

题干资源:	答案资源:
无题干资源!	查看答案

登录的数据中心: kfr1   题目类型: 智能审核

题目序号:

1	2	3	4	5	6	7	8	9
10	11	**12**	13	14	15	16	17	18
19	20	21	22	23	24	25		

当前: 当前   待做: 待做
已做: 已做

上一题   下一题

图 5-199 调用报销机器人完成差旅报销单智能审核处理

对公费用报销单

案例任务一: 对公费用报销单填单规划设置

一、业务场景

对公费用报销单作为企业内部财务与业务融合的关键文档,旨在实现费用支出的正规化报销流程。当企业日常运营中发生各项费用支出后,员工需依据实际费用详情,精确填制对公费用报销表单。然而,由于对公司报销政策与流程的理解不足,员工常出现填报错误频发。此现象不仅耗费了员工宝贵的时间,也影响了报销效率。鉴于此,员工群体普遍表达了对通过智能化财务管理系统,特别是智能财务机器人技术,来自动化处理这一繁琐流程的期望,旨在优化资源配置,提升工作效率。

二、实验数据

对公报销单规划——整体规划如表 5-52 所示。

表 5-52 对公报销单规划——整体规划

多张票据	单据信息参考一张票据
制单人	qy 学号
人工核对	启用
票据排序	增值税发票：1；增值税专用发票：2

对公费用报销单规划——增值税专用发票如表 5-53 所示。

表 5-53 对公费用报销单规划——增值税专用发票

申请日期	\${增值税专用发票. 开票日期}
收款人类型	'供应商'
收款人	\${增值税专用发票. 销售方名称}
事由	'业务需求对公报销：'+ \${增值税专用发票. 货物或应税劳务名称}
费用类型	根据公司日常费用报销规范设置费用类型
发生时间	\${增值税专用发票. 开票日期}
开票日期	\${增值税专用发票. 开票日期}
报销金额	\${增值税专用发票. 价税合计（小写）}

三、操作步骤

用户登录智能财务规划教学平台设置对公费用报销单自动填写规划。

用户进入智能财务规划教学平台，点击【报销机器人】→【报销机器人规划】，找到案例任务一，点击【设置】（见图 5-200）。

图 5-200 报销机器人对公费用报销单自动规划填写题目页面

　　用户打开报销机器人规划页面，按照企业业务情况的需求查看规划要求，设置对公费用报销单自动填写规则（见图 5-201 和图 5-202）。

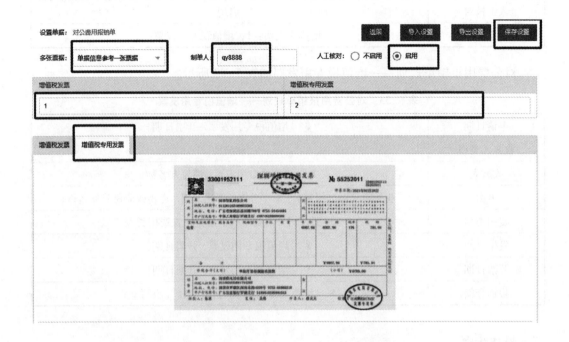

图 5-201　报销机器人对公费用报销单自动规划填写

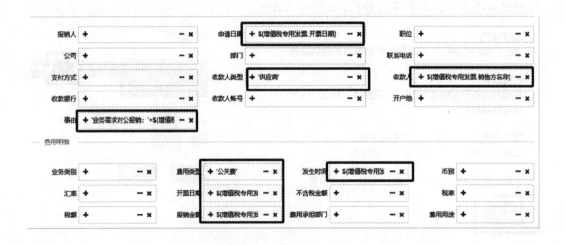

图 5-202　报销机器人对公费用报销单自动规划填写

其中，费用类型需根据票据填写会展、广告、物流、设备维护、招聘、电等相关内容（见图5-203）。

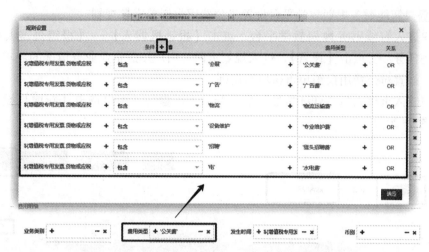

图 5-203　报销机器人对公费用报销单费用类型填写

案例任务二：对公费用报销单审核规划设置

一、业务场景

每日，成本会计肖利华需执行对职工提交的对公费用报销单据的详尽审核工作，其核心聚焦于验证发票的抬头信息准确性、发票真伪性鉴定等关键环节。鉴于审核任务繁重，肖利华难以兼顾其他成本管理与控制活动，影响了其整体工作效率与成本管控的深度。因此，肖利华积极倡导并期望通过智能财务系统的规划设置，特别是引入智能财务机器人技术，以实现该部分审核工作的自动化处理，从而释放其精力，专注于更高层次的财务管理与策略制定。

二、实验数据

差旅报销单审核规划如表5-54所示。

表 5-54　差旅报销单审核规划

校验点名称	校验要求
人工参与	参与
审核人	xlh 学号
发票抬头校验	发票抬头必须为公司名称
发票真伪校验	发票为真发票
发票金额校验	报销金额和发票金额一致

三、操作步骤

1. 登录智能财务规划教学平台设置对公费用报销单审核规划

用户进入智能财务规划教学平台，点击【报销机器人】→【报销机器人规划】，找到案例任务二，点击【设置】，进入规划页面。用户按照企业业务情况的需求查看规划要求，设置对公费用报销单审核填写规则。

用户输入审核人为"xlh+学号"后，开启人工参与。用户点击【新增】设置校验点（见图 5-204）。

图 5-204 报销机器人对公费用报销单审核规划审核人填写

2. 设置发票抬头校验校验点

用户按照实验数据（见表 5-54）校验要求，对发票抬头必须为公司名称进行设置（见图 5-205）。

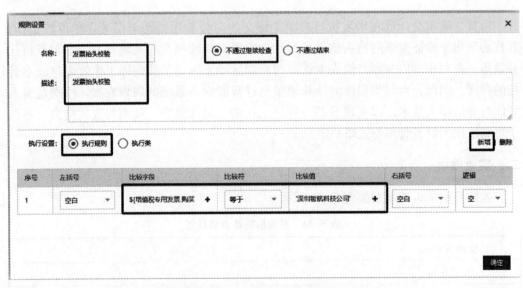

图 5-205 报销机器人对公费用报销单发票抬头校验校验点设置

3. 设置发票真伪校验校验点

用户按照实验数据（见表 5-54）校验要求，对发票为真发票进行设置（见图 5-206）。

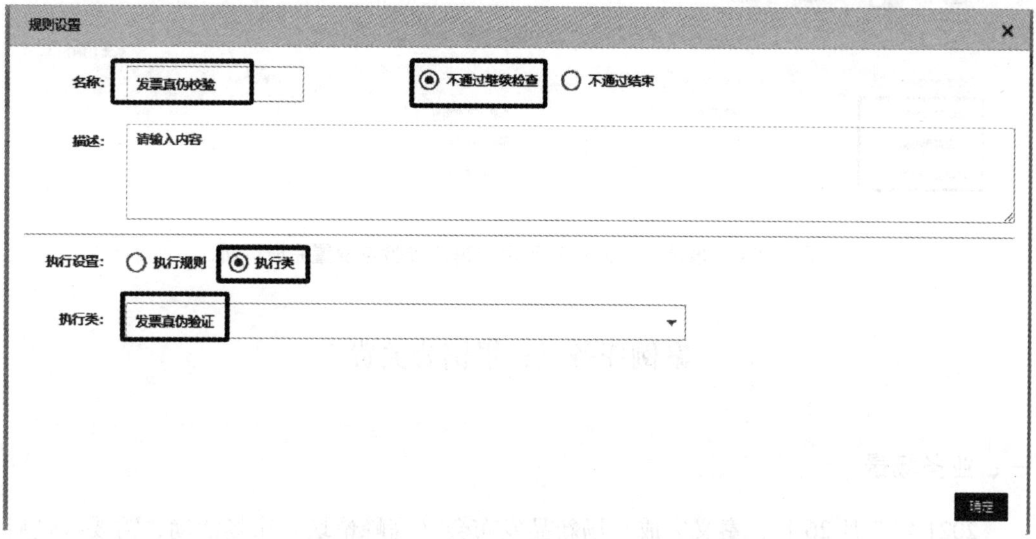

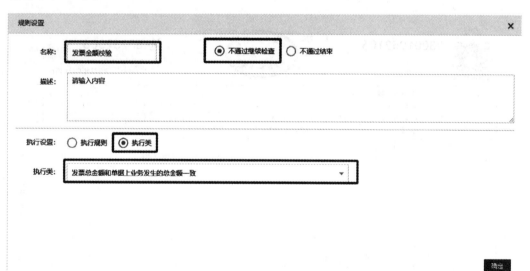

图 5-206　报销机器人对公费用报销单发票真伪校验校验点设置

4. 设置发票金额校验校验点

用户按照实验数据（见表 5-54）校验要求，对报销金额和发票金额一致进行设置（见图 5-207）。

图 5-207　报销机器人对公费用报销单发票金额校验校验点设置

设置完成后，用户点击【保存设置】（见图 5-208）。

图 5-208　报销机器人对公费用报销单校验点设置完成页面

案例任务三：报销公关费

一、业务场景

2021 年 2 月 26 日，秦义完成一场新品发布会（高峰论坛）市场活动，需要报销后支付给公关公司，款项打至对公账号，调用报销机器人填写对公费用报销单。

二、实验数据

秦义会展服务报销发票如图 5-209 所示。

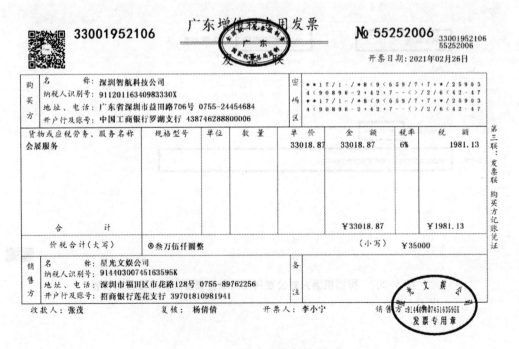

图 5-209　秦义会展服务报销发票

服务合同如图 5-210 所示。

服务合同

合同编号：FW202102002

客户方（甲方）：深圳智航科技公司
服务方（乙方）：星光文娱公司

甲乙双方本着互相信任，真诚合作的原则，经双方友好协商，就乙方为甲方提供技术服务达成一致意见。

一、服务内容、方式和要求：

序号	服务内容	服务承诺	交付标准
1	提供会议场所	服务价格低于市场平均价格	会议场所容纳量需达50人
2	营销推广实施	遵守国家法律法规进行营销推广	营销推广方案

二、本合同于 2021 年 2 月 26 日签订，有效期 1 月，合同期满自动中止。

三、工作条件和协作事项：
甲方有义务给乙方提供办公环境，并根据乙方要求准备资料；乙方负责根据服务内容和服务承诺对甲方进行服务支持；乙方按交付标准完成服务后，甲方出具验收证明给乙方。

四、付款方式
1、合同付款货币为 人民币 ，服务费总金额为 10000 ，税率为 13 ：
2、甲方按以下条款支付服务费：

序号	付款时间	付款方式	付款金额	备注
1	2021-3-26	电汇	10000	

五、本合同一式两份，甲乙双方各执一份，合同签字盖章后有效。

客户方（盖章）　　　　　　　　　　服务方（盖章）
公司代表：李宏亮　　　　　　　　　公司代表：孙亮
公司地址：深圳市益田路706号　　　公司地址：深圳市福田区市花路128号
开户银行：中国工商银行罗湖支行　　开户银行：招商银行莲花支行
开户账号：438746288800006　　　　开户账号：39701810981941
日期：2021年2月26日　　　　　　　日期：2021年2月26日

图 5-210　服务合同

三、操作步骤

1. 下载题干资源

用户进入智能财务规划教学平台，点击【报销机器人】→【报销智能处理】，打开报销机器人智能处理页面，找到对应的任务。用户点击【题干资源-查看详情】→【下载】，将合同与发票下载下来（见图 5-211）。

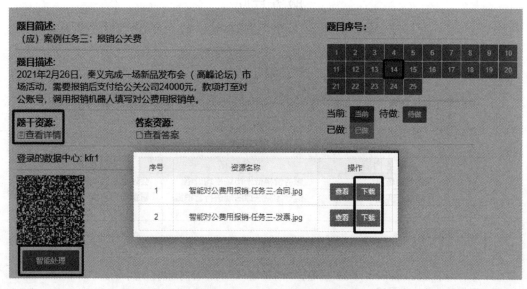

图 5-211 调用报销机器人完成对公费用报销单自动填写

2. 调用智能报销机器人

用户点击【智能处理】，上传原始单据后，由报销机器人执行。对公费用报销单自动填写。

案例任务四：对公费用报销单智能审核处理

一、业务场景

成本会计调用报销机器人完成本月对公费用报销单自动审核处理，成本会计关注不可自动审核的检查点。

二、操作步骤

用户进入智能财务规划教学平台，点击【报销机器人】→【报销智能处理】，打开报销机器人智能处理页面，找到对应的任务，点击【智能处理】，进行单据审核自动处理（见图 5-212）。如有条件不符合，成本会计需审定后，点击【不通过】。

图 5-212　调用报销机器人完成对公费用报销单智能审核

物品采购报销单

案例任务一：物品采购报销单填单规划设置

一、业务场景

物品采购费用报销单是一种专为企业内部员工就公司统一购置礼品等开支进行财务补偿而设计的标准化文档，它体现了企业在报销流程与财务管理之间的高度集成性。在日常运营过程中，企业各项费用支出产生后，员工需依据实际发生的费用详情，精确填制该报销申请单。然而，由于对公司报销准则与流程的理解偏差，员工常出现填写错误频发，不仅增加了工作负担，还浪费了宝贵的时间。鉴于此，员工群体普遍表达出强烈的意愿，期望通过引入智能财务系统的规划设置，实现物品采购费用报销申请单填制工作的自动化处理，即交由智能财务机器人高效、准确地完成此项任务。

二、实验数据

物品采购报销单规划——整体规划如表 5-55 所示。

表 5-55 物品采购报销单规划——整体规划

多张票据	单据信息参考一张票据
制单人	qy 学号
人工核对	启用
票据排序	增值税发票：2；增值税专用发票：1

物品采购报销单规划——增值税普通发票如表 5-56 所示。

表 5-56 物品采购报销单规划——增值税普通发票

申请日期	$｛增值税发票. 开票日期｝+3
收款人类型	'其他'
收款人	'秦义'
事由	'员工垫付物品采购报销:'+$｛增值税发票. 货物或应税劳务名称｝
采购物品	$｛增值税发票. 货物或应税劳务名称｝
费用类型	'礼品费'
发生时间	$｛增值税发票. 开票日期｝
不含税单价	$｛增值税发票. 单价｝
数量	$｛增值税发票. 数量｝
开票日期	$｛增值税发票. 开票日期｝
税率	$｛增值税发票. 税率｝-'%'

三、操作步骤

用户登录智能财务规划教学平台设置物品采购费用报销单自动填写规划。

用户进入智能财务规划教学平台，点击【报销机器人】→【报销机器人规划】，找到案例任务一，点击【设置】（见图 5-213）。

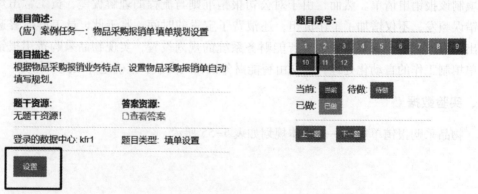

图 5-213 报销机器人物品采购费用报销单自动填写规划题目页面

用户打开报销机器人规划页面，按照企业业务情况的需求查看规划要求，设置物品采购费用报销单自动填写规则。

用户按照实验数据（见表5-55和表5-56）以及票据信息填写增值税发票自动填写规划（见图5-214和图5-215）。

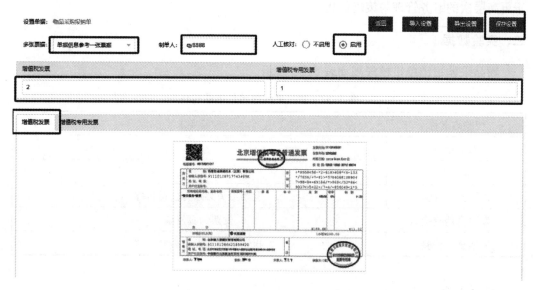

图5-214　设置报销机器人物品采购费用报销单自动填写规划

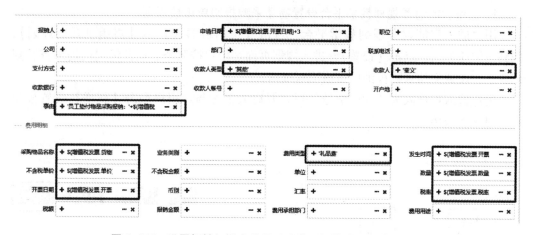

图5-215　设置报销机器人物品采购费用报销单自动填写规划

案例任务二：物品采购报销单审核规划设置

一、业务场景

每日，成本会计肖利华需分配特定时段，专注于对职工提交的物品采购费用报销申请单进行详尽的审核工作。此审核流程的核心在于严格验证发票的抬头信息是否准确无误以及发票的真实性与合法性。鉴于审核任务繁重且涉及大量细节核查，肖利华难以兼顾其他成本管理与控制活动，从而限制了其整体工作效率与成本管控的深度。因此，肖利华积极寻求智能财务系统的规划设置，特别是智能财务机器人技术的应用，旨在将此项重复性高、耗时长的审核工作自动化处理，以释放其精力，使其能够专注于更高层次的财务管理与策略优化。

二、实验数据

物品采购报销单审核规划如表 5-57 所示。

表 5-57　物品采购报销单审核规划

校验点名称	校验要求
人工参与	参与
审核人	xlh 学号
发票抬头校验	发票抬头必须为公司名称
发票真伪校验	发票为真发票
发票金额校验	报销金额和发票金额一致

三、操作步骤

1. 登录智能财务规划教学平台设置物品采购报销单审核规划

用户进入智能财务规划教学平台，点击【报销机器人】→【报销机器人规划】，找到案例任务二，点击【设置】，进入规划页面。用户按照企业业务情况的需求查看规划要求，设置物品采购报销单审核填写规则。

用户输入审核人为"xlh+学号"后，开启人工参与。用户点击【新增】设置校验点（见图 5-216）。

图 5-216　填写报销机器人物品采购报销单审核人设置

2. 设置发票抬头校验校验点

用户按照实验数据（见表5-57）校验要求，对发票抬头必须为公司名称进行设置（见图5-217）。

图5-217 报销机器人物品采购报销单发票抬头校验校验点设置

3. 设置发票真伪校验校验点

用户按照实验数据（见表5-57）校验要求，对发票为真发票进行设置（见图5-218）。

图5-218 报销机器人物品采购报销单发票真伪校验校验点设置

4. 设置发票金额校验校验点

用户按照实验数据（见表 5-57）校验要求，对报销金额和发票金额一致进行设置（见图 5-219）。

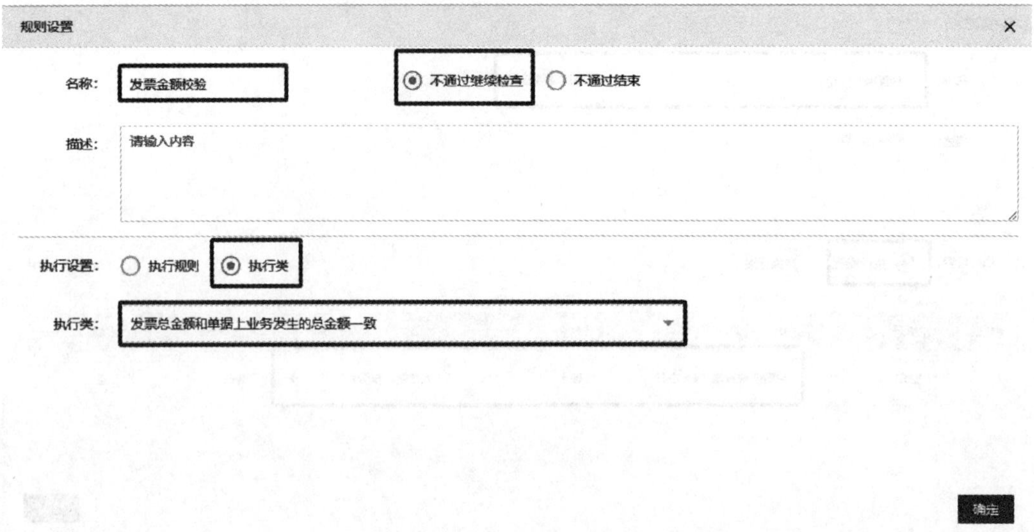

图 5-219 报销机器人物品采购报销单发票金额校验校验点设置

设置完成后，用户点击【保存设置】（见图 5-220）。

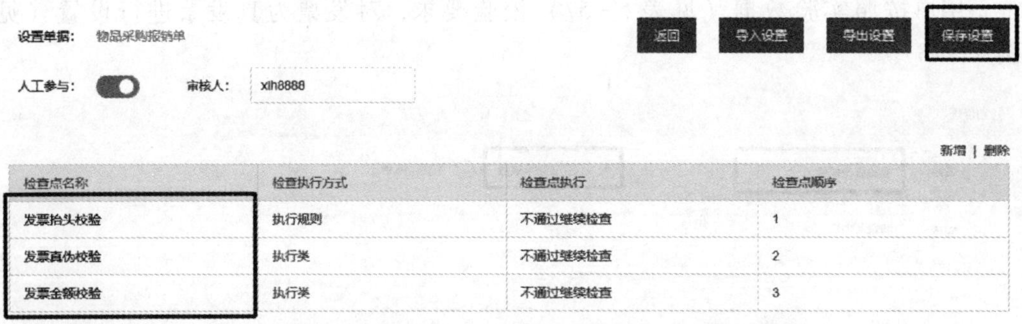

图 5-220 报销机器人物品采购报销单校验点完成页面

案例任务三：员工报销购买的部门活动礼品

一、业务场景

2021 年 2 月 17 日，秦义在京东平台购买了 10 个充电宝作为部门活动奖励礼品，调用报销机器人填写物品采购报销单。

二、实验数据

充电宝采购发票如图 5-221 所示。

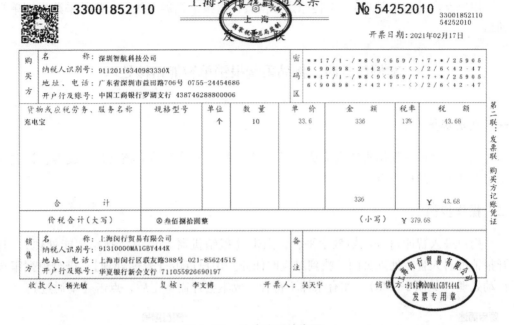

图 5-221　充电宝采购发票

三、操作步骤

1. 下载题干资源

用户进入智能财务规划教学平台，点击【报销机器人】→【报销智能处理】，打开报销机器人智能处理页面，找到对应的任务。用户点击【题干资源-查看详情】→【下载】，将发票下载下来（见图 5-222）。

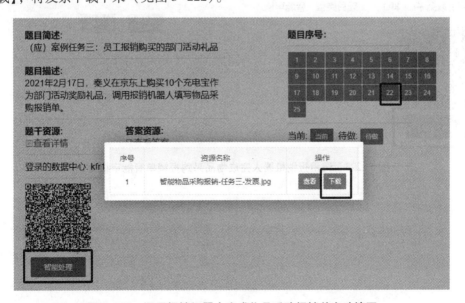

图 5-222　调用报销机器人完成物品采购报销单自动填写

2. 调用智能报销机器人

用户点击【智能处理】，上传原始单据后，由报销机器人执行。物品采购报销单自动填写。

案例任务四：物品采购报销单智能审核处理

一、业务场景

成本会计调用报销机器人完成本月物品采购报销单自动审核处理，成本会计关注不可自动审核的检查点。

二、操作步骤

用户进入智能财务规划教学平台，点击【报销机器人】→【报销智能处理】，打开报销机器人智能处理页面，找到对应的任务。用户点击【智能处理】，进行单据审核自动处理（见图5-223）。如有条件不符合，成本会计需审定后，点击【不通过】。

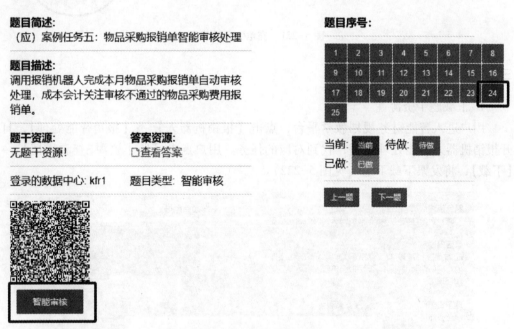

图 5-223　调用报销机器人完成物品采购报销单智能审核处理

参考文献

［1］容觉生. 自动化和人工智能如何重塑财务职能 ［J］. 机器人产业，2018（2）：117-120.

［2］Everest Group. 2023 年 RPA 供应商评估报告［2023-10-13］（2024-11-11）［2025-01-10］.https：//www.163. com/dy/article/IGUNF09H055240KW.html.

［3］普华永道. 普华永道的机器人来了！效率惊人！核算流程会被财务机器人取代吗？［2017-05-27］（2024-11-11）［2025-01-10］.https：//www.sohu.com/a/143981142_662200.

参考文献

[1] ...

[2] ...

[3] ...